班主任与家长沟通的艺术

——创建优质家校关系的 60 个策略

郑学志　著

中国轻工业出版社

图书在版编目(CIP)数据

班主任与家长沟通的艺术：创建优质家校关系的60个策略/郑学志著. —北京：中国轻工业出版社，2020.6（2025.3重印）

ISBN 978-7-5184-2879-3

Ⅰ.①班… Ⅱ.①郑… Ⅲ.①中小学－班主任工作 Ⅳ.①G635.16

中国版本图书馆CIP数据核字（2020）第019863号

保留所有权利。非经中国轻工业出版社"万千教育"书面授权，任何人不得以任何方式（包括但不限于电子、机械、手工或其他尚未被发明或应用的技术手段）复印、拍照、扫描、录音、朗读、存储、发表本书中任何部分或本书全部内容，以及其他附带的所有资料（包括但不限于光盘、音频、视频等）。中国轻工业出版社"万千教育"未授权任何机构提供源自本书内容的电子文件阅览、收听或下载服务。如有此类非法行为，查实必究。

责任编辑：吴　红　　　责任终审：杜文勇
策划编辑：吴　红　　　责任校对：刘志颖　　　责任监印：吴维斌

出版发行：中国轻工业出版社（北京鲁谷东街5号，邮编：100040）
印　　刷：三河市鑫金马印装有限公司
经　　销：各地新华书店
版　　次：2025年3月第1版第9次印刷
开　　本：710×1000　1/16　印张：18
字　　数：180千字
印　　数：28001—31000
书　　号：ISBN 978-7-5184-2879-3　定价：52.00元

读者热线：010-65181109
发行电话：010-85119832　　010-85119912
网　　址：http://www.chlip.com.cn　http://www.wqedu.com
电子信箱：1012305542@qq.com
如发现图书残缺请拨打读者热线联系调换
250302Y1C109ZBW

本书系湖南省教育科学研究院立项课题"中学生自主学习三维模式构建的实践研究"成果之一，课题编号为XJK014BZXX028

前言：在感动中工作是一件多么幸福的事情

我珍惜那来自工作中的点点滴滴的感动。是那些感动，支持我在教育工作的道路上一直走下去。本书完稿之际，我脑海里出现得最多的镜头，是家长们那一双双因感动而哭红了的眼睛，是学生们那一张张情真意切的被泪水浸透的脸……

我仿佛听到，在家长创业讲座上学生们不断发出的唏嘘声。我仿佛听到，在亲子交流活动中孩子和家长抱头痛哭的声音。我仿佛看到，家长开放日那天，李乐乐父亲坚强的背影；看到在《同一首歌》的背景音乐里，乐乐的父亲动情地讲述着他身残志坚的奋斗历史；每一个人都被他的故事深深地打动了，在场的每一位家长都与孩子紧紧地拥抱在一起……我又禁不住泪流满面。

我喜欢被感动，在感动中工作是一件多么幸福的事情！我也喜欢感动别人，当一个人被感动的时候，他再冷漠的心也会变得温暖。因为被我感动，所以离异家庭的父母双方，都能够心平气和地对话；因为被我感动，所以那个从小就对爸爸充满仇恨的孩子，最后向爸爸举起了感恩的酒杯……

但是，工作仅仅有感动还不够，我们还需要更多理性的思考。要做好家长工作，我觉得以下几个方面也很重要。

一、热爱

我认为热爱是做好家长工作的前提。我热爱教书。因为热爱，我才对工作任劳任怨，才对学生的点滴进步充满了欣喜之情；因为热爱，我才能说服自己，再也没有比教书更适合我的职业了，再也没有比教书更能让我体会到成就感的职业了;因为热爱,我才能坦然地接受这一切,并用我的热爱,感染和鼓动家长。

诗人艾青说:"为什么我的眼里常含泪水?因为我对这土地爱得深沉……"我也想用这句话来表达我对家长和家长工作的感情。还记得1996年冬天,我到一个地处偏远山村的学生家里家访,家长把家里唯一的一只老母鸡杀了招待我……每次想到这件事,我的眼里就满含泪水。

因为心中有爱,我才能感动和影响一大批家长。记得杰的父母刚离婚时,他的妈妈对婚姻的失败充满怨恨,孩子也不能原谅爸爸的离开,甚至在父母联系栏中注明爸爸"已故"。他们母子的状况让我十分担忧,我和他们彻夜长谈。从爱开始启发爱,引导他们学会感恩,用爱来稀释怨恨,孩子和他的妈妈最终接受了我的建议,并且开始改变。三年后,杰考上了理想的大学。

二、尊重

从1995年开始,我就在自己班上开办了家长学校。很多领导、同事和朋友对我能够把家长组织起来上课,对我把家长"玩"得团团转,感到很惊奇。他们问我有什么秘诀,我说秘诀就是"尊重"——尊重是做好家长工作的基础。

美国心理学家马斯洛认为尊重是人的一个基本心理需要。当尊重的心理需要得到满足时,人就会对自己充满信心,对社会充满热情。尊重是消除家校矛盾的润滑剂,尊重帮助我们拉近与家长的距离,并最终打开对方的心灵之门。我不敢想象,没有了尊重,我还能够和家长真诚地对话吗?家长还会到我们班的课堂上讲课吗?

曾有不少家长对学校不满,也曾经有家长和教师发生激烈的冲突。我发现,最后能够使家长心平气和地坐下来谈话,并接受我们的观点的,只有尊重。即使是一位刁蛮的家长,当我们把他尊为上宾,进门一脸笑,出门"您走好"时,他也刁蛮不起来了。

三、技巧

工作中最难的是掌握技巧,掌握技巧是解决家长问题的关键。方法不对,本来很"铁"的家校联盟也可能会被瓦解;方法对了,犟脾气的家长也会心平气和的。一个成熟的教育工作者,应该非常讲究工作方法;而当你的方法成为艺术的时候,教育也就轻松了。

很多老师都想做一个幸福的教育工作者,都想过一种纯粹而幸福的教育生活;但是,方法不对,这种幸福就会成为空中楼阁。道理很简单,方法不对,工作就会不如意;工作不如意,自然也体会不到幸福。所以,我们要注意对自己工作方法的积累。现在出版的《班主任与家长沟通的艺术》这本书中的内容,如家长学校、亲子活动、家长委员会、家长创业讲座……都是我二十多年来实践经验积累的成果。

我认为教师的专业成长过程,其实就是教育方法和艺术的积累过程。很难想象,一个没有积累的教师,如何能够坦然地应对复杂的矛盾。

四、创新

创新是工作的魅力之源,我喜欢创新,并不是说我深谙吸引学生、家长之道,而是骨子里有一种不安分的因子,一成不变的工作对我来说简直是一种折磨。每创新一种有效的工作模式,我都会感到极大的心理满足。

当传统的喜报被学生和家长厌倦之后,我琢磨出了"好消息电话"和"快乐电报"。学生取得进步或在学校里有突出表现时,我会及时给学生家长打个私人电话,向其通报好消息。

当我觉得传统的家访会增加家长的心理负担时,我琢磨出了"偶然遇见式家访",利用上街、出游、走亲戚、串门等机会,"偶然"和家长相遇,顺便把学生的情况向家长通报,并了解学生在家的情况。尽管后来有些家长发现,我总在"需要"的时候与他们"偶然"相遇,但我们都能够理解,互相遮掩着内心那个共知的秘密。

当留守学生成为班级学生主力的时候,我组织了一场"网络让亲子教育温暖可触"的主题班会,把家长和学生都感动得泪水涟涟;当我意识到改变学生就必须改变家长的时候,我开办了家长学校;当我希望把家长变成我的教育同事时,我又尝试了运作班级家委会;当家长越来越忙的时候,我的家长开放日、家长创业讲座,却在学校屡创家长与会人数的新高……

——我在解放自己的同时,也在创造着更多、更有魅力的家校沟通方式。

这本书,就是记载上面所说的一种感动、四点思考的小书。我期待着这些浅薄的认识能够被大家喜欢;也期待这些认识能够对广大班主任做好家长工作有所裨益。

郑学志

2019年11月于湖南

目 录

第一章 用新型家校关系点亮您的教育生活
——构建良好家校共同体的策略……………………………………1
 策略1 用共同体的理念重建家校关系………………………………2
 策略2 学校活动要尽可能地向家长开放……………………………8
 策略3 三方约定"手机使用18条法则"……………………………15
 策略4 一起来制定家长群的聊天细则………………………………20
 策略5 做好家长群的危机管理工作…………………………………27
 策略6 采取能发挥家长影响力的七项"微"行动……………………36

第二章 做一个让家长和学生都欢迎的客人——提高家访质量的策略………45
 策略7 适当"变一变"家访的内容和形式……………………………46
 策略8 面对不同的家长,采取不同的谋略……………………………49
 策略9 让真情流露带给你出乎意料的说服力…………………………53
 策略10 让学生都欢迎你去家访………………………………………56
 策略11 选准时机去家访………………………………………………59
 策略12 家访前精心"备课"……………………………………………62
 策略13 换种心情去家访………………………………………………66
 策略14 坚持"六有"原则让你成为家长欢迎的客人…………………70
 策略15 巧妙地"说"服学生家长………………………………………73

第三章 有一缕阳光就灿烂——开好家长会的策略……………………………79
 策略16 从开学第一天起就着手准备家长会…………………………80

策略 17　把家长会的功能发挥到极致 ………………………… 83
策略 18　做好完美家长会的五项准备 ……………………… 88
策略 19　开家长会必须注重四个细节 ……………………… 92
策略 20　不断创新家长会的工作模式 ……………………… 96
策略 21　聆听家长们的需要 ……………………………… 101
策略 22　留心家长会后的信息反馈 ………………………… 104
策略 23　记住十个开家长会的有益忠告 …………………… 110
策略 24　把家长请进课堂，让昨日温暖重现 ……………… 114
策略 25　把家长会的权力下放给学生 ……………………… 118
策略 26　掌握第一次开家长会的程序要点 ………………… 123
策略 27　让家委会成为你的好帮手 ………………………… 127

第四章　不断拓宽家长工作新视角——办好家长学校的创新策略 ……… 133
策略 28　坚持办好家长学校 ………………………………… 134
策略 29　学会培训学生家长 ………………………………… 137
策略 30　从家长的角度做班主任 …………………………… 140
策略 31　把家长变成你的教育同事 ………………………… 145
策略 32　以开放带来透明和支持 …………………………… 149
策略 33　给家长多出些教育孩子的金点子 ………………… 154
策略 34　给家长提建议要有"干货" ………………………… 159
策略 35　孩子戒网瘾要从父母抓起 ………………………… 169
策略 36　做家长的思想工作要把利害关系说透 …………… 174

第五章　呵护每一颗受伤的心灵——做好单亲家长工作的策略 ………… 183
策略 37　别让爱成为单亲学生心头的负担 ………………… 184
策略 38　帮助学生应对糟糕的家庭解体结局 ……………… 189
策略 39　引导学生感恩生命中出现的每一个人 …………… 194

策略40	通过改变家长来改变学生	198
策略41	别让学生的学习成为单亲家长情感的唯一寄托	202
策略42	鼓励单亲家长保持阳光的心态	205
策略43	让学生和家长认识到单亲并没有那么可怕	208

第六章　留守学生不缺爱——与留守学生家长沟通的策略 …… 213

- 策略44　告诉家长孩子的成长需要父母的陪伴 …… 214
- 策略45　引导家长认识到隔代教育的弊端 …… 217
- 策略46　给留守学生的家长写一封信 …… 222
- 策略47　带留守学生去看他们的父母 …… 226
- 策略48　把你所做的工作告诉留守学生的家长 …… 229
- 策略49　学会培训留守学生的爷爷奶奶 …… 234
- 策略50　借助于网络让留守学生与父母交流 …… 239

第七章　对"非常"家长要有"非常"手段——与刁蛮家长"过招"的策略 …… 245

- 策略51　"退"字诀：退是风度，更是智慧 …… 246
- 策略52　"谋"字诀：谋是策略，更是方法 …… 249
- 策略53　"攻"字诀：攻是技巧，更是艺术 …… 252
- 策略54　"借"字诀：借是外援，更是环境 …… 256
- 策略55　"让"使刁蛮家长变得温柔 …… 258
- 策略56　注意和家长"亲密接触"的八忌 …… 260
- 策略57　坚信沟通才能无障碍 …… 263
- 策略58　不要当着学生的面和家长争辩 …… 269
- 策略59　不要一味地迁就家长 …… 271
- 策略60　别让座位问题成为家长难缠的把柄 …… 274

第一章
用新型家校关系点亮您的教育生活
——构建良好家校共同体的策略

- 观念的转变会带来思维的转变,思维的转变会促进行动上的变化。我们不要拒绝接受新理念、新做法,当我们对家长的看法,因为位置和视角的不同而发生新的变化时,新的工作思路和技巧就产生了。
- 我倾向于建设一种新型家校共同体,一种不把教师排除在家长之外,我们可以与家长和孩子共同做梦、共同交流的共同体。当所有的问题都由外部矛盾冲突转变为内在需求时,家校格局一定会发生新的变化。
- 很多时候,家长对学校工作不支持,是他们的教育理念有问题。当其教育理念和我们一致了,思想转变了时,他们就愿意配合、支持我们的工作。我们要用正确的、有意义和有价值的思想,不断影响和感染家长。

策略1　用共同体的理念重建家校关系

当家长和教师都站在自己的立场上想问题时，每个人都会感觉自己是比较累、比较亏的那一方。

一、对立和对抗，从来就不会有好的结果

2009年，我的第一本有关家长工作方面的书出版，起名为《与学生家长"过招"》。我对书名不太满意。尽管面对一些刁蛮的家长需要我们斗智斗勇，但他们毕竟不是很多啊！更何况，"过招"不是我们的目的，我们的目的是构建有利于孩子成长的、健康的、良好的家校关系；与家长的合作多于斗智斗勇。可为什么最终还是选择了那个书名呢？出版界的朋友告诉我：一线教师需要一些关于怎么"对付"家长的经验，"过招"二字会增加读者购买这本书的可能性。

——原来，一些教师在骨子里还是把家长和我们当成一种对立的关系啊！

十年过去了，这种对立思维依然存在，家长和教师对立的现象也依然没有缓解。这十年里，有的教师被学生家长打得住院，有的教师被家长逼得精神失常，还有的教师被家长闹事弄丢了工作……我曾在微信公众号上写文章抨击过那些不良行为，不少文章的阅读量突破了10万次。一些教师留言说："不是我们不热爱教育，而是一些家长让我们感到心寒，我们热爱不起来。"

大家看看，对立和对抗从来都不会有什么好的结果。下面这个顺口溜，把这种对立和对抗说得非常形象：

建一个微信群，等于埋下定时炸弹；
开一个家长会，参加人数难以过半；
布置家庭作业，仿佛掀起世界大战；
向家长了解情况，堪比警察在破案；
成立了家委会，结果和我们对着干；
说话稍微不注意，小心家长拿刀砍……

虽然这个顺口溜写的大多是极端现象，但是它也让我们不得不冷静地思考一个问题：怎么会这样呢？为什么会这样呢？

原因有很多，但有一点是肯定的——我们和家长所站的位置不一样，观点就很难得到统一，面对同一个事件，我们看到的结果也会不一样。

我曾经在很多地方让大家做一个游戏——用双手的食指比一个"人"字给我看，结果总会有百分之七八十的人出错。我强调了三四次，依然会这样。这里面有什么深层次的原因呢？心理学家告诉我们——这是因为每个人站的角度不同，每个人都根深蒂固地、习惯于站在自己的角度上想问题，所以绝大多数的人展示的结果就是"入"字。从这个意义上说，只要大家所处的位置不同、站的角度不同，面对同一个事件，要想达成一致的意见确实很困难。

当家长和教师都站在自己的立场上想问题时，每个人都会感觉自己是比较累、比较亏的那一方。

二、位置的改变会带来思维的变化

位置改变，或者说，看一个事件的视角发生改变，会不会带来不一样的结果呢？这个思考是很有意思的。

2018年10月28日上午，重庆市万州区一名女乘客因为错过一站，愤怒地抢夺司机的方向盘，导致公交车失控，冲下大桥，跌入江中，车上15人死亡。这就是轰动一时的"1人错过一站，15人错过一生"的恶性车祸事件。

　　事后不少人撰写评论，甚至还有无良的言论引用"雪崩的时候，没有一片雪花是无辜的"这句话，来推导车上的其他乘客也有过错，因为他们没有及时地制止情绪失控的女乘客，所以遭遇车祸是他们活该。我不知道这样说的人内心是否还有良知。要知道，当时车上的乘客，除了司机和情绪失控的女乘客之外，其他人绝大多数是孕妇、孩子和七八十岁的老人。他们有能力或者有机会去制止愤怒的女乘客吗？这很明显是位置不同导致观点不同的、旁观者的心态，若真正把自己置于事件之中，就不会这样想了。毕竟，那是一个人间悲剧。

　　2018年11月3日，也就是万州车祸发生后第五天，在湖南高速公路上，同样发生了一起情绪失控的乘客抢夺司机方向盘的事件，新闻报道中的说法是"（情绪失控的乘客）被（其他）乘客一脚踹飞"；2018年11月27日，一中年男子在重庆开往沙坪坝的大巴上抢方向盘，被4名男乘客当场制伏；时隔两个月之后，2019年1月11日，贵阳一乘客酒后失态抢方向盘，被司机和乘客撂倒。

　　请大家注意几个关键词——"踹飞""制伏""撂倒"，全都是"重口味"动词。万州车祸之后，所有人都形成了一个共识——谁抢方向盘，谁就是危害大家安全的敌人，就会受到全车人一致的反对和抵抗！这时候，一个很有价值的词语——司乘"共同体"——就产生了。

　　共同体是什么？"共同体"最早是卢梭在《社会契约论》里提出的一个概念，主要是指公众联合团体。后来，这个词语的内涵进一步丰富和完善，现在我们把在共同条件下结成的、有共同利益的集体或组织，都叫共同体。共同体无处不在，夫妻两人是共同体，国家是共同体，欧盟和联合国也是共同体。

　　共同体的一个显著特征是利益一致，因此共同体成员看问题的出发点和态度会惊人的一致。打个不恰当的比喻，一对夫妻吵得不可开交，要离婚了，这时如果有第三方抢夺他们的财产，夫妻俩会马上联合起来一致对外。因为，在第三方面前，他们就是一个"共同体"。

三、组建家校共同体很有必要

这给我们审视当下的家校关系提出了一系列新的问题：为什么不把家长、学生和教师组建成为一个新的共同体——一种因为有共同的教育目标、共同的教育利益而结成的新的团队——家校共同体呢？这样，原来横亘于家长和教师之间的问题，会不会由外部冲突变为内部需求呢？当所有的问题由外部冲突转变为内部需求的时候，家长的观念、价值、位置、思维会不会发生新的变化呢？

这种尝试是有意义的。

2019年6月，在我进入郑州市创新实验学校之前，不少老师告诉我，家长大多是拆迁户，他们习惯于维权、爱告状。还有领导告诉我，青岛某所学校的家长也是拆迁户居多，结果那所学校的家长告学校的事件持续了三四年。"你要有思想准备哦！"一些老师善意地提醒我。确实，我刚过去的时候，也接到上级教育行政管理部门转来的几起投诉。有些投诉之间是彼此矛盾的，如早晚自习问题。学校不组织早晚自习，有家长告状，说我们学校居然不像别的学校那样有早晚自习，他们家长太忙，早晚根本没时间照看孩子。后来学校组织了早晚自习，又有家长告状，说学生的在校时间超过了11个小时……听了家长的要求，我们感到很无语，甚至有一种要追问家长究竟要我们怎么做的冲动。

冲动是没有意义的，关键是要弄明白家长为什么这样想。我对老师们说，无论家长投诉什么，我们都要把它当成家长表达诉求的一个出口。不管我们觉得合不合理，家长肯定都有自己所认为的、"合理"的需求所在。如果我们准确地掌握了家长的心理需求，适当地加以引导和处理，投诉会不会减少呢？

我召开全校性的家长会，组织家长认真地讨论一个问题：你们希望我把精力放在怎么研究孩子的教育上，还是把精力放在怎么应对家长的投诉上？我让他们自己去选择。有些家长以为我在开玩笑，偷偷地笑。

我坦诚地告诉他们，一个人的精力是有限的。当我应对家长投诉时所耗费的精力过多时，必然会导致我进行教育研究的精力减弱。我请家长帮我思考：我们该怎么办？

结果家长的意见出奇的一致，他们都选择不告状，有什么问题不如直接跟我说。于是，我推出了一个活动——周二"校长和家长有约"。我把我的手机号码向所有家长公布。刚开始的时候，有家长给我发信息，提到就餐和孩子营养的一些问题，我马上组织家长体验日活动，消除了他们的担心。有家长对课堂质量不放心，我马上推行家长听课制度……不到一个月，就没有家长投诉了。

我们推行新课改，在初中阶段推行选课走班制度。有些老师担心：我们把课程根据难易程度分为基础、提升、发展等级，会不会引起家长的反对？也有些老师担心：我们分层授课，会不会让家长认为学校分好、中、差班，有歧视部分学生的嫌疑？事实证明，这些担心是完全多余的。

为什么原来的小事情都会有人投诉，现在的重大改革反而没有家长向上级"反映"了呢？为什么我们的改革在家长那里风平浪静？我思考了一个关键因素，那就是在每次进行重大政策调整前，我都把家长全部召集过来，开诚布公地跟他们谈为什么要这样做、这样做有什么风险、如何防范、我们会把孩子引向什么方向……什么都敢开谈，什么都可以讨论，这样家长反而很理解和支持我们的工作。在整个选课走班的过程中，没有一位家长有想法。甚至有的家长还很高兴地告诉我，他的孩子自觉地把课程从高难度课程调整为普通课程，他们为此感到很高兴——"再也不要打肿脸充胖子、死要面子活受罪了"。

四、共同体筹建起来也并不太难

现实的突破让我找到了一种家校合作的新思维——我们需要一个共同体，一个在正常情况下不会把我们孤立在外的团体。我们要把家长、学生和老师放在一个共同体的框架内去思考，建立新型的家校关系。这种新型关系的基础是互利、互信，主要方式是互通、互助，终极目标是共赢、发展。

在这种理念下，我们发动老师去了解家长需求、征集家长意见，梳理家长愿景，成立筹备领导小组，考察骨干力量，召开筹委会会议，逐步引导家长正式建立小组、班级、社区和学校层面的共同体。我们特别注意同一个社区里面的家校共同体建设，因为在同一个社区里面，需求往往是相同的，开展各项工作也会变得容易。

我们召集家长起草了共同体章程，从成立目的、基本规则、共同体职责、组织领导、运行机构、日常管理、议事程序、考核评价、成立和解散条件等多方面进行了明确规定。

为增强共同体建设的效果，我们给学校领导、普通教师担任的导师、班主任、学科组教师、德育和教务等部门的工作人员，都安排了相应的具体任务，让他们去组织家长一起开展活动。活动是增强团队凝聚力的最好载体。我们在组织活动的时候，尽可能地让家长成为主角，让家长成为决策者。这样的活动多次开展之后，家长对共同体的认同度就非常高。

可能有些老师会问：我们有家校共同体，还要不要家委会？家委会在中间扮演什么角色？我明确地告诉大家：家委会只是共同体开展活动的一种组织方式，我们还可以有更多的组织方式，如本书里讲到的家长学校、家长课堂、家长值日制度等。

无论采取何种形式与家长一起开展活动，只要我们不把家委会或者家校共同体当作教师单方面地解决问题或者牟利的工具，家长都会支持的。因为他们明白，我们的根本利益是一致的。只要把所有行动的出发点和终点都放在根本利益一致这个角度来思考，很多问题就会变得迎刃而解。

这是我们组建家校共同体的感悟。

> **温馨贴士**
>
> 1. 对立和对抗从来都不会有好的出路，无论遇到什么问题，我们都需要沟通和合作。
> 2. 不要拒绝新概念、新提法，一个新概念的提出，总是伴随着一种新思路的诞生。
> 3. 拥抱新的思路，新的工作格局就会形成。

策略2　学校活动要尽可能地向家长开放

真正的开学典礼，应该是"每一个"孩子和家长开启学习意识的盛典。"每一个"家长和孩子参加开学典礼之后，内心都应产生强烈的心理暗示——我们开学了，该和以前不一样了。

不少学校的开学典礼是这样做的：校长在主席台上发表重要讲话，优秀学生领奖，优秀教师代表和优秀学生代表发言，台下的学生热烈鼓掌。然后主持人说"散会"。

我一直认为，这不是严格意义上的开学典礼。从参与程度上来看，这样的开学典礼只是"优秀学生"的开学典礼。

学校活动要尽可能地向家长开放，哪怕是开学典礼，也应该让全部家长都参加。要把开学典礼设计成"每一个"孩子和家长开启学习意识的盛典，让"每一个"家长和孩子参加典礼后，内心都产生强烈的心理暗示——我们开学了，该和以前不一样了。这样的开学典礼才是真正意义上的开学典礼，才是家长和学生都喜欢的开学典礼。

我们要从以前的简单的家校合作，转向新型的家校共同体来构思我们的工作。只有当家长和孩子觉得自己与教师是一个共同体之后，他们对学校的认同感和支持度才会提高。所以，我每策划一次开学典礼，都有一个基本要求——必须让每个家长都参加，必须让每个家长在典礼中都有他能够做的事情。正是由于这个原因，我每策划一次开学典礼，都会在当地产生较大的影响力。

下面是2019年秋季，我策划的郑州市创新实验学校中学部的开学典礼——"奔跑吧，创新少年！"在很多环节中都能直接看到家长们的存在。

一、红毯时刻：牵着爱走进初中大门

"每一个新起点都幸亏有您，每一个人生重大时刻，都有您爱的陪伴。"为渲染入学的神圣氛围，学校在校门口铺设了崭新的红地毯。在轻快的音乐声中，在班主任和导师的引导下，孩子们和自己的爸爸妈妈或爷爷奶奶拉着手，愉快地走进学校大门。

红毯的一头，是孩子和家人。在校门口，学校领导挥手迎候。孩子们笑着迎上去。"校长您好！""欢迎您回家！"亲密的问候，开启了典礼的第一个程序。

然后是一个交接仪式——老师在红毯的尽头，从家长手中接过孩子："把孩子交给我，这是您对我们的信任和重托。"这个仪式一定要有，因为仪式就是按照程序和规定去做一件事，这样可以增加我们的神圣感。当教师和家长一起做了这件事情之后，每个人对教育的理解就和以前不一样了。

二、神圣签名：我要越写越高

进入大门之后，很多家长和孩子纷纷在学校的签名墙上留下自己的笔迹。有些孩子签名之后，还不忘在名字上画上心形标志，青春的味道一下子在签名墙上挥洒开来。

还有些孩子，蹦着、跳着，要把自己的名字写得最高。越写越高，我要

做得最好！这是孩子们的呼声。一些家长见状，赶紧抱着自己的孩子，让孩子把名字签在最上面。

为了保存这份珍贵的回忆，家长和孩子们纷纷在喷绘板前驻足、拍照留念。

三、全民健身：开启奔跑模式

如果在开学典礼上家长没有行动，没有他们可以做的事情，那么家长的参与就是很被动的参与。为了让主题体现出"奔跑"的味道，老师们精心为开学典礼的开场编制了一套简单、好看又有活力的街舞动作。动作简单易学，一分钟不到，就有家长学会了。

为了激励更多的家长动起来，不会跳舞的我，也不怕出丑地叫着、喊着与家长一起跳。最后，在动感的背景音乐中，孩子、家长和老师都沉浸其中，忍不住就跟着音乐跳了起来。

办一所孩子们的学校，办一所人在中央的学校，学校的每一个地方都要有孩子们的参与，都要体现与家长的互动，这就是我们一直坚持的办学理念。我们没有彩排，只是临场互动，但是郑州市创新实验学校家长、老师、孩子的魅力和风采，就在这愉快的互动中展示出来了。

不少家长说："这样的开学典礼很'嗨'，不像别的学校那样死板、严肃。""这是我们每一个人的开学典礼，我们喜欢！"

四、与祖国同在：国歌一直最红

2019年是新中国成立70周年。我们学校中学部第一届学生刚好今年秋季开学，盛世华典，爱国激情，成为这次"奔跑吧，创新少年！"开学典礼的主旋律。在经历前面四个互动程序之后，"与祖国同在"环节——齐唱国歌——开始了。全体师生肃立，一起唱国歌，用嘹亮的歌声向全世界宣告："国歌一直是我们心中最红的歌！"

在庄严的国歌声中，四个孩子举着五星红旗走上讲台，全体师生和家长肃穆而立，行注目礼。庄严和自豪同在，祖国和我们的成长同在，我们把青春写在共和国的旗帜上，"创新少年"积极向上、昂扬进取、拼搏创新的风采，在国歌声中升华。

五、校长寄语：您是我殷切的期待

在开学典礼上校长是不宜讲太多话的。校长讲的话太长，如果没有激励性或者没有意思，就很容易扫兴。作为校长，我只和大家分享了一句话："我很重要。"

"我们对家庭很重要，我们对学校很重要，我们对这个国家和社会很重要！在每一个需要担当的时刻，在每一个关键时刻，在我们成长的每一天，请记住，我们每个人都很重要！"

我用"我很重要"开启了新学年的寄语，祝福孩子们有理想抱负、有信念追求、有行为底线、有幸福快乐。松懈的时候请自我提醒——"我和别人不一样"；面对困难和挫折时不忘鼓励自己——"我今天真的很不错"。不超过5分钟的开学寄语，表达了一个主题——"您是我殷切的期待"。

很多家长说，我们学校和其他学校的开学典礼不一样，他们喜欢。

六、亲子家书：选择"创新"就是选择美好未来

在开学典礼举行之前，老师们悄悄地告诉家长："给孩子写一个新学期的开学寄语吧，让孩子惊喜一下。"同时，我们也在教室里组织孩子们写下一些想对爸爸妈妈说的话，给父母一个惊喜。

家长和孩子在双方不知情的情况下，悄悄为彼此准备了"小惊喜"。结果，在温暖的音乐声中，在主持人老师深情的背景朗读下，孩子和家长互读家书，互相展示新学年的期待和希望，平时来不及表达的感情此刻奔涌而出。纸短情长，一张小小的纸片承载了数不清的牵挂和期许，写满了说不明的思念和盼望。很多家长和孩子抱头痛哭。

我喜欢设计一些活动，让家长和孩子感动。因为我知道，一个人被感

动的时候,也是他情商最高、最容易接受别人建议的时候。这种感动,无论是在河南省林州市一中7000多人的成人礼现场,还是在我们一个班级的家长会上,都产生过强烈的震撼作用。因此,"亲子共读家书"已经成为我主办活动的经典品牌,无论在什么时候、在什么地方,都没有让大家失望过。

张梦的爸爸在讲台上发言,他感谢郑州市创新实验学校给他培养了阳光开朗、健康自信、越来越美好的孩子,感谢学校的理念让他们看到了美好未来。

七、少年心声:我们强则中国强

少年强则中国强,少年雄于地球则中国雄于地球,中国梦的实现需要年轻一代去拼搏、去努力。"亲子共读家书"环节之后,孩子们纷纷表态:"我们要加油!"

恰同学少年,风华正茂。在背景音乐中,《少年中国说》朗诵正式开始了,孩子们慷慨激昂的声音,彰显了少年们的蓬勃朝气,震动了现场每位家长的心,热烈的掌声像雷鸣般经久不息。

要知道,前段时间我们一直在开展社会综合实践活动,根本没有时间筹备开学典礼。仅仅是在前一天的时候,一些孩子和家长建议,要用《少年中国说》来表达孩子们对新学期、新学校的期待,对自己新的勉励。

一切都是最好的安排。没有排练,没有预演,一切都是自然发生的状态。孩子们背诵时的流畅和激情,深深地感染和鼓舞了家长,他们自发地、热烈地鼓掌。

八、师德宣誓:我既为师,就要最好

开学时,悬挂在教学楼上的横幅上有一句"土味情话":"你们是我们这个夏天的小惊喜。"为了你们的到来,我们已经准备了一个夏季。今天,被大家的激情感染,老师们怎能没有表示?

在全体师生的见证下,在家长和孩子的注视下,为实现"做最好的教

育"的承诺，学校党支部书记宫松峰带领全体教师走上讲台，庄严地宣读师德誓言：

煌煌师道，至圣在前；
漫漫长途，今立斯言。
我既为师，以德为先；
兢兢忘己，业业育贤。
我既为师，以仁为范；
为人师表，天下在肩。
我既为师，以知为难；
正学塑身，求真不倦。
我既为师，以爱为念；
严爱相济，惑解道传。
斯言已立，意决志坚；
吾誓难撼，山河共鉴。

坦白地说，这不是我们的原创，是东北师范大学原创的《师德公约》，内容和语言都非常美丽。老师们朗读之后，家长和学生都热烈鼓掌。

九、神奇礼物：颁发"学神通关文牒"

快乐学习、赢取获得感，是郑州市创新实验学校老师们的追求。为了让学习变得有趣，老师们特意为孩子们准备了"学神通关文牒"。

哇！学神啊，比学霸还厉害呢！随着礼物颁发下去，不少孩子惊叫。"学神通关文牒"是老师们经过仔细研究、深度调研，为每位同学精心制作的学习法宝，它包括七个学科的内容——语文学科的必背篇目、数学学科的重要概念和计算公式、英语学科的学习方法、政史地生学科的知识框架和重要考点，为孩子们的学习保驾护航。

老师们鼓励孩子们自主学习，顺利抵达学神境界。在颁发"学神通关文牒"的时候，所有参与颁发的老师都和孩子拥抱一下，场面温馨、动人。

十、放飞鸽子：梦想起舞，飞向明天

这是最后一个环节。当主持人宣布"梦想起舞，飞向蓝天"的时候，全体师生共同放飞白鸽，那扑啦啦的声音，那翱翔的身影，把全体家长和孩子的心带得很远、很远。

家长和老师都期待，奔向未来的创新少年们会像鸽子一样越飞越高、越飞越远！

毫无疑问，我们的这次活动又刷爆了家长的朋友圈，以至于我们郑州市创新实验学校中学部开办不到两个月，郑州市教育局的领导就向我们反馈："你们已经成为郑州市热点学校了，机关、企业和各事业单位的人纷纷向教育局打听你们的办学情况。"

我说这是意外。但是我相信，任何一所重视家长和学生需求的学校，都会产生很多这样的意外。

温馨贴士

1. 学校活动要提前告知家长，以便他们安排好自己的时间，尽可能多地参与活动。

2. 发动每一位教师去联系家长，每位教师联系的家长不要超过15人，这样能确保教师给家长提供更好的服务和支持。

3. 对于学校活动的程序，需要制造惊喜的，不一定要全部告知家长，应适当地设置悬念。

策略3　三方约定"手机使用18条法则"

共同体建设需要有统一的思想认识，如果没有，就需要我们积极主动地用各种方法给家长"洗脑"。

手机一直是困扰家长和老师的大问题，也是导致家长和孩子两代人不断产生矛盾的大问题。家长、孩子、学校三方中任何一方的意见不一样，都可能引发新的问题。

对此，我们和家长、孩子三方一起制定了"手机使用18条法则"，家长和孩子都很认同。这是我们共同体建设的一项重要工作，结果令人惊喜。现在我把我们的做法告诉大家，供大家参考。

一、手机问题：能够不买，尽量不买

对于给不给孩子买手机这个问题，我们的基本态度是：能够不买，尽量不买。

有些家长问："别人家的孩子有手机，而我的孩子没有手机，他会不会感到自卑啊？"我回答说："别人家的孩子那么勤奋、那么努力，你们不去攀比，为何偏偏在享受上攀比呢？"只攀比享受，却不攀比创造和努力，这样的攀比有什么用呢？

有些家长说："我的教育理念很先进，我相信我们家的孩子能够用好手机。"

"您认为给孩子买手机，代表着您思想的前卫和先进。但如果我们认识不到手机所带来的危害，就只能说明我们对教育的无知。"我问家长："孩子使用手机成瘾，对他最大的伤害是什么？"

很多家长都说"近视"。我说："还真不是近视、不是伤眼睛！对手机形

成依赖的孩子，会在情绪上变得狂躁、易怒，在心态上变得浮躁、不耐烦，在情感上变得冷漠、自私，注意力容易涣散，容易冲动、厌世和走极端……这才是最恐怖的事情。孩子使用手机成瘾，对他最大的伤害是什么？是我们无法消除的心理伤害！请不要过于相信您的影响力。孩子如果能够完全控制好自己，还要成年人的引导干什么？"

我继续对家长说："你们看到的是媒体上报道的极端个案，说谁谁谁允许孩子自由地使用手机，最后孩子还考上了清华北大。很遗憾，我告诉大家，这不具有普遍性。本来那些能够考上清华北大的孩子，就不是我们一般家庭能够培养出来的。他们在学生中只占极少数，并不具有代表性。"

共同体建设需要有统一的思想认识，如果没有，就需要我们积极主动地用各种方法给家长"洗脑"。我很认同"洗脑"这个词语，褒义一点的说法就是统一思想，形成共识。当家长和孩子都认识不到不当使用手机带来的害处时，我就必须利用大量的案例让家长和孩子认识到这个问题。

我对家长和孩子们说："你们看到的是极端案例，是新闻媒体上宣传的个案。什么叫'新闻'？罕见的、少见的事情，才叫新闻。我看到的，更多的是学校层面的、教育的大概率事件——在所有大概率事件中，如果没有一定的规范措施，99%的孩子都控制不住自己。我看到不少孩子由于使用手机不当，导致身体变差了、性格变得暴躁了、心态变坏了，最后连初中都没有读完。"

这样的案例很多，每当我看到这样的孩子被毁掉，内心都感到非常沉痛。我对家长说："在孩子没有被彻底毁掉之前，不少家长没有认识到问题的严重性。等到他们看到危害了，为时已晚。"

"不要轻易地相信，您的说教能够解决问题。我想告诉大家的是，我们成年人都无法控制上瘾的问题，您别以为孩子能够做到。

"所以，在手机问题上，重要的事情说三遍：

"能够不给，尽量不给！

"能够不给，尽量不给！！

"能够不给，尽量不给！！！"

记得我是在小学部的风雨球场里给孩子和家长们讲这个话题的。刚开始的时候，好多学生反对，家长也不以为然。讲完之后，所有的家长和孩子都给我掌声，甚至还有学生借给我送茶水的机会向我表示感谢。

这就是统一思想的好处，建设家校共同体，在很多地方都需要我们先统一思想，后采取行动。

二、如果要给，请遵循"手机使用18条法则"

以下是我和家长、孩子们共同制定的"手机使用18条法则"。我们借鉴了网络上的一些成果，更多的是孩子和家长们自己讨论并认同的结果。

第一条：感恩法则。没有什么是理所当然的，父母因为爱而愿意买手机给你使用，你应该对父母的付出心怀感激。

第二条：权属法则。手机是父母买的，你只是使用，父母有权知道手机密码，以便在你最需要的时候帮助你。

第三条：功能法则。手机是拿来用的，不是拿来玩的。如果你只使用它的游戏和社交功能，且沉溺于其中，不让学习成为主要功能，请原谅父母要收回。

第四条：安全法则。切忌因为打电话而出事。不要以为电话响了，就马上去接，这是很危险的行为，尤其是在公路上。如果有重要的事情，对方还会打过来的。

第五条：要人法则。沟通第一，家人第一。记住爸爸妈妈的手机号码，关键时刻能够帮助你。永远不要因为屏幕上显示是"爸爸"或者"妈妈"的电话而不接，有些事情是不能够拖延的。

第六条：自律法则。自律的人生才美丽。每天晚上7:30（周末9:00）准时把手机交给父母。它在晚上会被关闭，并在第二天早上7:30再次开启。

第七条：直觉法则。直觉不妥，就不要做。当你想打别人的住宅电话，又不希望对方的家长接听时，就不要用手机拨打或者发短信给对方，可能对方使用手机也不方便。

第八条：同理法则。己所不欲，勿施于人。要尊重其他人的家庭，不要在私密时间轻易地打扰别人，这是对别人的尊重。我们也希望能得到同样的尊重。

第九条：面谈法则。现场交流会更好。手机不能带去学校。和你那些手机、微信里的朋友好好当面交谈吧。当面谈话可以让你获得更多的信息和感受。

第十条：责任法则。谁使用，谁维修。如果手机损坏了，你将负责更换或修理。手机总会有要修理的一天，你应该有所准备。

第十一条：善良法则。心怀善意，保护自己。不要用手机来欺骗或愚弄别人，也不要进行伤害他人的交谈。跟不熟悉的人可以先做朋友，不要轻易地掏心掏肺。

第十二条：沟通法则。当面说会更好。对于你不愿意当面说的话，同样不要通过发短信、发电子邮件或者打电话说。直接沟通是最好的解决问题的方式，要勇敢面对，不要回避。

第十三条：修养法则。在教室、会议室里要关机，至少要静音，特别是在餐厅、电影院里或与人讲话时。不要因为手机而让人觉得你是一个粗鲁的人。

第十四条：隐私法则。无论关系多亲密，也要保持一定的距离。不要发送或接收涉及你或其他任何人隐私部位的照片。别笑，尽管你觉得自己够聪明，但总有一天，你会受到诱惑。

第十五条：体验法则。复制不能够代替记忆。不要以为拍下数不胜数的照片和录像，你就拥有了它。深刻的记忆需要我们的身心体验。

第十六条：主人法则。人不应该成为手机的奴隶。偶尔把手机留在家里，然后放心地出门去。它不是活的，也不是你的延伸，没有手机你也会过得很好。

第十七条：底线法则。你违约，我收回。如果你总是控制不住玩手机而忽略学习，或者老师因你的手机使用问题而找我们，抱歉，我将把手机收回，甚至今后再也不会给你手机。

第十八条：制度法则。坚守契约才有美好未来。最好的约束是制度，在这个世界上没有什么靠得住，除了彼此的契约和制度。所以，我会在你的手机上安装一个软件"不做手机控"。请支持和理解我们的初衷。

现在在我们学校手机使用已经不是影响孩子们学习的障碍问题了。不少家长对我说："郑校长，幸亏您带我们一起制定手机使用法则，现在我们管控孩子使用手机时再也不会遭遇抵抗了。"一些孩子还加我的微信，主动把他们利用手机背诵英语单词的情况截图发给我。

不是剥夺孩子们的权利，而是教他们学会使用手机成就更美好的自己，这是共同体的一个共同追求。

温馨贴士

1. 对于一个问题的处理您没有思路，怎么办？您可以从模仿起步，借鉴和参考别人的做法，根据您自己的实际情况加以改造，这样创新就开始了。
2. 要注意规则表达的语气语调，尽可能地从建设性地解决问题的角度去表达，这样孩子们就容易接受一点。

策略4　一起来制定家长群的聊天细则

> 多年的经验告诉我，约束自己比约束别人容易多了……要求家长做到的，自己一定要做到，不然别人就会抓住这一点来攻击我们。

尽管微信使用起来很方便，但是每当有人咨询我，在班上是否需要创建微信群的时候，我的回答都很明确：能够不建微信群，尽量不建；实在要建，一定要分组建立；如果可以，建议用QQ、钉钉等其他免费的社交软件来代替。

这不是因为我不认可微信，而是因为我认为不当使用微信群，会给教师自己和家长带来太多的麻烦。由于微信设计的原因，目前它不像QQ、钉钉一样，可以有教师作为管理员的禁言、撤销不良言论的功能。没有这些功能，微信群管理就有些混乱。一些不自律的家长会在微信群里拉票、发微商广告、发鸡汤文、传播谣言，弄得其他人烦不胜烦。至于"晒娃"和各种"恩爱秀"，人家高兴，我们老师还不能说得太多。说多了，家长还会不高兴："我帮你活跃气氛，怎么啦？"

还有一些家长，凡是老师在群里说什么话、发什么通知，一律回复"老师辛苦了！"或者进行连续性赞美、问候，阿谀奉承得让人觉得肉麻，让其他家长看了也有意见。而那些需要让其他家长看到的信息反而马上被刷屏淹没。不知情的家长，也跟风刷屏。最后，我们通知一件事情，班上总有很多家长没有看到，问他们时，那些没有看到信息的家长还感到很无辜："您什么时候发通知了？""我没有看到啊！"

这不利于新型的家校共同体的建设。

有些老师说，没有关系，我制定规则，对于那些不遵守规则的家长，一次批评，两次警告，三次就"踢"出微信群。话虽说得容易，可是，把家长

"踢"出微信群是一个很危险的行为，而且一旦这样做了，我们和家长就不是一个共同体，而是对立的两个集团了。网上经常会爆出因为教师把家长"踢"出微信群而被家长投诉的事件。好不容易组建一个共同体，我们就不能因为群内交流而坏事。

那么我们该怎么办呢？

一、从约束自身开始，明确网络社交文明习惯

多年的经验告诉我，约束自己比约束别人容易多了。每接一个新班，我都会发给家长们一张纸，表明我在创建班级社交群上的态度。我明确告诉他们微信和其他社交群的区别，不要因为他们习惯于使用微信群，而让我们大家跟着使用；我们是一个共同体，应该寻求更适合共同体使用的一个媒介。

我建议大家尽量不创建微信群，若一定要建立，应恪守下面的教师微信群交流法则。

教师微信群交流法则

1. 群昵称要设置成我的真实姓名。必要的时候，我会把联系方式放在昵称后面。（理由：防止别人盗用我的名义给家长发信息，真实姓名和头像有助于家长有效识别。）

2. 个人私事和自己感兴趣的事情不在群里发布。（理由：每次发信息都会给家长带来影响，我不能用个人私事或者自己的兴趣爱好来打扰家长的休息。）

3. 绝不在群内发布未经考证的资料和信息。（理由：做人真诚、严谨，从我开始做起。）

4. 不在群内发布政治上的谣言或者其他信息。（理由：不管是不是我建立的群，都要在群里遵守政治纪律和国家有关法规。）

5. 不为个人和亲戚朋友拉票、积赞。（理由：由于家长不了解情况，

拉票会影响他们对事件的公正判断。）

6. 绝不在群内发布商品销售信息。（理由：保持群内交流的纯粹性，是做教师的基本底线。）

7. 若非集体决定，绝不在班级群内点名批评孩子。（理由：群内也是公共场所，公开批评孩子只会伤害孩子的自尊心，还会让家长感到不舒服。）

8. 不在群内发牢骚，做一个充满正能量的人。（理由：大家已经够累的了，发布消极言论是对他人的不尊重。）

9. 绝不在群内发布带有低级趣味的游戏或者段子。（理由：这是家校沟通群，不是娱乐群，这样的内容会转移家长的注意力。）

10. 重要信息一定要用文字而不是语音发布。（理由：语音在视觉上看不到，容易被忽略，而且语音不适合家长在公众场合听，所以能够不用语音则尽量不用。）

11. 重要信息，我一定会用@的形式告知每个家长。（理由：对于重要信息要有共享制度，以免家长掌握的信息不对称，错过重大事件。）

12. 除非是上级安排或者家委会做出的重要决定，否则，我一定不会在群内发布捐款链接。（理由：家校群不是钱包和银行，未经考证的捐款会打击大家今后参加公益活动的积极性。）

13. 教师发布重要信息，一般会在早上8点到晚上10点之间，在其他时间我不会发布信息。（理由：要让家长们好好休息，不能因为发信息而打扰他们。）

在共同体里要尽量消除分歧，对别人要求过多，对自己要求过低，会损坏共同体的凝聚力。所以，我们要先从自己做起。古人曰："其身正，不令而行；其身不正，虽令不从。"教师首先在群内示范自己会怎么做，然后请家长监督，并且呼吁家长也这么做，最后家长就会理解和支持教师。

二、出台家长群行为法则，作为家长交流的制度

家长加的群多，各个行业都有，每个人的习惯不同，若不制定交流规则，某些家长会反感。下面是我给家长制定的家长群行为法则。我先拟定规则，然后提交给家委会审议，通过之后再在群内发布。

家长群行为法则

1. 所有家长一律实名制入群，群昵称格式为"孩子姓名＋个人身份＋电话号码"。举例：王一帆爸爸135****3368。（理由：这便于家长之间相互了解，也防止其他无关人员加入；有联系方式，便于有紧急事件时尽快联系上家长。）

2. 本群名称为"班级家长群"，请家长不要私自修改和更换。（理由：没有经过大家同意而更换群名称，会让大家找不到群的。）

3. 请置顶我们的班级家长群。（理由：有些家长加入的群很多，若不把"班级家长群"置顶，会错过群内的一些重要信息。）

4. 为防止其他无关人员进入，所有家长请在9月30日前实名制加入。（理由：家长应尽早入群，中途加入会错过前面的介绍和说明，以后交流起来会有障碍。）

5. 在群内不得发布与班级教育工作无关的链接，如广告、投票、捐款、红包、微商等；如果误发，请在2分钟内撤回；没有及时撤回的将公开批评。连续出现3次这样的错误，将被永久性清理出群。（理由：这里不是任何人的私人商业领地，这样的行为会让人反感。）

6. 不在群内发布未经考证的鸡汤文、政治过激言论、谣言。（理由：政治言论和谣言会让群主产生管理压力，稍有不慎甚至会触犯国家法律。）

7. 对于老师发布的信息，除了特别说明需要接龙回复"收到"或讨论的内容之外，一律不要回复。尤其是老师发布重要通知后一定不要刷屏。（理由：这样会让别的家长错过重要信息。）

8. 不要在群内发布太多的表情包，尤其是视频类的表情包。(理由：这样会让大家的手机很卡。)

9. 关于孩子个人的事情，请不要在群内咨询。如有需要，请务必打电话联系老师或到校交流。(理由：您家孩子的情况，别的家长不一定想知道；在群内咨询个别问题，老师不论回复还是不回复都不好。)

10. 老师分享班级内大家都很关心的问题时，或者发布班级学生值得表扬的事情或图片时，群内家长无须说感谢老师的话。(理由：您只需要赞美学生，不需要赞美老师；说过多赞美老师的话，会让别的家长误以为您是在阿谀奉承老师。)

11. 不要在群内发牢骚或者攻击老师和家长。(理由：在任何地方我们都要注意影响；家长群也是公共场所，所有的文字和图片都是证据，请不要给自己惹麻烦。)

12. 在任何时候、任何情况下都不要在群内发红包。(理由：若老师不小心点开了红包，或者红包被别人点开了，都会给老师带来索贿的嫌疑；老师都不想违纪，请保护老师不被伤害。)

13. 22:30之后，不要在群内发布信息或者进行讨论；若有重要的事情，请点对点私下联系。(理由：22:00之后，是每个人的私密时间，贸然打扰他人是不道德的。)

这样的制度，请务必在建群之前就对家长公布，不然等他们进群犯错了，再处理问题，他们会觉得面子上挂不住。

为了防止部分家长粗心、看不到，可以用纸质版和电子版两种形式发送"家长群行为法则"。对于纸质版，应叮嘱他们一定要阅读；对于电子版，请他们一定要回复"收到，已经详细阅读"等字样。这样可确保我们的信息传递准确无误。

别以为我们说了，家长们就都能做到。若不在群里强调一下，有些家长还真的不会注意到。在有些群里，我们甚至要反复多次发布。刚建群的第一周,会每天发布一次,目的是尽量让所有家长知晓,请他们理解。以后,就可以把它作为家长群的制度,在公告里全文备注。我们要提醒家长入乡随俗,请后入群的家长务必去仔细阅读,以防不愉快的事情发生。

三、告知常规性交流程序,以便家长参与

对于任何一个制度,若只规定了"不许",而没有规定"可以",它就是不完全的。除了前面两个规定之外,我们还要把家校群正常的交流内容、程序和方式告诉家长。

1. 有重要事情,一定要打电话联系老师。(理由:老师要上课,要值班,要开会、检查作业,也有自己的私事需要处理。在家校群里发的信息老师不一定能及时看到,延迟、错过都有可能。所以有重要事情时,请打电话联系老师。)

2. 群发信息或者私下联系,都不要期待别人秒回;要学会等待。(理由:您方便的时候,别人不一定很方便;用自己的需求绑架别人是不公平的,也是不道德的。)

3. 每个人(包括老师和家长)发言的时候,尽量一次性把话说完。(理由:完整地表达能够让我们尽快了解您的需求,有助于问题的解决。)

4. 老师发布信息的时间包括7:00—8:00、11:30—12:30、17:00—17:30和21:30—22:00这四个时间段。(理由:具体以学生的作息时间表为依据,综合考虑了家长的个人需求。不在此时间段,请不要在群里发信息,以免影响他人休息或工作。)

5. 本群只发布需要告知大多数家长的信息,请各位家长及时阅读。(理由:我们已经对信息进行过筛选,发布的都是对所有人有用的信息,请一定知悉。)

6. 对于班级的重要事情或者需要家长参与的事情,我们会在规定的时间里告知。(理由:请大家不要太紧张,管理规范的群和班级,是不会有

太多意外发生的。)

7. 群内的日常活动会在开学初的第一个星期确定，不会临时改变，请家长准时参加。(理由：充满仪式感的交流会让您爱上家长群，定时的习惯不会打乱您的生活，请您尽管放心。)

8. 请家长们遵守群内规定，不要违反群规则。如果您违反了规则，我们会遵照下列方式处置：第一次会提醒您(@您)，请您引起高度注意；若您第二次违反同一规则，就会被清退。记住，对于每个人而言不允许第二次犯同一类错误。(理由：做人不能没有底线，底线被不断突破，会引起大家反感的。)

制度的两大主要功能是"规范"和"保护"，我们要牢牢把握这两个基本功能去建立家校共同体内部社交群的制度。如果大家都遵守制度，共同体成员之间的交流就会顺畅得多。

温馨贴士

1. 管理一定要可控，如果您不能管理好一个社交群，不如干脆不用。管理不好不仅会给自己惹麻烦，还会让家长认为我们的管理能力不行。

2. 别期待所有的家长都一样善解人意，都会主动配合您的工作。该说的您一定要说。您自己都不说，别人怎么配合您呢？

3. 要求家长做到的，您一定要先做到，不然别人就会抓住这一点来攻击您。

策略5 做好家长群的危机管理工作

千万不要因为什么事情和家长在群里发生争执。别的家长不会关注您的想法,他们会关注您对待家长的态度。

任何一个共同体都会有潜在危机。有些共同体随时都有瓦解的风险,而且一旦瓦解,挡都挡不住,这是共同体解散的一个显著特征。所以说,它在一定条件下缔结,也会在一定条件下消亡。我们要做的就是,让它在存在期间尽量多地为我们做出贡献。同时,我们要尽可能地避免那些风险行为的发生。因此,做好家长群的危机管理工作就显得很重要。我一直说,家长群是一个潜在危险很大的群。为什么这么说呢?因为全班学生家长在一个群里,人数已经超过了管理学上的一般性上限(上限就是第一管理层级最多不超过15人),总有一些情况是教师控制不了的。我们不和家长发生矛盾,家长之间也可能会产生摩擦。

下面介绍的一些处理问题的基本模型,也许能够帮助您应对家长群可能出现的危机。

一、如果可以,尽量多建小群

以小组为单位,或者以社区(农村以村、组)为单位,针对家长建立一些小群。每个群的人数不超过15人,最好是一个小群包括七八个学生的家长。

这样在小范围内组织一些小群,大家相互之间比较熟悉,可以进行深层次的交流,彼此之间的感情交流会更好。要组织开展什么活动,由于人数少,大家统一思想的可能性高得多。即使有什么矛盾,由于是小群之内的问题,也不会波及更多的人,风险系数小得多。

可能有人会问：小群那么多，我们来得及管理吗？对此我们要有两个思维：一是发动自己班级的同事，每个同事管理一个群，每个群都有老师在内，像导师一样开展工作，也能获得家长的高度支持。二是针对每个群安排一位热心家长做群主或负责人，由他主持群里的全面工作，您只在群里配合，这样工作量就小得多。

二、管理权一定要在自己手中

这是教训换来的经验。

以前有老师没这样做，怕麻烦，就让家长建群，他们只是参加。结果是个别家长拥群自大，发生矛盾时居然要挟老师、要挟学校，老师不得不宣布退群。问题是，老师退群了，不良影响还在，那些不配合的家长依然还在利用群做反面工作！

家校群一定得掌握在教师自己手中。我建议大家申请两个QQ号：一个做群主，可以是您；另外一个做管理员。您只要告诉家长，那是群管理员，代表您行使管理权就可以了。如果您能够邀请另外一些搭班的同事做管理员，也可以。只是这样没有自己操作来得简单、方便。

这样做的好处就是，得罪人的事情，比如禁言、清退的事情，不需要您直接出面，用另外一个行使管理权的号码来处理就可以了。实在有谁有意见和想法，您还有回旋的余地。聪明的人不会直接把自己安排到灭火的第一线。

如果想减轻自己的压力，或者发挥家长的积极性，您也可以邀请家长做管理员，但要确保最终的管理权在自己手中。请大家一定要记住我的一个忠告：千万不要因为什么事情和家长在群里发生争执。别的家长不会关注您的想法，他们会关注您对待家长的态度。和家长在群里破口大骂实在有失你的身份，也有违教师的职业道德。

三、发现问题要及时制止

无论您讲多少遍群规则，违规违纪的家长都一定会存在。他们一不小心，不该发的信息就发到群里了。也许他们并不是故意的，可是等他们发现时，已经不能撤回了。网上有个例子，曾有一位家长把与情人约会的信息发到家长群里了，弄得大家很尴尬。

也有些家长是故意的，甚至在不断挑战您的底线。如有些做微商的家长，看见群里有人在，就忍不住想发一下广告。有些家长为了表达打扰他人的歉意，会先发红包，再发广告。这样的信息发到群里了，您该怎么办？容忍第一次，就会有第二次，甚至其他家长会效仿。

怎么办？发现问题后请立即按照群规则及时处置。一定不要犹豫。

如果群规则规定对这类家长要禁言，那么您的态度一定不能暧昧。处理越果断越好，这样能够防止别的家长模仿违规行为。如果群规则要求将违规家长清理出群，也请您不要手软。只是，在清退之前，最好发短信（或微信）或者打电话告知他：

亲，鉴于您在×年×月×日×时×分，在群内发布不当信息，已经严重违反家长群规定的第×条第×款，我们对您做出清退的决定。请您理解并执行。

为了避免家长对抗，您可以建议他自己退出群，然后过一段时间等大家基本上忘记了时，再邀请他进来。这样做有礼有节，一般家长不会对抗。

实在有家长耍赖，就用另外一个管理员号码，毫不犹豫地将他清理出群。当家长怒气当头，找您辩驳或者出气的时候，您只需要打一个哈哈："哎呀，是管理员踢的，真是抱歉啊！"这样把责任推掉，家长也就没有底气继续追究，毕竟错在他。他追究此事也只是想挽回面子。

如果有些问题只是家长咨询的场合不对，他并没有什么大错，您可以及时地用下面这个模板提醒他。

亲,您的这个问题,属于个别问题。为了不打扰大家,根据群规定第 × 条,我们私下交流,好吗?

四、该声明的一定要声明

有些家长很热情,他们不明目张胆地发广告,而是以别的家长有事咨询,他需要解答为由,来发一些商业性的广告,尤其是关于教辅资料、学习产品等的广告。这时您该怎么办?

不要以为这些事情不是您说的,与您无关,您睁一只眼、闭一只眼就可以了。真的产生问题了,处理对象中依然会有您。为什么?您负有监管不力的责任呀!你不及时表态,别的家长会以为这是您的意思,认为您不好意思说,特意邀请其他家长来说。到时候发广告的家长挣了黑心钱,由您来背黑锅。

遇到这样的情况,您一定不要心慈手软,该声明的一定要在群内公开声明。那些家长那么做,其实就是在欺负您心软。下面是一个声明的具体模板,大家可以参考。

关于……事件的公开声明

各位家长好,×××同学家长发布的……信息,我个人并不知情,学校也没有委托其在群内发布相关信息。其信息的真实性我们不做任何说明或保证,请大家注意。×××家长发布信息属个人行为,造成任何不良后果或矛盾,学校及班级不承担任何责任;一切后果由信息发布者和主动联系他的人自己负责。特此公开声明。

班主任

× 年 × 月 × 日

如果您不好意思亲自说,可以委托家委会的成员或者通过另外一个做管理员的号码来说。态度一定要鲜明,处置一定要及时。不然,后悔的可能就是您。

五、处理涉事家长时要注意技巧

一个基本原则是对事不对人。如何体现这个基本原则呢?那就是在处理的时候,事实依据、处理依据一定要具体,做到有根有据。然后在沟通处理的时候,语气一定要亲热,尽量减少家长的抵触情绪。在必要的时候,还要给予他们再回到群里的希望——只是要明确告诉他们,回群的基本前提是不再违反同类群规。

可能大家觉得我这样说还是有些抽象。我举几个例子供大家揣摩一下。

情景1:家长在群内销售教辅资料及学习产品

亲,您发的这类消息未经学校许可,我不敢允许您在群里发布。您能够理解我的苦衷吗?请帮我立即撤回。不要让我为难,亲。如果不能撤回,我只好根据群规定第 × 条,对您做出"暂时回避"的决定。无论如何,请您理解和支持一下,好吗?

谢谢您的理解和支持哈!

情景2:家长在群内发生争执或破口大骂

亲,根据我们的群规则,这类事情不适宜在群内公开讨论。请你们私下沟通,好吗?谢谢你们的理解和支持哦!

信息发布之后,若双方继续争执或者谩骂,您可以行使禁言或者清退的权力。将他们清理出群之后,您应该马上在群内发布下面这样的"安民告示"。

1. 刚才几位家长在群内……很抱歉影响和打扰大家了,为了避免矛盾进一步升级,请理解我把双方当事人移除出群,请大家理解。

2. 现在他们双方都比较激动,很难沟通。为了避免影响到大家或者使你们产生更多的误解,我暂时将他们移除出群,等此事解决之后再邀请他们入群。请大家不要再就此事在群内进行讨论或者发言。

3. 我们因为孩子而结缘在一个群,不管发生了什么事情,都请大家多一分理解:毕竟我们都是普通人,情绪难免有失控的时候,请大家相互谅解。无论有什么争执,风雨过后,我们都还是"一家人"。

4. 在相关事情处理完毕后,我们会再次邀请他们进群。届时请大家尽量以平常心待之,不要搞欢迎仪式,也不要排斥他们,以免让他们觉得很难堪。谢谢大家的理解和支持!

情景3:家长批评或攻击的事情与事实有出入

对于其本人,可以明确地告诉他:

亲,对于这件事情,可能还有些细节您不太清楚,我们暂时不在群里讨论它。等进一步了解了相关细节,我们再一起研究,好吗?

或者这样对他说:

亲,这件事不是这么简单。为了避免事情恶化,根据我们的群规则,我们私下沟通,好吗?谢谢!

然后您迅速打电话联系他。如果该家长继续在群里说话,表现出一副得理不饶人的样子，不妨直接开启禁言功能，或者将他移除出群，然后在群里发布"安民告示"。

1. ×××家长所说的事情，与事实有较大的出入。为了避免矛盾升级，暂时中止本群的交流，请大家理解。

2. 该家长目前情绪比较激动，不适合此时在群内沟通，现根据群规第×条规定，将其移除出群。等其情绪稳定、这个事件处理完毕后，我们再邀请他进群。

3. 等这件事情所有的细节都清楚之后，我们一定会在群内向大家通报。请大家耐心等待。

4. 在学校及班级没有正式通报之前，大家不要凭空猜测和传播，以免把事情弄得更糟糕。我们会在第一时间通知大家的。请理解和配合我们的工作。

5. 在事情没有调查清楚之前，请尽量不要信谣传谣。不然，违反了互联网时代的有关法律规定，处分谁都不好，请大家自爱。

这样把事情说清楚，又指出危害，一般家长会理解的。

情景4：有的家长迫不及待地在群内追问

您可以在群里回复他一下（记住，一定要@他，多次之后，大家就会知道您的目的所在）。

×××家长您好，根据我们家校群的规定第×条，这类事情不适宜在群内公开说。我们私下聊，好吗？

如果家长提出的问题具有普遍性，但是您目前还没有想好，或者没有请示领导，不知道怎么具体回答，那么您可以这样中止话题：

刚才×××家长提出了一个问题……（把具体问题概括一下），我觉得非常有普遍性，现统一答复如下：……（叙述你能够答复的内容）。为避免打扰大家，对这个问题的讨论先到此为止。如果还有家长不明白的，可以私下留言给我。谢谢大家！

记住，当有些话题您不好明确表态，而您又必须表态时，请参考下面的一些技巧。

（1）表态：各位家长，大家好，刚才×××家长提的这个问题，问得很好，非常有意义和价值，我和学校都很重视，谢谢×××家长的关注。

（2）拆分：他的这个问题，我看是不是这样理解……（把它拆分成若干个小问题，尤其是在拆分的过程中，淡化那些让我们感到难堪、控制不好会引起矛盾的细节。）

（3）选答：对于……问题，我们是这样认为的……学校在这方面做了很多努力，如……（把相关话题引进来，选择您能够回复也可以回复得较好的问题进行详细回复，显得我们十分重视。您能够回复的内容越多，对后面的处理越有利。当我们能够回复的内容超出家长所提问题时，所有家长的关注点就已经被我们带到了有利的方面。）

（4）转移：对于这个问题我已经说得很清楚了，希望我的回答能够让大家满意。如果大家还有什么不理解的，可以私下给我发短信（或微信）或者打电话给我，我一定在第一时间回复。（不要再继续纠缠，言多必失，继续纠缠会把事情弄得很糟糕。）

（5）提醒：对于您不能回答的问题，可明确地告诉他们——这件事情正在调查、研究和核实中。等事情清楚后，我一定会在第一时间告诉大家。最后提醒大家，在真相没有搞清楚之前，或者在领导没有正式答复之前，请大家不要私自揣测或者传播谣言，不然，造成不良后果将责任自负。（我们进行政策和法律上的提醒,其实是为自己寻找权威的帮助。)

(6)致谢:为避免影响和打扰其他家长,这个问题就交流到这里。需要继续咨询的家长请私下联系我。等事情有了进一步进展,我再联系大家。谢谢大家的理解和支持!(尽快终止话题,避免把话题炒热,这样对我们后续的处理有帮助。)

对于一些实在无法回答的问题,如果炒热了会让您为难,那么最好的办法就是撤销群里的信息,然后私下联系家长。遗憾的是微信群的这个功能已经取消了。这就是我之所以提倡大家用 QQ、钉钉等聊天软件,而不用微信群的原因。

在微信群,当您回复不了某个问题,又不想让更多的人关注时,还有一个好办法,那就是邀请您的铁杆家长,不断地用新话题刷屏。新信息太多,您没有"看到",也就没有办法处置了——当家长纠缠的时候,您可以这样解释。这属于下策,但在不得已的时候,它也不失为一种处置办法。毕竟有了第三者的参与,可能会产生其他的变化因素。

> **温馨贴士**
>
> 1. 遇到我们不能把握的事情时,一定不要逞能。在互联网时代,稍有不慎,我们就会把自己置于很被动的境地。
> 2. 对于家长提出的问题,能够回复的一定要在第一时间回复。回复得越早,矛盾就会平息得越快。
> 3. 遇到事情最好找人商量,该请示学校领导的,一定要按照程序请示,不要私自表态。

策略6　采取能发挥家长影响力的七项"微"行动

> 群内的每一项活动，都要尽量和家长发生联系，建立"关注"链接，这样家长才会觉得这个群值得关注。

如果家长群只是发布信息、通知某些事件，其关注度就不会太高。放纵家长们在群里闲聊，又会浪费大家的时间和资源。因此，我们需要一些有品牌、有特色的活动，来支撑起家校合作群的日常生活。

由于这些活动主要是基于QQ、钉钉和微信群，所以我把它们叫作"家校群的七项'微'行动"。

一、微励志——"创新晨语"带来满满的正能量

群内的每一项活动，都要尽量和家长发生联系，建立"关注"链接，这样家长才会觉得这个群值得关注。但是群内信息不能太多，如有太多的刷屏，一些重要的信息就会被错过。我们明确规定家长群的交流活动及时间：6:30是"创新晨语"，然后是"能量朗读"，每天15:00之后是家长群的健身视频打卡，如果有研讨安排，一般放在19:30之后。我们每天都安排人值日，一旦家长有问题，可以随时开展讨论。

"创新晨语"是一个励志活动，具体做法是每天安排一位家长值日，在6:30—7:00发布一段充满正能量的话，以此来影响和感染大家。下面是我摘选的家长发布的一些"创新晨语"。

有人常常羡慕别人的生活多姿多彩，感叹自己的生活平淡无奇。与其羡慕别人，不如努力成为有趣的自己。有趣的生活，不需要用诗和远方堆砌，即使平凡，也能寻觅到其中的乐趣。保持好奇、善于发现、勇于尝

试……你的日子也能闪闪发光。早安!

能控制坏脾气的人,往往有更积极向上的心态,更不会满身戾气地对待别人。只有消化了坏情绪,才能痛痛快快地拥抱好运气。请记住,稳定的情绪犹如坚实的铠甲,会支撑我们走向远方。新的一天,早安!

我们每个人都会有感到疲惫的时刻。与其逃避负重,不如主动迎战。当你能够坦然接受前行路途中伴随的心酸和眼泪,每一次都鼓足勇气迎难而上,勇敢地解决问题时,你才能获得真正的成长。早安!

这是原创的吗?抱歉,这些都是家长们从别的地方抄来的。但是这没有关系,只要能够给我们带来正能量、启迪大家的思维就可以了。

二、微朗读——"能量朗读"教会家长爱孩子

能量朗读的全称是"正能量语言朗读",我们每天选择一篇高质量的家庭教育文章或者诗歌,带动家长一起在群里进行语音朗读打卡。这些内容语言优美而又富有教育意义,可以给家长"洗脑"。

很多时候,家长对学校工作不支持,是他们的教育理念有问题。当其教育理念和我们一致了、思想转变了时,他们就愿意配合、支持我们的工作。我们要用正确的、有意义和有价值的思想,不断影响和感染家长。

我们在实践中发现,家长朗读与不朗读的效果完全不一样。尤其是在群里,如果我们不要求家长朗读,人家复制粘贴一下,看都没有看,就应付过去了。语言和文字是能够影响人的。哪怕是家长被动地朗读,经过连续多次之后,那些美丽的思想总有一些是能够进入其心灵的。

这里我要给大家推荐一首诗歌《从此刻起,我们将这样爱孩子》。这首诗歌的内容很不错,颠覆了家长们对家庭教育的一些观念,值得大家参考。

从此刻起，我们将这样爱孩子

从此刻起：/我要多鼓励、赞美孩子，/而不是批评、指责、埋怨孩子。/因为我知道只有鼓励和赞美，/才能带给孩子自信和力量；/批评、指责、埋怨只是在发泄/我的情绪，伤害孩子的心灵。

从此刻起：/我要用行动去影响孩子，/而不是用言语去说教孩子。/因为我知道孩子的行为/不是被教导而成，/而是被影响和模仿而成。

从此刻起：/我要多聆听孩子的心声，/而不是急于评判孩子。/因为我知道聆听/才是最好的沟通。

从此刻起：/我要无条件地去爱孩子本来的样子，/而不是去爱我要求的样子。/因为我知道那是我的自私和自我。

从此刻起：/我要学会蹲下来与孩子平等沟通，/而不是居高临下地指使孩子。/因为我知道强制打压/只会带来孩子更强烈的叛逆和反抗。

从此刻起：/我要用心去陪伴孩子，/而不是心不在焉地敷衍孩子。/因为我知道只有真正的陪伴/才能让孩子感受到爱的温暖。

从此刻起：/我要控制自己的情绪，/和孩子一起安静和平地处理好每一个当下。/因为我知道脾气和暴力/只代表我的无能和对孩子的伤害。

从此刻起：/我要积极主动地处理好与爱人的关系，/创造一个和谐的家庭环境，/绝不让夫妻矛盾影响和伤害孩子，/因为我知道只有夫妻关系和睦/才是对孩子最大的爱。

从此刻起：/我要让孩子长成他要长成的样子，/而不是我期待的样子。/因为我知道孩子并不属于我，/他只是经由我来到这个世界，/去完成他自己的梦想和使命。

从此刻起：/我要通过孩子的问题，/找出我自己的问题，修正我自己。/因为我知道孩子所有的问题/都是我的问题，我是一切的根源。

从此刻起：/我要成为孩子生命中最好的朋友，/最亲密的伙伴，最慈爱的爸爸（妈妈）！

这首诗歌富有反思和批判意义，能够让不少家长的教育理念焕然一新，深受他们的喜爱。

三、微直播——"直播课程"成为家长的贴心伙伴

我国家长逐渐走过物质生活极度贫乏的年代，当生活条件好了之后，养生、健身、美容、理财就成为他们很关注的话题。针对怎样让自己越活越精彩这一话题，我们把对此感兴趣的家长召集起来，请他们开设了"健身美容""手机理财""纵横中国"等直播课程。

"纵横中国"有百家讲坛的味道，什么内容都有，比如旅游出行、历史掌故、汽车维修……家长当中有的是奇才，而且各行各业都有。我们选出一些大家都关心的话题，安排一些家长来讲，大家都很高兴。

但是促使这个直播坚持下来的，是我们每天的"健身打卡"直播课程。该课程原本是一位做医生的家长给大家讲颈椎问题的预防和处理的直播课程，没想到她在"千聊"做了一期直播课程，我们把相关的信息和链接发到微信群和QQ群之后，迅速被家长们疯狂地转发，一天之内浏览量突破2000次。这弄得不少家长心里痒痒的——"什么时候，我也来做一回大家关注的明星呢？"

每个人心里都藏着一个明星梦。在这位家长成为大家关注的"明星"之后，其他一些家长也争着参与进来，还把微信群做成了"美爸美妈健身打卡"群。不少家长说，一天不去看，就好像少了点什么。

到期末的时候，家委会副主任统计了一下，班级直播课程居然达到了87期，平均一个家长做了一期半，真让人感到惊讶。

四、微研讨——"每周研讨"帮助家长解决难题

我在群里安排家长轮流值日，及时组织他们回应家长的疑问。不管是什么层次的家长，不管他平时教育孩子多么得心应手，都会有他感觉到犹豫、怀疑或者茫然无措的时候。如果有人及时回应他的提问，哪怕那些答

案并不完全对，他也会得到安慰，增添教育孩子的勇气和信心。

其实，有时那些问题怎么解决，家长自己是知道的，他只是想确认一下、验证一下，以此来增强自己的自信心。这时答案就在他心中，别人说与不说，基本上没有什么区别。但是群内有没有人回应，却有着本质的区别。

我们班每天都会安排几位家长轮流在群里值日，一旦发现有家长提问，马上就有人做出回应。如果他们觉得讨论氛围不够浓厚，还会私下联系一些对这些话题可能有感想的家长，请别的家长及时在群里发言。

团队的氛围建立在彼此关注的基础上。刚开始，有些家长还不太适应，后来，慢慢地，群里参与交流研讨的氛围就浓厚了。经过多次研讨之后他们发现，并非每个问题都有代表性，有些问题在群里简单地聊一下就可以了，而有些问题需要集中大家的智慧一起解决，甚至要提前做好准备。于是，我们班就出现了固定的研讨活动——每周四晚上的"我们相约"，重点研讨并解决那些带有普遍性的、有些难度的问题，如早恋问题、手机问题、青春期叛逆问题、作业拖延问题，等等。

每次研讨，家长们都提前定主题，提前发布研讨提纲，并邀请有感受和感想的家长做个别案例示范。所有感兴趣的家长都可以参加，按照谁提问、谁记录的原则，最后整理总结大家的意见，上传到群里给大家参考。群文件一般用QQ、钉钉等保存。

五、微资讯——"经典荐读"扩充家长的知识储备

每天的"经典荐读"，主要推送心理学、亲子关系、家庭教育等方面的经典案例和名家大师的经典文章。家委会成立了一个专门部门负责搜集资讯，采用积分制管理。我们发动每一个家长积极参与推荐，如果他们推荐的文章被采用，每采用1篇文章，孩子在学校的量化考核上可以增加1分。这样实现捆绑考核的加分制度，极大地发挥了孩子对爸爸妈妈的监督作用。

为了让家长准确地知道有用信息，我们要求推荐者填写一个"经典荐

读"的表格,主要项目有"推荐篇目""作者及简介""文章类别""信息来源""内容摘要""推荐理由""适用对象""我的评价"等八个方面。这样做的目的,就是准确地知道自己要做的是什么,避免完成任务式的推荐。

表格采用一栏式设计,按照从上到下的顺序排列,这样家长填写好之后,可以直接复制粘贴发到群里,避免表格在群里要么是文件、要么是图片格式,使家长阅读起来不方便。其他家长看到推荐表格,就知道它的主要信息,便于他们阅读。

"经典荐读"原则上不在群里发布原文,一般是发链接或者文档。因为发布原文一下子就把屏幕占满了,不利于家长宏观地掌握信息,还容易刷屏。

六、微分享——"智爸慧妈"亲子交流案例分享

家长需要鼓励,一个好的活动名称在很大程度上能影响家长的积极性。关于家长的亲子教育案例分享活动,我想了好久,最后才确定了"智爸慧妈"的活动名称。这个名称的好处,大家一看就知道。男人的才智,女人的贤淑,用一个并列词组"智爸慧妈"就全体现出来了。

这个活动的内容十分明确,只能是爸爸妈妈分享他们在教育孩子过程中的一些小故事、小案例、小经验、小感悟。内容一定要原创,不能复述别人的故事。为什么呢?因为现在的家长不缺资讯,他们缺的是货真价实的、经过验证的、具有较高借鉴性的案例,尤其是自己身边的案例。同龄人的案例,那些并不高大上的"干货",会让他们觉得更亲切、更有说服力。

"为什么我们家的孩子不和我们说话?""你们是怎样和孩子谈私密话题的?"……其实这些看起来很普通的问题,处理起来需要太多的教育智慧,甚至考验着家长的心态、"三观"和应急能力,要想处理好是很需要实力的。开展了一年的"智爸慧妈"活动之后,我发现家长应对孩子出现的问题,明显变得从容、冷静多了。

七、微讲堂——"同频学习"让课余辅导一直在线

学习是家长普遍关心的话题，也是部分家长感到焦虑的话题。随着孩子年龄的增大，在学校学习的知识内容不断更新，很多家长已经跟不上孩子成长的步伐了，辅导孩子的学习越来越力不从心。

一些老师不理解家长的这种压力，常常在群里把作业一布置，然后就要求家长督促、辅导和检查孩子做作业。家长做不到，又没有别的方法可以借鉴，就只好诉诸媒体，群起而攻之，说老师给家长布置作业不行！家长"闹大"后，教育行政主管部门就简单地下一道命令——"禁止给学生布置需要家长参与的作业"。

这样看起来很有道理，可是，另外一些没有闹腾的家长就觉得委屈了："你们的孩子不读书没有关系，我们的孩子需要读书啊！毕竟考试是当前看起来最公平的人才选拔机制之一，学习依然是孩子们改变命运的重要工具。"老师不布置作业了，他们孩子的学习怎么办？他们要求老师布置作业，还强烈要求布置的作业有难度、有梯度。他们深知一个道理：只有跑在前面，才有胜出的可能。

怎么办？一边是教育行政主管部门的死命令，一边是家长们的强烈要求，还有学校悄悄进行的排名。聪明的老师开始走出一条新路子——作业我们照样布置，家长辅导不了，我们自己来辅导。

于是，我们班上的"微讲堂——同频学习"横空出世。我们发动任课教师在布置作业的同时，先把作业做一遍，推行"先做后布"的常规要求。在做的过程中，我们发现有些问题可能孩子们不会做、家长又解答不了，于是就录制专题答疑视频，随同作业一起发到家长群里。

太多的视频会挤占群空间，为了避免群里的空间不够，我们又把视频制作成二维码，然后在群里发布。一个视频生成一个二维码，这样大大地节省了群里图片和视频所占的空间。家长直接用手机扫二维码，学生就能够在家里观看，极大地方便了家长对孩子的课业辅导。

对很多问题的处理，只是禁止没有用，我们必须想办法建设性地解决。

温馨贴士

1. 感情是在共同生活、共同沟通、共同交往中产生的，没有好的交往，就不会有高质量的家校共同体。
2. 给每一个活动起一个好名字，这样就会显得"师出有名"。
3. 别期待每个家长都会支持您的工作，在很多单位或团体，都是20%的人扛起了80%的工作。先让一部分家长支持您，再让他们带动其他家长，您的工作就好做了。

第二章
做一个让家长和学生都欢迎的客人
——提高家访质量的策略

- 教育是一项充满激情的工作，也是一项富有创造力的工作。一个成功的教师，应该是不断丰富和完善自己的教育艺术和技巧的教师。这样的教师，才算是不断进步的教师，也只有这样的教师，才能真正体会到成长的快乐。
- 很多教师数十年如一日地保持一种固定不变的工作模式，不求上进、不求创新，总是生活在一成不变的死水中。但是，生活和工作的乐趣，就在于不断地追求创新。因此，我在自己的日常教育工作中，总在不断寻求一种新的突破。也只有在这种突破中，我才能体会到工作的快乐！
- 工作二十多年来，我一直在这种改变中寻找着有效的工作模式。即使是家访，我也在不断地寻求新的变化。

策略7 适当"变一变"家访的内容和形式

选择在学生进步、立功、受奖的时候去家访,把告状变成报喜,家长高兴,学生高兴,我们自己也高兴。这样一来,学生、家长怎会不欢迎你去家访呢?

很多老师对我说,他们再也不想去家访了,无非就是那么丁点儿事情、那么一些老套路。同时,很多老师还反映,家访并不能带来很直观的教育效果,还占用了家长的时间,大家都觉得麻烦,不如不去的好。

这些想法表面上看起来很有道理,其实它们反映出陈旧的工作方式带来的心理疲惫感。真正务实的家访,怎么会没有作用呢?关键是我们的心灵疲惫了,才会感觉到厌烦啊!因此,要改变家访没有效果的局面,解决教师不愿意家访的难题,我们就应该适当地"变一变"家访的内容和形式。变,才能够出新,才能够出效果。

一、变"告状式家访"为"鼓励式家访"

在一些家长传统的思维习惯中,总认为老师来家访不是一件好事情。为什么?因为很多老师习惯于用解决问题的思想来指导工作:孩子没有问题,老师就不去家访;孩子出了问题,老师才去家访。因此,我们还没有到学生家里,一打电话和家长联系要家访,家长就马上提高了警惕:是不是孩子又犯错了?

我为这种家校交流感到悲哀,也感到难过。家访是交流教育思想、介绍教育经验、沟通家校感情、验证教育效果的最好途径,怎么会变成让家长提高警惕的事情呢?因此,我认为,要想提高家访质量,首先要改变的,就是以前那种告状式家访。我们要把告状式家访,变成鼓励式家访。

对教育者来说，一个学生只不过是我们工作的几十分之一，或是几百分之一；我们工作一辈子，不说桃李三千，一半还是有的。但是，对于某一个具体的孩子来说，我们影响的就是他的一辈子。对一个家庭来说，每一个孩子就是他们的百分之百。我们去家访，不能够因为这几十分之一或者几百分之一，而让一个家庭百分之百的希望变成痛苦。我们只有给家长和孩子足够的希望，他们才会有美丽的未来。

所以，我改变了过去在学生犯错出事时才家访的工作模式，选择在学生进步、立功、受奖的时候去家访，把告状变成报喜，家长高兴，学生高兴，我们自己也高兴。这样一来，学生、家长怎会不欢迎你去家访呢？

二、变"请进来"为"走出去"

我发现，很多老师不喜欢家访，遇到问题时总喜欢把家长叫到学校里来。

前不久，一个孩子因为患有多动症，老管不住自己，弄脏了人家的衣服。第一次是妈妈来学校，第二次妈妈不来了，换爸爸来。爸爸来学校后第一句话就是："难怪你妈不来学校啊，来了就是受气！你哪一天也给我争争面子？"然后他当着老师、同学的面，抓住孩子就是一顿暴打。他没有什么教育方法，唯有用打才能够在老师面前证明他们的家教严格。

这样的"请进来"，对学生又有什么用呢？

其实，某一个学生表现得好坏，都是有背后的家庭原因的。我们待在学校里不出去，总是在办公室里空想着怎样改变学生，那么，我们的方法怎么会起作用呢？要想家访有效，关键就是我们必须了解学生问题背后存在的原因。

曾经有一个学生经常逃课，每次逃课，他都会对老师说他家里有事情。

如此反复多次。让他叫家长来，他说家长外出做生意不在家。后来，老师抽时间到学生家里去，发现家长根本没在外边做生意，而是一个上班族。老师和家长取得联系之后，针对学生的情况，研究了一些攻守同盟的计策，不出一个星期，就把学生逃学的事情解决了。

我很喜欢家访，一个重要原因就是可以用我的亲眼所见，来了解学生问题背后的真实原因。我认为，一个真心关爱学生的老师，应该是一个喜欢经常到学生家里走走的老师。

三、变"谈话式家访"为"请家长参与教育活动"

很多老师总喜欢找家长谈话，认为话谈完了，工作就做完了。其实，这里有一个明显的误区。很多工作，是不能用谈话来完成的。夸夸其谈往往削弱了你的工作力度。一个懂得教育艺术的班主任，会明白请家长共同参加教育活动，比空泛的谈话更有效。家长与学生一起参加具体的教育活动，不但有利于陶冶家长和学生的情操，还可以增进他们之间的了解，融洽他们的感情。

为解决学生不知道感恩的问题，2005年3月8日，我组织全体学生和妈妈们一起庆祝"三八妇女节"。我们把主题定位为"和妈妈一起过节日"，老师、学生和家长一起参加。活动中，我们还邀请一些妈妈讲述她们生产时的痛苦以及她们如何辛苦地养育孩子，很多学生流下了感动的泪水。后来，当学生们将亲手做的礼物送给自己亲爱的妈妈、祝她们节日快乐时，许多妈妈也是热泪盈眶。

此外，我还经常请学生家长一起参加班会。比如，2008年冬天，一个学生过生日，他希望我能够和他的父母一起陪他去爬山，用这种方式纪念他的成长。我觉得这个主意不错，当即联系了十多名家长，请他们带着自己的孩子一起去爬山。当我们在山顶举行"放飞希望，纪念成长"的主题活动时，很多家长都感慨万分。在活动过程中，我通过与每位家长的交流，达到了比直接家访更好的效果。

> **温馨贴士**
>
> 1. 要想提高家访质量，首先要改变告状式的家访方式。
> 2. 我们只有给学生足够的希望，他们才会有美好的未来。
> 3. 家访有效的关键在于了解学生问题背后的原因。

策略8　面对不同的家长，采取不同的谋略

"一把钥匙开一把锁"，我们要根据不同的家长类型，采取不同的家访方式。

有时候想想，觉得我们老师也挺为难的。你看看，一个班的家长那么多，性格各异，我们都要和他们打好交道，遇到什么人说什么话，真的很不容易。

工作二十多年来，家长工作给我最深的感受就是，"一把钥匙开一把锁"，我们要根据不同的家长类型，采取不同的家访方式。

一、民主型家长

这是最理想的家长，每个班主任都希望碰到这样的家长。但是很遗憾，就好像人生终究不可能完美的道理一样，这类家长的数量不是很多。在一个班上，能够偶尔碰上那么几位，就算我们的运气好了。

这类家长在教育子女上有自己的一套方法,他们对子女的教育宽严适度。他们比较讲究运用科学的教育方法,对待孩子比较开明、平等。对此类家长,我们在家访的时候,可以抱着学习、交流和探索的态度与家长沟通。对学生的一些在校表现,我们可以如实地向家长反映,主动请他们提出教育策略,认真倾听他们的意见,充分肯定和采纳他们的合理建议,并适时提出自己的看法。我相信,只要你态度诚恳,你和这类家长打成一片是很容易的。

值得注意的是,这类家长一般都比较有主见,而且知识面比较广,我们在和他们交谈时,不要老摆出教师的派头,总想教育人家。和他们交朋友,平等交往,应该是会受到他们欢迎的一种方式。

二、溺爱型家长

这类家长很多,中国家长的一大特点,就是爱孩子到了溺爱的程度。哪怕是那些对不听话的孩子恨得牙根痒痒的家长,内心里依然非常溺爱孩子。很多孩子不听话,实际上就是家长过分溺爱的结果。当初一味溺爱,后来管不住孩子了,就开始抱怨他们,甚至对他们"拳打脚踢"——这几乎是溺爱型家长教育管理孩子的一般性规律。

和这类家长交往,我们不能够太直接。不要认为自己什么都知道,实话实说。那样,会让你很被动。因为对这类家长来说,在他们眼里,他们的孩子是最可爱的,即使犯了错误,他们也认为很正常,不是什么大不了的事情,甚至还帮着孩子隐瞒、包庇孩子。如果他们的孩子和其他学生发生了矛盾,他们往往偏听偏信自己孩子的一面之词,总认为自己的孩子是正确的,错的都是别人。一旦他们的孩子受伤,他们就着急得不得了,仿佛那是天大的事情,一定要班主任给个说法。

对这类家长,家访时,我们要充分认识到谈话的难度。如果不是为解决矛盾,仅仅是为改正学生的问题,谈话时,我们不妨先肯定学生的长处,对学生的良好表现予以真挚的赞赏和表扬,再适时指出学生的不足。只有充分尊重学生家长的感情，肯定家长对孩子的爱，他们在心理上接纳你之后，你的谈话才会奏效。适当地送一些"高帽子"，在家长高兴的时候，恳切地指出溺爱对孩子成长的危害，再告诉他们一些正确的教育方式和方法，往往是和这类家长谈话成功的关键。

如果是要处理矛盾，我们要站在家长的角度，先肯定他们的一些合理要求，然后再和他们讲清楚事情的经过。适当的时候要帮助他们分析一下溺爱的危害，让他们警醒。这样，你的谈话才可能成功。

三、放任不管型家长

这类家长比较让老师头疼。这类家长，通常是家长难对付，孩子也难对付。他们一般对孩子要求不高，而且很有可能自己当年读书时，父母要求也不严格，但是现在他们凭借好机会赢得了不错的经济和社会地位。因此，他们对孩子的要求很低，甚至还主动劝老师不要太着急，认为孩子以后会有出息的。

对这类家长，我们谈话的关键是启发和教育他们提高认识。如果他们的思想转不过弯来，后面的谈话就会是对牛弹琴。在家访之前，我们要针对这类家长的问题，多查找有关资料，必要的话，还要做一点记录。在具体交谈时，你的证据越生动，越有说服力，他们听信你的话的可能性就越大。

适当的时候，给他们提供一些反面例子，让他们从别人的悲剧中认识到自己教育方式的危险性，这往往能够很快地转变他们的思想。

四、粗暴严厉型家长

很多家长一直认为自己对孩子管教严厉很有道理。他们在教育孩子时信奉"严"字当头，凡事都由家长说了算。孩子稍有差错，家长轻则训斥，重则拳脚相加。因为家长在教育方法上严过了头，孩子与家长的关系一般很紧张。

生活在这种家庭的孩子在学校的表现呈现出两个极端。一个极端是非常遵守纪律，胆子很小，学习上不敢发表自己的意见，灵活性较差，缺乏创新精神。另外一个极端就是孩子在学校什么也不怕，对人充满仇恨，在孩子中带有黑社会头目的色彩。

对这类家长进行家访时，我们要特别注意方式方法。切忌我们去家访，对孩子却是灾难。如果我们一走，孩子在家挨打挨骂，后面的教育就会更难。和这类家长交流时，我们要多肯定孩子的成绩，明确地告诉家长，我们来家访，不是因为孩子不好，而是工作上例行的程序，希望家长和孩子都不要紧张。如果家长对孩子有什么不满，我们应该在充分肯定家长愿望的基础上，指出过于严厉会带来的负面影响，并及时向家长介绍一些科学的教育方法。委婉地表达出你的愿望，一般会得到家长的认同。有时候，适当讲述一些由于家长操之过急、方法不当而适得其反的家庭教育案例，也能够让家长警醒。

五、经济杠杆型家长

随着经济条件越来越好，这类家长越来越多。这类家长对子女的教育就是以金钱为标准，达到什么样的成绩就奖励多少金钱。而对于子女在精神上的一些需求却从不关心。

和这样的家长谈话时，我们不能够太客气。自古以来，因为钱而害了孩子的案例，可以说是不胜枚举。我们如果不理直气壮地指出金钱教育的危害，就不会引起他们的重视。什么叫当仁不让？就是你觉得你的意见和观点对孩子很有利时，就要毫不顾忌地讲出来。我们可以明确地告诉家长，适当对子女进行物质奖励是正确的，但如果是一味地以物质奖励为主，孩子在学习上的动力就不会长久——因为满足和不满足，都不会激发他们持续学习的动力。我们要明确地告诉家长，真正持久的学习动力来自学生自身的精神，而不是单纯的外界物质刺激。给他们讲一些典型的、因钱而坏事的案例，如清朝八旗纨绔子弟的结局，可能对他们很有作用。

不过，在这个问题上，还有一个特例要引起注意——现在一些比较开明的家长,注重对孩子进行理财教育,要求孩子从小就学会处理一些经济上的问题。对这类家长,我们应该尊重他们的教育观念,不能一味地指责和批评。

总之,还是那句俗语说得好,"一把钥匙开一把锁",和家长谈话没有绝对的标准,适合的就是最好的——这是家长工作中屡试不爽的法宝。

> **温馨贴士**
>
> 1. 不要总想着自己是老师,总想教育家长。
> 2. 当你觉得你的意见和观点对孩子很有利时,就要毫不顾忌地讲出来。
> 3. 和家长谈话没有绝对的标准,适合的就是最好的。
> 4. 要坚持一个原则,那就是我们去家访不要让孩子遭殃。

策略9 让真情流露带给你出乎意料的说服力

保持良好的心态,要听得进话,不偏激、不感情用事,不和家长争辩,特别是对待差生的家长,更不能摆出一副教训人的架势。

"人上一百,形形色色。"做老师久了,总会遇到很多让你哭笑不得的家长。有些家长天生对学校、对老师抱有偏见,一旦老师来家访,他们就趁机发泄对学校的不满。我就遇见过这样的家长:学校补课,他们就说老师借补课赚钱;学校不补课,他们又认为老师不负责。学费不是收高了,就是收急了。还常常认为老师对学生有偏见,不喜欢他们的孩子。管学生管得严是对他们有意见,报复到他们的孩子身上;对学生亲热一点,又认为是老师懦弱,这样的老师在学生面前没有威风……这些家长,本能地对老师和学校有一些偏见。

去这样的学生家里家访，我时常叮嘱自己：首先保持良好的心态，要听得进话，不偏激、不感情用事，不和家长争辩，特别是对待差生的家长，更不能摆出一副教训人的架势。到学生家了，就假定自己是学生家庭中的一员，这样不仅能给人一种亲切感，迅速拉近教师、家长及学生之间的距离，而且能使自己尽快进入角色，尽快地开展工作。

我的一个学生叫蒋华，他的父亲有些偏执，以前总认为他的孩子是最好的，只是以前的班主任看不起他，常常责骂他，所以害得他在班上抬不起头，不想读书。你仔细听这些话，就会觉得很有意思：一是他的孩子是好的，你不要来告状，这是封你的口；二是前面的老师不好，你好不好我还没说呢；三是老师在学校里给他儿子施加了太多的压力，害得他儿子抬不起头来。责任都是老师的，他们是无辜者。其实这样的家长，还不是最厉害的。有的家长，你还没有开口，他就怨声载道，大骂学校的老师。

我没有反驳他，只是告诉他，蒋华这学期进步很大，这次家访有两个目的：一是想知道孩子这学期变化大的原因，是不是家里对他的照顾更多了；二是来跟他商量，如何齐心协力把效果加以巩固。他很高兴。当即吩咐孩子的妈妈杀鸡，要留我吃饭。我委婉谢绝，他就急了，说："以前的老师看不起我的孩子，从不在我家里吃饭，老师你也不吃，实际上还是看不起我的孩子！"话说到这份儿上，我也就不客气了，坐着矮凳，和他在院子里喝起酒来。也许是我的真诚感动了他，也许是喝酒拉近了我们之间的距离，那次家访后，平时从不与学校联系的他，一个学期来了两三次。每次在来学校的路上遇见熟人，他就自豪地告诉人家："去学校啦，和孩子的老师聊聊。"

有些家长和孩子关系不好，学生老在我面前告状，说父母不理解自己，态度粗暴。学生感情丰富，有个性，自尊心强，容易受到伤害，过多严厉的批评，让学生接受不了，甚至造成自卑或逆反心理。"代沟"现象普遍存在，阻碍了子女与家长的交流，也妨碍了教育工作的开展。作为教师，我们一方面要提醒家长注意自己的形象，改变粗暴专横的作风，增强对子女的信任，主动与子女多交谈；另一方面要鼓励学生大胆面对家长，消除他们心中的顾虑，正确对待长辈的批评。

星期一早上，我看见李宏上课老是往下拉衣袖，觉得很奇怪。下课后，我把他叫到了办公室，一看，吓我一大跳！孩子的胳膊上满是伤痕。我问他是怎么回事，他马上就哭了起来。原来，上周末，他爸爸看见他上次的英语测验只得了79分，大发雷霆。责怪他不努力，平时很好的英语成绩都下降了。李宏刚解释了一句——"这次考试题目很难，班上最高分也就是79分……"，他爸爸便恼羞成怒，说他不老实，于是就拿鞭子教训了他一顿。

这样的家长总相信棍棒底下出人才，自己又不懂教育，看见分数低了就打孩子。家长采取这样偏执的态度对待孩子，孩子如何能够安心地读书呢？当天下午，我就到李宏家，跟他爸爸谈了近两个小时。我告诉他，成绩不能够以绝对分数来衡量，要看孩子在同学中的水平。以后，不要动辄就打。我说得他很不好意思，一个劲儿地保证，以后绝对不打孩子了。

社会是复杂的，生活境遇的不同常导致生活理念的差异。有些家长认为：子女的调皮顽劣是聪明的表现，而谦恭忍让则是愚笨的表现。在学校里，孩子与其他同学发生了矛盾，他们首先要求孩子的就是打人，打赢了他们赔钱都觉得光荣，打输了要向人家讨治疗费，他们觉得可耻。对于这种错误的观点，作为老师，绝对不能迎合家长，必要时甚至要严肃地跟他们讲道理。

我在职业中学任教时，班上学生张翼的父亲就很有代表性。张翼和同学发生了冲突，我打电话告诉他，请他来学校处理一下伤者医疗费的问题。他开口就问："张翼伤着了吗？对方是自己班的还是外班的？张翼打赢了吗?"这真让人哭笑不得。我要他来学校一趟,因为这样的家长,跟他在电话里说是没有多大效果的。但当他得知张翼没有事情后,就不肯来学校。他的观念是孩子赢了,伤者该向他来"讨"医药费,而不是他来交。我只好去家访,同去的还有学校的保卫专干。我给他仔细地分析了放纵教育的后果,如果所有的家长都这样教育孩子,这个世界不知道会打成什么样子。同时,我让他换位想一下,"如果这次伤的是张翼,你又怎么想呢?"在我们的轮番"轰炸"下,他认识到了自己的错误,爽快地带着钱去看望了受伤的学生,并向其家长道歉。后来他们两家还成了"干亲",真是不打不相识!

最后,还要开诚布公。必要的真情流露往往有出乎意料的说服力。在教师与家长及学生的相互了解过程中,不妨大胆承认自己的不足,虚心接受意见,树立一种开明、民主的形象。这是教师应有的风采,更是人格魅力的一种体现。

温馨贴士

1. 保持良好的心理态势,不偏激、不感情用事,不和家长争辩。
2. 掌握必要的谈话技巧,才能有效促进家长和孩子关系的改善。
3. 必要时不妨"感情用事"。

策略10　让学生都欢迎你去家访

我不会选择在学生犯了错误之后到学生家里去家访,而是通常选择在他们改正错误后去家访。这时候的家访不是告状,而是给学生打气。

"老师,你还有件事情没有说。"周五第六节课结束后、快放学时,有学生在下面小声地提醒我。哦,对了,是有件事情还没有说。于是我笑着问大家:

"这个星期谁欢迎我到他们家去做客?"

接着就有学生兴奋地邀请。这就是我家访前在班上的发动情景。以前,学生总怕老师去家访,怕什么?怕老师告状。哪怕你不告状,有些细心的家长,也能够从班主任闪烁的言辞中,捕捉到孩子"劣迹"的蛛丝马迹。你走了,学生们的善后工作就麻烦了。因此,一提到家访,学生就头痛。

可是在我班上,学生却抢着让我去家访。学生已经形成共识:去谁家家访,谁就是班上最有面子的一个了。因为跟着我去的,还有班上一些和他要好的同学,什么层次的都有。去学生家,我一般不告状,而且会带着和他情况相仿的同学去家访。一是让家长知道,孩子这样,不是什么坏事,多数孩子都这样,他已经很不错了。二是同去的孩子可以一起接受家长的教育,让他体会一下家长的期望,这比空洞的说教更有效。三是多去几个人,还可以活跃气氛,让被家访的孩子在家里不至于觉得像在接受家长和老师的审判。

去学生李建家的时候,我还带去了两个女生。在路上,我一边向李健询问他家里的情况,对家访做一些初步的准备,一边和他试着交流一下,把可能会告诉家长的那些事情跟他讲一下,让他有个思想准备。

一般来说,多数家长都非常重视对子女的教育,注意培养孩子的正确思想、良好的品德和行为习惯,关心孩子的学业成绩和健康。但一些家长教育子女的方式方法不是很正确,这对学生的成长是十分有害的。为了使家庭教育和学校教育形成合力,必须在了解学生的同时了解家长,针对家长的不同情况选用不同的谈话方式。每个班级五十几名学生家长,他们从事的职业不同,文化修养、政治素质不同,社会地位、经济状况不同,他们的思想意识和思考方式也有差别。同时，家长对孩子的影响作用也不尽相同，多数家长是有权威的，也有极少数家长在孩子心目中的地位不高，或者说影响力甚微，做家长工作应该充分估计到这些情况。去之前和学生适当交流是很有必要的。

同时，这些交流还可以解除学生的自卑心理，让学生感受到老师的爱。学生自卑的原因有很多，也许是因为家庭贫穷，也许是因为单亲家庭，也许是因为在家感受不到温暖……所有的自卑，都是他们在与别人比较时，发现"自己的家庭不如别人"而产生的。班主任发自内心的爱，能够解除学生的自卑心理，让他们乐意接受家访，老师的到来要让他们感受到温暖。

成都三中一位退休老教师动情地说："四十多年前的一个冬天，当时我家里穷，我又病了，老师来我家，临走时还硬塞了5元钱给我父母。这件事让我终生难忘。"他自己做教师之后，以自己的老师为榜样，从教三十多年，常常在上完课、批改完作业后，对学生进行家访。爱心一代一代地传递着。

尽管学生欢迎我去家访，但是我知道，提起家访，一般的学生还是有些紧张的。因为在他们眼中，以前只有自己犯了错误时，老师才会"找上门去"。他们不喜欢老师去家访，怕老师向父母"告状"，也怕父母因此而惩罚自己。我不会选择在学生犯了错误之后到学生家里去家访，而是通常选择在他们改正错误后去家访。这时候的家访不是告状，而是给学生打气。

学生怕老师家访还有一个原因，就是怕出丑。其实，再优秀的学生，也有不优秀的表现。他们很怕过去不光彩的事情让老师知道了，更怕老师把它带到学校里去。一个高三的学生对我说，家长经常在老师面前说他小时候没有出息的事情，好像这一辈子他都不会成功似的，因此，过去他很反感班主任去家访。有些家长把孩子因为不成熟闹出的笑话当作新鲜事情告诉班主任，也容易引起孩子的反感。

只有平时跟学生多交流，他们才会把自己的这些内心话告诉你，你才能够有针对性地开展工作。

比如，到了学生家中，我会考虑学生不同的家庭情况，采用不同方法和家长说话，尽量给学生留些余地。同样是学习成绩不好，若是家长有见识，思想比较开明，能正确教育子女，我就直言不讳地介绍学生的学习情况，分析学生的不足，共同研究提高学生成绩的方法。若家长思想狭隘，又好面子，就不可当着其他家长的面介绍他孩子的情况，即使在适当的场合，也要注意谈话方式。比如，在谈学生成绩时，可以用"最近一段时间有进步……"这样的方式开始。肯定进步，指出不足，常常是与这类家长谈话的基本方式。而且老师一定要站在学生的角度为学生讲话。

温馨贴士

1. 解除学生的自卑心理，给学生更多的关爱。
2. 不要和家长一起揭学生的底。
3. 尽量站在学生的角度，为学生讲话。

策略11　选准时机去家访

当学生有了进步或在某一方面取得了一定的成绩时，老师都要发自内心地进行赞扬、由衷地表示祝贺，并通过家访的形式告诉家长。这样的家访，我相信一定会受到欢迎。

其实很少有家长不希望老师来家访，如果有，原因也是多方面的。有的确实是因为太忙,挤不出时间来和老师谈;有的是因为本来就和老师关系生硬,谈不到一块儿;有的是因为和孩子一起经常挨老师的责备,害怕老师来家访……

有什么办法改变上述局面吗?不妨试试下面的这些方法,也许,它们会让你的家访受到欢迎。

一、拓宽家访形式

随着人们生活节奏的加快,学生来源的复杂,老师挨家挨户地上门家访已变得越来越难以实现。如果总局限于陈旧的家访方式,一定要老师亲自上门家访,难度肯定是相当大的。因此,我们要把家访的思路变一下,要根据学生的具体情况而选择适当的形式进行家访,如网络聊天、电话家访、书信家访(包括发电子邮件)等,让家长感觉到与老师的沟通亲切、自然。

特别是现在的通信业这么发达,给家长打个电话,用不了多少时间,经济实用,而且不受条件限制,联系也很及时;电子邮件也很好,更是经济,一分钱不花,就可以把你的信息送到家长手中;如果你经常上网,与家长进行网络聊天也是一种不错的选择。你不妨把你的QQ号码或微信号码告诉家长,有很多家长也喜欢网络聊天,与他们在网络上交往,既联络了感情,又做了工作,何乐而不为呢?

二、选择最佳时机去家访

如果你有时间,自己也想出去走一走,可以选择合适的时机,亲自上门家访,这样也利于融洽老师、学生与家长的关系。做到这一点,关键是选择好家访的时间,如在学生生病、受伤或家中遇到困难时,老师的出现,一个关爱的眼神、一声亲切的问候,一定能达到出人意料的效果,教育的目的也会在不知不觉中达到。

我有一个学生,其家长性格很内向,平时做过家访,但是总感觉有交流障碍，效果不大。去年冬天的时候，其父亲在一起交通事故中被撞断了腿骨，肇事的司机逃跑了。他家本来就不是很宽裕，遭遇了这么一场变故，就更困难了。

我知道情况后，在班上为该学生举办了一次"请与我同行"的主题班会，号召学生以及家长为他家捐款，共筹集了2186元。在其父亲住院期间，我与学生代表一起到医院看望了他的父亲。当我们出现在病房门口的时候，这个平时不太会表达自己情感的男子汉，竟然眼圈都红了。我告诉他，家里的事情，我已经安排了学生帮助他照料，孩子读书的事情，我一定做好工作，他只需安心治伤，争取早点康复。他很受感动，我在医院多久，他就握着我的手有多久。那次，我们在一起谈了很多，甚至还谈到他以前在中学读书时的事情。

三、在学生取得进步的时候主动去家访

每个学生都希望得到老师的表扬或鼓励，每一个家长也都希望老师能够赞美自己的孩子。因此，当学生有了进步或在某一方面取得了一定的成绩时，老师都要发自内心地进行赞扬、由衷地表示祝贺，并通过家访的形式告诉家长。这样的家访，我相信一定会受到欢迎。

也许你不敢相信，有些学生，从上学至今，他们的父母就从没有听到过老师对孩子的一句赞扬。

当我出现在宋晨家里，并且由衷地告诉她爸爸，他的孩子真的很不错，这次作文比赛获得了地区三等奖时，他们全家特别高兴。她爸爸突然变得话多了起来，我告诉他，虽然是三等奖，但是也是我班唯一的一个奖，为我班争得了荣誉，要知道全市只有3个三等奖啊！我的赞美使宋晨有一种很大的成就感，以前，尽管她的作文也不错，但是还没有谁大胆地推荐她参加过比赛，只有我这样做了。她爸爸紧紧地握着我的手说，他一直相信孩子写得很好，可就是没有谁肯定，是我发现了她。我知道，以后宋晨一定会

更积极努力地学习,家长也会更加关注孩子、关注学校。因为我们一起感到了成功的快乐。

> **温馨贴士**
>
> 1. 选用多样的家访形式。
> 2. 家访时机很重要。
> 3. 多给学生肯定和表扬。

策略12　家访前精心"备课"

准备充分,家访才能取得比较满意的效果。越是准备充分的事情,胜算的把握就越大。

有一点值得大家注意,家访也要提前"备课"。准备充分,家访才能取得比较满意的效果。越是准备充分的事情,胜算的把握就越大。家访备课起码要考虑好以下几个问题。

一、有明确的目的和恰当的期望值

每次家访前,班主任都要认真细致地考虑:此次家访要达到什么目的?如何达到这个目的?对本次家访成功与否的期望值有多大?这个期望值符不符合学生的实际?等等。

二、把学生的在校情况进行适当综合

家访前,班主任要对家访学生的在校表现、各科学习、兴趣爱好、习

惯、优缺点等了如指掌，以便家访时能信手拈来，提高家访的实效。简单地说，要有根据地找几条学生的优点，并要有具体的事实。让家长听了高兴，学生听了感激，为以后的教育铺平道路。

对中差生，可以称赞他劳动态度好，大扫除很卖力，或者体育成绩好。一般来说，不想读书的学生，这两条还是符合的。如果你实在想不出要家访学生的任何优点，暂不要到他家去。等到他略有进步时，再上门去称赞他有进步，给他"注一剂强心针"，让他再管住自己几天。

一个学生接连打架，我十分恼火，准备上门去"告状"。一进他家的门，我就看到学生胆怯的眼光，于是灵机一动，改变了主意，在他家说了一大堆"还好"之类的话。临别，学生送我下楼，说了句："谢谢老师。"后来，他变好了，纯粹是出于感激：没有让他挨打。我悟到了：自己表现如何，孩子心里都有数，用不着我告诉家长，搞得大家不快活。

现在我从不告状。而且我注意到，告状的效果往往是适得其反。

三、提前预约

家访前，必须与学生家长提前约定好家访的时间。切不可盲目家访，这样学生家长很可能不在家或者有其他事情，不仅白白浪费时间和精力，也会大大影响教师的情绪。

四、时间的选择与控制

家访时间最好选在学生放学后或双休日，这样学生也可以在场，家访的效果会更好。家访时间不宜过长，以免耽误家长的工作，一般以15~30分钟为宜。

至于具体什么时候去家访？不能够一概而论，不过应该抓住下面这些机会。

（1）接新班的班主任要从接到学生档案起，认真了解学生的家庭情况、家长的文化修养、家庭环境、亲友情况，以便做到胸中有数。另外，还要求新班主任抓紧时间普访，以便尽快掌握学生的情况。

（2）一旦发现学生未到校，半天之内要主动和家长取得联系，了解学生去向。

（3）发现学生出现异常表现或有不良苗头，班主任要及时家访，有时不只是班主任，有关领导也要共同前往，把苗头消灭在萌芽状态。

（4）当学生有了明显的进步时，抓紧时间去家访，可以巩固进步效果。

五、家访内容

家访中应该了解的情况，有两点很重要：一是通过与家长的闲谈，了解家长的素质和责任心。一个学生能培养到什么程度，看看家长，心里就有数了，以免班主任做不必要的努力。二是了解学生在家里有没有学习条件，至少要有一张桌子和一把椅子用来做作业。没有的，班主任应督促家长给学生创造一个学习的环境。要检查一下灯光是否合适，体现班主任对学生的关怀。

班主任应要求家长至少提供一个纸箱来装孩子学过的课本、试卷。不要扔得到处都是，因为有些是中考、高考还需要用的。此外，班主任还要观察家庭的摆设、了解家庭的经济状况。对班干部进行家访时，要尽量说服家长支持孩子的工作，说明这对孩子能力的培养是大有益处的。

六、准备好家访记录本

家访时，把所了解到的情况简明扼要地做一些记录，有助于你以后整体了解学生。不要怕家长、学生或者别的什么人笑话你的严谨，你态度认真，对家长本身也是一种教育，有时候还能够给他们带来很多的感动。

家访之后，要建立学生卡片，形式自便，由班主任自己掌握。这个工作很重要，对以后的教育颇有益处，一定要做。人勤快，多写一点；人懒，少写一点。卡片上注明：姓名，出生年月，性别，是否是独生子女，或者排行第几，住房情况，有无良好的学习环境，父母的责任心和素质（按自己的印象填优、良、中、差），家庭的经济状况，在校表现（含对不良表现原因的推测），采取教育的方法，试用的效果等。卡片一般用日记本就可以，而且卡片中的符号自己看得懂就可以了。如我用的3/4，分母4表示他兄弟姐妹四人，分子3表示他排行第三，既一目了然，又简便。

七、外出家访也要注意安全

随着班主任家访次数的增多，由家访所引发的交通事故不断发生，给教师的身心健康和家庭带来了极大的痛苦及沉重的经济负担，也影响了学校的正常教学秩序。因此，教师要注意以下三点。

第一，教师家访前一定要把学生的一些情况考虑周全，以便教师能在家访途中集中注意力。如果你骑车，要检查好车铃和车闸是否有效，遵守交通规则，把安全放在第一位。如果开车，一定要拒绝家长劝酒，绝对不要酒后开车。

第二，要考虑环境因素。去家访之前，一定要对学生所在地的治安情况做一些必要的了解。最好在去家访时不要携带贵重物品，我听到身边不少同事或者老师说过，他们因为家访而丢了东西。女教师出外家访，最好不要戴首饰，一方面可以给家长留下朴素大方的印象，另一方面可以防止不必要的丢失。

第三，要有意识地增强危险意识。女教师最好不要单独家访，邀上同事，或者叫上几个学生，都是保护自己的措施。2008年10月，浙江省丽水市缙云县一名姓潘的中学女老师被家访对象杀害，给女教师的家访安全问题敲响了警钟。

> **温馨贴士**
>
> 1. 不要轻易地在家长面前数落孩子的不是。
> 2. 切不可盲目家访，这样既白白浪费时间和精力，也会影响自己的情绪。
> 3. 外出家访时一定要把安全因素考虑在内。

策略13　换种心情去家访

　　当你把家访当作一次休闲、一次郊游、一件结识新朋友的乐事，我相信你的心情就会好得多。

　　一件事情，如果你把它当作任务，那么做起来就会索然无味。但是，如果你换种心情，把它当作一件值得享受的事情，那么做起来就会兴趣盎然。同样是家访，浙江省江山市实验小学的陈小红老师就做得有滋有味。一个学期下来，她发现，其实家访也是乐趣多多。

　　我们且来看看她是如何去家访的——

1．带上女儿去家访——喜之又喜

　　女儿已经6岁了，正是天真烂漫之时，也是渴求朋友之时。身为教师的我，平时很少有时间陪孩子，所以也常常觉得愧疚。如果休息时间你让我放弃陪孩子的时间去家访，老实说，那是老大的不愿意。没关系，那就带上孩子去家访。

　　女儿天生胆小内向，带着她走东家、串西家，不停地要求她跟人家打招呼，久而久之，女儿胆子大了，看到陌生人也不再拘谨。此一喜也！

　　三年级的孩子刚好9岁，比女儿大3岁。家访时，我和家长聊得起劲，女儿和哥哥、姐姐也聊得起劲，看书，弹钢琴，玩玩具……忙得不亦乐乎。

此二喜也！

"妈妈，那个哥哥的画很漂亮，我也要去学画画！""姐姐讲的故事很好听，你也给我买那本书。""姐姐养的小仓鼠真可爱，还会跳上跳下呢！"看着女儿眉飞色舞地描述着，旁若无人。我在家访，没想到她也有那么多收获。此三喜也！

真的，带着女儿去家访，不仅不必再为因家访没有陪孩子而内疚。相反，带着女儿去家访身兼"妈妈"和"教师"二职的我收获了太多太多，岂止这三喜也！

2. 带上学生去家访——乐中有乐

学生毛涵，家住峡口，父母开了一个木材加工厂。我决定下周六去他家家访，家长高兴得不得了，马上表示要派车来接。我灵机一动，在班里宣布，被评为本周班级"进步之星""优秀之星"的孩子，奖品就是：带他去毛涵家参观木材加工厂。话音刚落，孩子们欢呼雀跃，个个摩拳擦掌。接下来的五天里，孩子们出奇地能干，目的只有一个，那就是拿到去参观木材加工厂的"奖品"。而毛涵这个"皮大王"的表现，也让大家刮目相看，就连生活老师也在表扬他呢！而我呢，则给他布置了一个特殊的作业：在我们去之前，做好一个"导游"的准备。

周六终于到了，四个孩子穿得漂漂亮亮的跟着我，自豪而又兴奋地出发了。汽车行驶着，留下的尽是一路的欢歌笑语。"我的心情从来没有像今天这么好过！"毛涵大声地叫喊着。是啊，我的家访队伍也从来没有像今天这么浩荡过。此一乐也！

刚到毛涵家，我便夸张地向大人们介绍和我一起来家访的孩子们，因为他们都是优秀生的代表，大人们不停地夸赞着，孩子们毫不掩饰地享受着同伴家长的赞扬，个个喜上眉梢。此二乐也！

那一天，毛涵尽心地做着一个小主人：一会儿当引导员，带我们参观工厂；一会儿当讲解员，向我们介绍各种机器的作用；一会儿当"服务员"，为大家洗水果，送糖果。就连一向严肃的毛爸爸也戏称："今天的儿子才像个儿子嘛！"此三乐也！

那一天，孩子们第一次知道，一块光滑的、可以做课桌的木板，原来要经过那么多的工序才能做好，"以后，我们真的要好好地爱护我们的课桌了。"孩子们如是说。看来，孩子们除了心情好外，还有所得。此四乐也！

3. 带上"小老师"去家访——所得满满

班级里成立了"学习互助"小组。平时，"小老师"们无私地帮助"小学生"，从来不谈回报，也没要求过什么，如何让"小老师"保持"乐教"的热情呢？家访时不妨带上他们。

赵王龙，是班级里的学困生，做什么都比别人慢一拍。平时不是语文组长追着他背书，就是数学组长陪着他做作业。在"学习互助小组"里，他自己"物色"了最信得过的"小老师"——徐迅。有了徐迅的帮忙，他做作业快起来了，在小组竞赛中也频频得分。此次去他家家访，我热情地邀请"小老师"徐迅一块儿前往。

我当着"小学生"及其家长的面，大力地表扬"小老师"的尽心尽责，家长一激动抱起她，一个劲儿地夸她、谢她。"小老师"徐迅笑了，笑得那样甜。在以后的日子里，她教得更卖力了，效果也更好了。此一得也！

当着"小老师"及赵王龙家长的面，我又列举了赵王龙一系列的进步，家长高兴得不知如何是好，直嚷着要带这对"师徒"去肯德基呢！听着家人及老师的肯定，赵王龙的脸上洋溢着我从未见过的灿烂笑容。此二得也！

这次家访故事，被我如实地搬到了课堂上，班级里的"小老师"们和"小学生"们都暗暗约好，要一起努力，期待着取得进步之后，老师也能带他们一起去家访。此三得也！

4. 带上老师去家访——趣味多多

"喂，陈老师吗？今天我女儿无论如何不肯去上学，你帮我劝劝她吧。"开学刚一个星期，一天早上，刘宣含爸爸的电话就打到了我的办公室。经过电话交流，我知道刘宣含不肯来上学的原因是二年级换了个男数学老师，刘宣含觉得他不像一年级时的女数学老师那么温柔，"数学老师太凶了，实在太凶了，你让我休息一天吧，明天我再去。"听着孩子带着哭腔的声音，我同意了，我让她今天好好玩一天，晚上，我去看她。

下班后，我带上了数学老师，直奔刘宣含家里。在谈笑风生中，刘宣含对数学老师不怕了，还坐到了他身边。看，如此家访，一下子把人与人之间的心灵距离拉近了，此一趣也！

有了这次家访，刘宣含慢慢地喜欢上了数学，一年下来，她和数学老师成了好朋友，数学成绩也有了显著提高。每次提到她的数学，我们都不由自主地想起了那次让人难忘的家访。此二趣也！

更有意思的是，数学老师要求我，只要去家访，就告诉他去哪家，然后他也乐滋滋地跟着我一起去。家访路上又多了一个伴。此三趣也！

家访过程中，我不断地收获着"喜、乐、得、趣"。如此家访，不亦乐乎？

做事是一种心态，心态好了，工作的感受就不同了。当你把家访当作一次休闲、一次郊游、一件结识新朋友的乐事，我相信你的心情就会好得多。心情一好，人的感觉也就不同了。

温馨贴士

1. 带上孩子去家访，在使自己感到快乐的同时，也开阔了孩子的眼界。
2. 带上学生去家访，在建立融洽关系的同时，也教育了学生。
3. 带上"小老师"去家访，家长和学生都高兴。
4. 带上同事去家访，会使你和同事在工作中配合得更默契。

策略14 坚持"六有"原则让你成为家长欢迎的客人

教师是一种品牌职业,"有信"是维护这个品牌的关键。

很多老师愁于家访,除了事情确实太多之外,还与教师缺少一定的社交技巧有关。本来满腔热情地去家访,人家家长却不欢迎,要多尴尬有多尴尬。时间一长,谁还有心思去家访呢?

要解决这个难题,首先要解决教师社交上的一些技巧问题,我们不能仅仅凭着一时的热情做事。很多时候还得动动脑筋,想想如何做一个让家长欢迎的客人。下面的"六有"原则,也许对老师们会有所帮助。

一、有礼

孔子认为,礼就是规矩,就是制度,一个社会没有了礼节,就会乱得一塌糊涂。作为班主任,我们去学生家家访也有一定的规矩,这个规矩就是尊重家长,谦和待人。我们不要以为自己是老师,到了学生家,人家家长先得称呼你为老师,你才和人家接触。要知道,很多家长并不认识老师,他怎么知道如何称呼你呢?你去学生家,学生一句爸爸或者妈妈,就把对方介绍给你了,你没有一点表示怎么行呢?有些家长曾经私下里对我说,某某老师不好,看见人爱搭理不搭理的,清高!你看,人家家长在背后评价我们呢!

见面主动问好,打招呼,并放下架子,主动向家长微笑着介绍自己,是我们家访应该具有的基本礼节。我们对家长和学生一团和气,这种气氛就会感染家长,家长自然就会"客客气气"地打开话匣子。

家访第一招就是掌握礼节,这样我们与家长和学生推心置腹的交流就迈出了关键的一步。

二、有信

有信是家长信任和依赖你的基础，一般来说，家长对老师的信任是发自内心的，他们不信任你，又怎么会把孩子交给你呢？正是基于此，我们家访的时候，一定要做到言而有信。

如何做到言而有信呢？我觉得重要的是做好以下几个方面：一是提前预约，做到去之前有"信号"。有些家长对老师突然上门并不感兴趣，总以为是孩子犯了错误，老师告状来了。老师突然上门，会造成家长的不安和紧张。但是提前预约，效果就不一样了。我们去得坦然，家长接待得也热情。二是一定要守信，不违约。尽管现在电话联系方便了，但是，家长还是很重视家访的。在很多家长看来，这是老师对他们的信任，也是对他们孩子的重视。按约定的时间去，是对家长的一种尊重。同时，守信也是做人的一个原则。我认为，如果没有遇到非常特殊的情况，就一定要按照约定去家访。

教师是一种职业品牌，"有信"是维护这个品牌的关键。

三、有据

到学生家去家访的时候，无论是随便聊天，还是向家长介绍学校情况、交流学生的在校表现，都要言之凿凿，证据充分。千万别信口开河，那样会让家长对你的印象大打折扣。

如果班主任向家长或学生讲述某个道理时，举的例子纯属子虚乌有，或驴唇不对马嘴，家长或学生不仅不会接受，反而会嗤之以鼻。班主任的威信，在家长和学生心目中都会大打折扣。如果班主任批评学生的事实不确凿，理由不充分，家长、学生不仅不会违心认错，反而会据理反驳，使班主任处境尴尬。

总之，自己没有确切把握的事情，到家长那里绝对不要随便乱说。

四、有数

"凡事预则立，不预则废。"与家长、学生谈话，当然也不例外。找学生家长谈话，班主任事先要明确谈什么、怎么谈、要达到什么目的，并在记录本上做记录，绝不能打无准备之仗。同时，对谈话中可能出现的问题，也要有个估计。力求谈一次，成功一次。千万别学蒋干，雄赳赳、气昂昂地去劝说周瑜，结果被对方揭穿目的之后，一切都很被动。一个准备充分的老师，即使是去找家长理论，也能够把家长说得心悦诚服。

因此，有数，是我们家访的一个重要前提。否则，建议你暂时不要去家访。

五、有趣

我们去学生家里家访，不是去做政治调查，而是为了交流思想、介绍情况。因此，做一个有趣的老师，往往比做一个严肃的老师更受家长喜欢。

我们在家长面前如何做到有趣呢？一是语言灵活、风趣、不死板；二是表情亲切随和，不让人望而生畏；三是要有生活情趣，和家长谈得来；四是平易近人，不拒人于千里之外。

六、有度

度是一切行为的标准，合度才能够展示和谐之美，不合度则容易闹纠纷、起战火。因此，我们去家访，言行一定要合度。度，是教师家访成功的关键，具体包括以下三点。

第一，说话要有度。切忌让自己的情绪影响家长或学生，更不能因为一时不高兴，说一些有损家长自尊心的话，甚至恫吓或辱骂家长。

第二，行为要有度。举止要合乎一个教师的身份，不能够太随便。发表见解的时候，一定要注意场合，不能在学生面前散布偏激的言论或者发一些不着边际的牢骚，谈话也要因材施教。

第三,对学生和家长提出的要求也要合度,要让他们通过努力,跳一跳就能够达到要求。如果总是提一些他们不能达到的要求,你还没有去家访,家长和孩子就对你退避三舍了,这是做教师的巨大失败。

温馨贴士

1. 说话做事要有根有据。
2. 有数,是家访的一个重要前提。否则,建议你暂时不要去家访。
3. 做一个有趣的老师,往往比做一个严肃的老师更受家长喜欢。
4. 不要向学生和家长提无"度"的要求。

策略15　巧妙地"说"服学生家长

有很多话,说的时候不一定要锋芒毕露。迂回前进,也是前进的一种好方法。

很多老师总是说,他们在家长面前说不出话。我常常这样开导他们:教师是磨嘴皮的活儿,嘴皮不灵,那只能说明我们的基本功还不到家。

只要你掌握技巧,你就能用"说"去征服学生家长。下面我就来谈一谈家访中"说"的技巧。

一、旁敲侧击的暗示

有个学生向我反映,他家的学习环境不好。我问他怎么不好,他忧心忡忡地说:"爸爸妈妈最近迷恋上了打麻将,每天都打到很晚,让我没有心思学习。"怎么解决这个问题呢?我想了好久,最后决定用旁敲侧击的办法来解决。

于是，在我和学生悄悄"密谋"之后，我就计划去他家家访。

还没进门，麻将声、欢笑声就已经不绝于耳。进门互相打了招呼后，我细心打量起房间来。房间不大，孩子做作业的桌子几乎紧挨着麻将桌，难怪孩子学习掉队呢！孩子的父亲见我环视屋子，神情很不自然。此时，如果我直接表示对孩子学习环境的不满，效果一定不好。于是，我装模作样地批评趴在桌上做作业的孩子："难怪你最近写作业老是出错啊，你怎么能把写作业的桌子挨着麻将桌放呢？父母有自己的休息方式，你也有自己的学习天地啊！"家长听我这么一说赶紧表态，说怪他们没有注意，以后一定改。其他麻友们一听，知道他们的"活动"影响了孩子，也都知趣地说家里还有事情就散场了。后来据孩子说，此后他们家一直就没有再摆过麻将桌。父母实在想打麻将了，也是到没有孩子上学的别人家去。

这次家访，如果我进门之后就直接对家长说教，他们一定感到很尴尬，效果也不一定好。批评孩子的话其实是落在父母身上，这叫说得轻、落得重，家长自然知趣。

二、顺水推舟的运用

一个学生的家长让孩子休学回家帮忙开店，因为他们家人手比较紧张，开店需要个帮手。但是，无论如何也不能让孩子辍学啊！我决定前去家访。

进屋后我发现孩子的父亲正在大发脾气。原来孩子在卖东西时把账算错了。了解情况后，我对孩子的父亲说："真不怪你发火，小本生意，哪吃得消在算账上出错呀！"他父母马上说："是啊，就是。"然后我问孩子："怎么会这样呢？"孩子一脸苦相："这里的很多东西，平时我还没有学过，怎么知道呢？"我趁机对他父亲说："这倒也是，孩子毕竟只学了这么点东西。如果多学一点，也就少吃点亏啊！"这时家长马上认识到了自己的错误:"看来,我还得让他多读一点书。"于是,我顺水推舟地对孩子说:"你看,你父母都这么说了,你自己可不能不抓住机会啊,明天,请早一点来学校!"家长的眼睛睁得大大的,想反对也不好反对了。

这次家访,如果我直接说明来意,未必能做通家长的思想工作。但我巧借家庭风波,借助于家长的怨气,顺水推舟,三言两语就使家长明白了老师的良苦用心,收到了事半功倍的效果。

三、主次颠倒的捎带

有时,教师对家访的话题可以来个主次颠倒,对主要话题先避而不谈,而对次要话题加以渲染,待告别时再捎带说出主要目的,其效果往往很好。

有一年开学初收学杂费,一个家长总是不让孩子带钱来交,其实他们家的经济条件并不差。因此,我决定登门家访。路上我想了很久:如果直接提要钱的事,会让家长感到难堪,那么钱一定是催不上来的。所以,我想了一个好办法。进门之后,我首先告诉家长自己到前村有事儿,顺道来看看孩子。然后就跟家长谈起了该生在校各方面的表现,充分肯定了该生的进步,并了解了该生在家的情况。谈了好一会儿,我才起身告辞。临出门,我像突然想起来什么事情似的,漫不经心地说:"噢,还有一件事,就是孩子的学杂费还没交,如果你手头一时不宽裕,我先给垫上。"家长连连点头:"老师,都怪我,明天就给你带去。"

看,目的达到了吧!

四、以退为进的迂回

如果学生在学校出了意外,班主任去家访时家长往往满腔怒气,甚至恶语相加。此时,如果班主任与其据理力争,往往会火上浇油,于事无补。

有效的办法是避其锐气，以退为进。

放学了，李宾一下课就直冲出教室，不小心与迎面而来的同学撞了个满怀，头撞破了，到医院缝了四五针。晚饭后，我去李宾家看望他。不想，李宾的父亲一见我就发起牢骚来，言下之意是说老师不负责任。此时，我完全可以理直气壮地进行申辩，但如果这样做，结果只能是两败俱伤。

我不动声色地来到床前看了看李宾，问了问伤情，叫他安心休息。当家长的火气渐消时，我真诚地说："其实，也真别怪你发火，如果是我，可能比你的火气还要大。孩子中午去学校时还好好的，傍晚竟包着头回来了，哪个家长不心疼呢？做老师的是干什么的，下课为什么不时时关照孩子小心点呢？"他父亲不语，我接着说："其实，做老师的哪有不关心孩子的，对孩子的安全是时时提醒的，今天的事情纯属意外。还好，事情发生后，附近的两个老师立即把孩子送到了医院。不管怎么说，这件事对我们来说都是个教训。"至此，我才把事故的来龙去脉对家长讲清楚，家长的怨气全消了，并反过来要我原谅他的无理。有很多话，说的时候不一定要锋芒毕露。迂回前进，也是前进的一种好方法。

家长的态度之所以有这样的转变，其重要原因就在于教师能审时度势，面对家长的怒气不动声色，来个"逆来顺受"，进而主动承担责任，最后才道出这件事情纯属意外，从而以退为进，既消除了家长的火气，又使家长知道自己错怪了老师。

工作二十多年，我从来没有遇到过不能够说服的学生家长。我想，如果你不能够说服学生家长，那一定是因为你说的技巧还不够。只要你说得巧，就没有不服气的家长。

温馨贴士

1. 旁敲侧击，可避免直接对家长说教。
2. 别忘了必要时给家长找个台阶下。
3. 不要总是锋芒毕露，迂回前进，也是前进的一种好方法。
4. 只要我们说得巧，就没有不服气的家长。

第三章

有一缕阳光就灿烂
——开好家长会的策略

- 当一个人被感动的时候,往往是最容易接受别人意见的时候——我的很多教育思想和观念,都是在这种感动中默默地传递给了学生家长。为什么家长总是那么支持我的工作,总是那么愿意听我"差遣"?为什么一些身价上亿的私营企业老板,宁愿不去参加千万元合同的签约仪式,也要到我班上开展创业讲座活动?我的魅力在哪里?就在于我和家长有效的沟通和交流!
- 完美的家长会,总是谋定而后动,这样的家长会后,班主任在一旁偷着乐,因为可圈可点之处很多。失败的家长会,总是事后诸葛亮,班主任后悔的地方太多,他总在想如果一切都重来,又会怎么样。
- 每次开家长会前,我都会思考好几天,一直到一切都尘埃落定,我才能放心。

策略16 从开学第一天起就着手准备家长会

家长到学校里来，就是想知道自己的孩子表现怎么样。你如果能够在讲话中不断穿插这个孩子的表现、那个孩子的表现，用具体的每一个孩子身上的故事来讲话，相信每个家长都会把耳朵竖起来听。

总有老师问我：郑老师，什么时候准备家长会好呢？我总是回答：如果你是一个用心的班主任，你会从开学的第一天起就着手准备家长会。

这句话绝不是哗众取宠，也不是标新立异，如果你真的想把家长会开到家长心里去，这个准备工作还真需要从这个时候开始。

开学第一天可以搜集各项材料。在这一天一般会有很多感人的事情。因为无论是对成绩好的学生，还是对成绩差的学生，每学期都是一个新的开始，他们或多或少都会有一些新的期待。对于某些差生，尽管家长和老师可能已经对他们失望，但是他们对自己还没有失望。他们在一个新的学期里，总希望换一些新的老师，不想让老师记得或知道他们的过去。不知道大家注意到没有，好多表现差的学生，开学第一天比一般人都去得早。一位差生告诉我，他就想去看看老师们有没有换人。如果换了人，他们会很高兴。这并不是因为他们对"旧"老师没有感情，而是因为他们希望自己的过去不要过多地被人知道。如果碰巧换了新班主任，他们总是显得特别积极。

有一年，我新接了一个班。开学的第一天，我就看到一个个子矮小、头发有些发黄的孩子很早就到了学校。我把教室门打开，他怯生生地问："你就是郑老师吗？"

我问他："你有事情吗？"

他腼腆一笑:"我是你班上的朱子成。"

"是吗?"我扭头一笑,"来得挺早的嘛。如果你愿意,帮我一起把教室打扫一下,如何?"

他很高兴,神情一下子就生动起来。很多成绩不好的孩子,并不是所有方面都不好。他们成绩不好,但或许很爱劳动呢!那天早上,当别的班级还没有开门的时候,我和朱子成一起就把我们班的教室打扫干净了。

我向他表示真诚的感谢。然后,我搬了张课桌出来,在教室门口等待学生们报到。他站在我旁边,每来一个学生,都向我介绍,这是张梅,那是丁海,我们班成绩最好的是陈国全……我惊讶于他的热情和主动,不时对他报以微笑。一个上午,他都陪在我身边。

当天下午,学生集合的时候,我在全班学生面前表扬了他。我说:"早起的鸟儿有虫吃,朱子成同学这么早就到了学校,而且乐于助人,为人热忱,真是我们班的榜样。"很多孩子都感到很惊讶,平时老坐在教室最后一排的孩子,今天居然得到了新班主任的表扬!

晚上,我正在家里备课,一个家长打来电话说:"今天孩子回家很高兴,居然回来就主动躲进自己屋里读书去了,这是孩子上学以来开天辟地的第一次!"我问他是谁,他说是朱子成的父亲。我很高兴,告诉他,今天我要感谢他呢,感谢他为我们班培养了一个乐于助人的好孩子。家长告诉我,从小学到中学,他是第一次听到老师表扬他的孩子。

我留心了他们父子的变化。一个星期后,朱子成找到我,申请换个座位。我问他为什么,他说想坐到前面来好好听课。我感到很奇怪:"以前那个位置不好吗?"他说,他是为了躲避老师的注意,才换到最后一排的。现在他想读书了,所以想把位置换到前面来。我很高兴,答应了他的要求。

第一次开家长会,我就把朱子成的故事讲给了家长们听。我告诉家长们,没有永远不变的"坏孩子",也没有绝对不听话的孩子,关键是我们有没有真正地了解过他们。只要我们耐心地教育,任何孩子都会有变化的。

很多家长很是佩服，一个开学的小镜头，我都能够记得，以后他们孩子中有些什么样的变化，我又怎会不留心呢？他们一致表态，坚决支持我的工作，并且相信在我的教育下，他们的孩子都会有所改变。

因此，我常常对年轻班主任说，用心做教师吧，只要你用心，你就能够在平凡的工作中发现很多平时你没有发现的美丽。

很多班主任在开家长会时觉得没有话说。有些老师本来在开家长会之前，把各项程序设想得很好，可是一走上台之后，除了念考试成绩，就不知道该讲什么。也有些老师发现，自己讲话的内容家长并不关心，他在上面讲，家长在下面议论。

其实，问题的关键在于班主任平时的积累功夫不够，我们没有注意在平时的工作中把那些感人的场面记下来，没有把孩子们身上的点滴变化记下来。我们总是在上面讲那些大道理，有几个家长会感兴趣呢？家长到学校里来，就是想知道自己的孩子表现怎么样。你如果能够在讲话中不断穿插这个孩子的表现、那个孩子的表现，用具体的每一个孩子的故事来讲话，相信每个家长都会把耳朵竖起来听。

有些老师觉得很奇怪：为什么你的家长会有那么多资料呢？你视频里家长送孩子上学的图像，真是当时拍的吗？

我也觉得奇怪：这也要问吗？难道我们还能够当着家长的面作假不成？家长会要动人，有内容，关键就在于班主任平时要细心观察、做好准备。很多开学的镜头，我都记在心里：如刘林第一天和家长到学校时，主动给爸爸买了一瓶矿泉水，这是一个体谅父母的好孩子啊！叶京的妈妈第一天去寝室，还把孩子的蚊帐给亲自挂上，这是一个细心的妈妈……这样的典型情景，如果我们都留心记在心里，尤其是家长们自己都没有注意的时候，你把它们拍下来，做成视频，你说这是多么自然、多么真实的材料呀！到时候在家长会上一播放，他们怎么会不感动，怎么会不支持你的工作呢？

有人问我，开一次成功的家长会究竟要准备多长时间，我这么回答他们："不长，只要一个学期。"而且我会加上一句话做注脚：从开学的第一天起就开始准备,你的家长会一定很成功!

> **温馨贴士**
>
> 1. 只要我们用心,就能在平凡的工作中发现很多不平凡之处。
> 2. "积跬步而至千里",平日的点滴积累会让你收获无尽的惊喜。
> 3. 家长最想听的是发生在自己孩子身上的故事。

策略17　把家长会的功能发挥到极致

很多时候,家长不是不知道教育理念,而是疏于应用,不想改变;当我们传递给他们一种勇于改变、善于改变的信念时,改变他们就很容易了。

很多班主任不重视家长会,如果不是学校规定要开家长会,他们才不自讨苦吃呢!我看见不少班主任从学生入校到毕业,他们都没有开过家长会。更有甚者,有一次我在"班主任工作半月谈"(QQ 群名称)和老师们聊天,我问他们开了多少次家长会,有个老师竟然告诉我,他参加工作一二十年了,没有开过一次家长会!

"为什么不开呢?"我问。

他们回答:"不起作用,开什么家长会呢?"

我很惊讶,惊讶于这些老师回答问题时的平静和淡漠。总有些班主任说工作难做,家长不合作。我想不明白,连家长会都没开,你要家长如何跟你合作呢?通信越来越方便,老师和家长的联系却越来越少。这也是现代社会的一个通病,在我们享受现代科技带来的便捷的同时,人与人之间心灵上的交往却日渐荒芜。只有学生在学校出什么问题了,老师才给家长打电话，要求家长何时赶到何地。难怪很多家长说，他们害怕接老师的电话，接到老师的电话，就觉得孩子肯定有事。

也有的老师告诉我："不是我不想开家长会，而是现在的家长不来开会。"这句话说的也是事实。现在的孩子留守的多、寄养的多，一个五六十人的班级，要开家长会了，即使提前半个月通知，到时候再挨个打电话通知，最后来参加的家长还是寥寥无几。因此，很多班主任心凉了，也就不想开家长会了。

老师越不想开家长会，家长对这个会议就越冷漠，印象也就越淡薄。有些家长孩子都大学毕业了，还不知道有家长会这个说法。于是家校交流就进入了恶性循环的怪圈。

记得在我们读书的那个时候，通信并不发达，可很多家长都很喜欢开家长会。有些家长，甚至把家长会当成一年唯一的一次盛典。

浙江有一位家长，每年的家长会对她来说都是一个节日。那一天，她要把自己最漂亮的衣服穿出来，体面地去女儿的学校开会。她已经离婚，丈夫因为她生了一个女儿而远走他乡，她与女儿相依为命。生活中没有多少快乐，但是家长会却给了她感受孩子进步的幸福。所以那一天，也是她人生中最美丽的一天。她的变化让孩子发现了，从此之后，孩子十分努力地读书，因为，孩子心里有一个小小的秘密，她要让妈妈每年都因为家长会而漂亮、快乐。2000年高考，孩子成了浙江省理科高考状元，她的名字叫陆文。四年后，她又以优异的成绩获得了芝加哥大学6.4万美元的全额奖学金，成为分子生物学方向的博士研究生。谈到她的成功，陆文很坦率，她说她所有的努力，都是为了让妈妈去学校开家长会时开心。

我们不期待所有的学生都能够像陆文一样，也不奢望所有的学生都能够考取当地状元，但是开好家长会，确实能够让我们的工作变得轻松高效。这是因为，家长会的很多功能，是其他任何工作都不能代替的。

简单来说，家长会主要有如下一些功能。

一、汇报展示功能

项羽曾说过一句饱受诟病却又很实在的话："富贵不还乡，如锦衣夜行。"这句话放在现在，可能另有一番新意。

大家可能会发现，越是出名的班主任，其班级管理效果越好，家长越支持。甚至很多家长在选择了学校之后，就开始为孩子选择班主任。这实际上就是一种良性循环的结果。班级管理得好，班主任好好地利用家长会把班级成果展示给家长看，不仅可增强家长的信心，还可以为自己的班级树立良好的形象。因此，现在很多班主任都很注意一点，他们在做好工作的同时，把学生平时学习、生活和工作中的许多细小场景，用数码相机或手机拍下来。开家长会的时候，用 Flash 或 PPT 等软件将各种资料展示出来。家长看到这些精彩场面，心里高兴，自然而然就会对孩子进行褒奖。

我们总说有些老师善于"哄骗"家长，把家长"玩"得围着他转。但是，假如你是家长，你能够通过老师提供的一些数据、图片或其他资料，实实在在地感觉到孩子的进步，你会不会也围着班主任转呢？所以，一个善于做思想工作的班主任，应该就是一个善于展示的班主任。他展示成绩，实际上就是促使家长坚定信心的一种重要武器。

二、交流沟通功能

我喜欢开家长会，因为我发现，从来没有哪一种工作方式，比家长会更能够在短时间内让那么多的家长了解我的教育思想，了解我的教育方法，接受我的教育观念，并且尽最大力量支持我的工作。在家长会上，我们可以同时与数十个家长交流、沟通。你说，这个效率多高！

我刚到一所私立学校做班主任的时候，由于很多家长不了解我，甚至一些家长准备在我接手的时候，把孩子转到其他班去。知道这个信息后，我接班的第一件事情，就是及时召开一次家长会。在会上，我把自己的教育思想和观念坦率地讲给他们听，并利用课件把自己原来的教育成果一一地展示给他们看。最后，我就班上存在的问题一一地征求他们的意见。我的话还没有讲完，教室里就响起了雷鸣般的掌声。很多家长会后拉着我的手说，他们的孩子遇到了好老师，相信孩子一定会有一个美好的未来。

让家长了解我们，仅仅是沟通功能的一个方面，更重要的是让我们了解家长，让家长了解学生，促进老师、家长和学生的三方交流、沟通，这才算达到目的。当孩子们进入青春期后，由于心理方面的原因，很多家长不理解孩子，很多孩子也不理解家长。有些家长由于与孩子太亲密的缘故，对孩子的一些变化居然感到难为情。这时候，我们就要利用家长会，促进家长和孩子、教师和家长的有效沟通和交流。我先后设计过"我想对你说……""做一个播种幸福的人""让别人因为我们的存在而幸福"等主题家长会，会上，很多家长和孩子甚至抱头痛哭……

当一个人被感动的时候，往往是最容易接受别人意见的时候——我的很多教育思想和观念，都是在这种感动中默默地传递给了学生家长。为什么家长总是那么支持我的工作，总是那么愿意听我"差遣"？为什么一些身价上亿的私营企业老板，宁愿不去参加千万元合同的签约仪式，也要到我班上开展创业讲座活动？我的魅力在哪里？就在于我和家长有效的沟通和交流！

三、教育影响功能

我在很多地方讲课的时候，经常提到一个话题：要学会教育和影响学生家长。我一直认为，造成孩子千差万别的，不是学校，而是家长，是家长的千差万别，决定了孩子的不同人生境遇。因此，当我们的很多工作开展困难，甚至有些工作无法开展起来时，就要想到一个问题：你是否教育和影响了学生家长？

不要以为，做家长的教育水平都很高。其实，即使是那些高学历的家长，在教育孩子的问题上也并不一定显得很"高明"。

很多高学历知识分子在教育孩子方面却很失败。我认识一对博士夫妇，在孩子犯错的时候，他们居然和那些没有受过多少教育的家长一样，对孩子采取"打"的教育方法。他们还振振有词地说"不打不成才"，当年，他们就是被父母打出来的！

教育不只发生在课堂上。有什么样的家长，就有什么样的孩子，当你面对孩子的种种问题时，你要敢于理直气壮地教育家长。我们很多老师也知道这个道理，但就是在家长面前理直气壮不起来。他们想，人家也是成年人，甚至有些家长年龄比我们还大，我们教育他们，合适吗？他们能够接受吗？

老师们不要担心，他们的孩子现在归我们"管"呢，这就是我们教育家长的"王牌"。只要我们的出发点不是为难他们、利用他们，相信所有的家长都会理解和支持我们的。如果家长暂时无法接受某些思想和观念，那就用"影响"吧——用我们的实际行动，一次一次地、长期地感动他们，影响他们。家长也不是铁石心肠，总有一天会改变的。

因此，在家长会上，我很注意和家长们讨论三个方面的问题：一是如何改进我们平时教育中的不当方法；二是如何耐心地教育孩子；三是如何和孩子做朋友。我用商量的方式，把我的教育思想、理念、做法传递给他们。很多时候，家长不是不知道教育理念，而是疏于应用，不想改变；当我们传递给他们一种勇于改变、善于改变的信念时，改变他们就很容易了。

> **温馨贴士**
>
> 1. 班主任要学会利用家长会增强家长对孩子的信心。
> 2. 家长会的目的之一是促进老师、家长、学生三方的交流和沟通。
> 3. 我们不仅要教育好学生，还要教育、影响家长。

策略18 做好完美家长会的五项准备

完美的家长会，就是一场完满的准备。

每次开家长会前，我都会思考好几天，一直到一切都尘埃落定，我才能够放心。我在思考什么呢？主要是如下五个方面。

一、人的准备

很奇怪吗？不奇怪，中国的很多事情，实际上就是用人的事情，把用人的事情琢磨清楚了，你要做的事情也就琢磨清楚了。以前我们老师总有那么一点清高，总认为开家长会无非就是讲讲情况，布置安排一些事情，用得着去琢磨人吗？其实不然，开家长会还真得动脑筋琢磨这人的安排呢！只要把人安排好了，事情就好做了。

首先，要安排的是你的铁杆家长。道理很简单，每次开家长会，你总得有一个明确的工作目标，这些目标你总得传达给家长。但是，现在家长素质都这么"高"，事先你不联系一些家长和你配合，到时候安排的事情就可能不顺利。比如说，你安排家长们督促孩子们抓紧复习功课，你的话刚说完，就有些家长在下面说："唉，累死了，我们哪有时间管孩子啊？！"或者会有人说："我们那点东西，早还给老师了。"一个人说还不要紧，要紧的是，一些不好的苗头有人一引导，马上就会传播扩散，结果最后变成了家长对老师安排任务的抱怨。

我习惯于在开家长会之前找一些铁杆家长沟通一下。我会把这次家长会的目标、步骤以及需要解决的问题，一点不漏地告诉他们。同时明确告诉他们，我希望他们如何做，甚至在什么时候需要他们发表意见，在什么时候需要他们站出来带头……我都会一一安排好。家长们都"懂事"，当我诚恳地请他们帮忙时，大多会义不容辞地答应。

一些老师说我把家长"玩"得团团转，我说这不是"玩"，是安排。只有事先把一切都安排好了，到时候才会出现该鼓掌就鼓掌、该表态就表态的良好局面。别傻傻地相信一切都到现场再说。

其次，要安排的是学生。搞一次这么大的活动，对学生们来说，也是一件重要的事情，又怎能不安排好他们呢？哪些人负责卫生，哪些人负责主持，哪些人负责表演，哪些人负责接待，哪些人负责指挥……你都需要仔细想好。不然，家长们来了，学生们跑了，甚至还要回家等着"今夜的暴风雨"，家长会的效果可想而知。这样的家长会再成功，八成也只是班主任自我感觉良好。

最后，要安排的是任课教师和学校领导。家长会，能够请动领导参加，可体现学校对你班级的支持和重视；领导不来，也不要强求。但是，任课教师一定得安排好。如果你不善言辞，那么你最好请一个善于表达的任课教师来帮你。如果你不是主科教师，那么你最好让主科任课教师发言，这样能够让家长更明确他们需要做什么……

千万不要把自己当成孤胆英雄，什么都自己扛着，那样不是说明你社交能力不行，就是说明你不善于做班主任工作。

二、物的准备

这方面的内容较简单，不再详述。开家长会时，演示设备如音响、电脑、屏幕等，一定要能够正常使用。最好事先去调试一下，不然某个部件坏了，不明白的家长还会认为是班主任能力有问题。

此外，要发的讲义或成绩单等会议资料都要事先准备好。最好的办法是把你能够想到的东西写在纸上，那件物品准备好了，就打钩。开会之前再去验证一次，确保万无一失。

三、环境的准备

环境的准备很重要，渲染气氛、烘托主题、传达信息，都要靠环境的准备。

班主任要布置一个适宜的教室环境。在前面的黑板上写上家长会主题，如"学校与家庭是一对教育伙伴""为了孩子的明天""如何评价您的孩子"……主题是教室环境的眼睛，要明亮、醒目，它展现了整个家长会的主旋律，同时可配以合适的插图，以起烘托之效。

后面的黑板要有一期家长会专版，让学生们设计，用自己的语言书写最美丽的童话。别不放心你的学生，他们才是真正的艺术家、作家。太成人化的东西会让人窒息，家长都愿意看自己孩子的"作品"。你不要太能干了，把学生能做的事情全包揽了。当然你还是要指导一下，别有错别字，这是细节，也是关键。

后面黑板上的主题内容要与前面黑板上的主题内容相呼应，起诠释作用。还要有一款图文并茂的展板，内容可以自定，可以是教育教学成果展示，可以是孩子们的心里话，也可以是素质教育剪影……不要求全，也不要单纯求美。要追求实且美。"实"是内容实在，是家长最想看到的；"美"是指展板的格调，这是对家长的尊重。提醒一下：如果有照片展示，要"一个都不能少"。过年了，班级还可以再弄些拉花什么的，烘托一下气氛，人在这样一种喜气洋洋的环境中有火也发不出来了！班级环境是班主任的文化名片，值得打磨！

还要注意座位的摆放。秧田式的不妥，这样家长像是坐在"审判席"上，口字形、回字形较好，不过参考国际惯例，还是强烈推荐弧形！桌面上可摆放学生的作业和作品，你一定要过目一下，试卷化作业要装订一下。这么"重"的"学业负担"会让家长心中一阵窃喜的，孩子成绩不好的家长也会倾向于从孩子自身找原因了。

千万别忘记了，很多家长是第一次到学校，他们很可能找不到孩子的教室，最好在校门口设置好指路牌，或者安排好学生接待，你的细心将会感动很多家长。

四、内容的准备

这是家长会的核心内容，也是会议主体。如果说开家长会是一次战争，那么前面的工作仅仅是布防、调兵，是虚的工作，内容才是实的，是真正的短兵相接。不精心准备好内容，等于全盘皆废。

家长会要准备些什么内容，不能一概而论。在不同的阶段，有不同的要求。比如开学后的第一次家长会，主要是增进了解、提出目标，那么你着重介绍的应该是学校的基本情况、你的班级管理设想、教育理念和对家长的一些期望；而考试后的家长会，主要是解决问题、鼓舞士气，那么就不但要有学生成绩分析，还要有家长意见反馈、科学心理辅导，要尽量让参加会议的家长，回去不是责怪孩子，而是帮助孩子找到解决问题的办法，鼓舞孩子学习的积极性；毕业前的家长会，则重在做好孩子的思想稳定工作，重在与家长交流学生的未来发展问题，因为这时候，你对家长提过多过高的要求已经没有任何实际意义了……

总之，不论什么时期的家长会，都需要我们围绕会议目的，精心准备会议内容。如果有必要，我仍然建议你用前面的老办法，拿出一张纸，在纸上写一写、画一画，以免遗漏了要讲的内容。

五、程序的准备

这一项好像比较死板，没有很多可以说的。在这里我提醒大家一句，细节决定成败，虽然程序的事情很小，但是也不能马虎对待。最好在开会之前，把会议程序写在一张红纸上公布出来，或者印发到每一个家长手中。这样什么时候开会，什么时候散会，到哪该讲什么内容，大家心里都清清楚楚的，既方便主持人，也方便与会的人。

《孙子兵法》中说："古之所谓善战者，胜于易胜者也。"意思是说，那些善于打胜仗的人，在有确切的把握能打胜仗之后才会动手；没有把握的仗，他们就不会打。这也就是不打无准备之仗的源起。班主任做一件事情，如果要靠运气预计结果好坏，只能说明你准备得不够。只要你准备充分了，就会如孙子作战一样，还没有动手，就已经看到了胜利。

完美的家长会，就是一场完满的准备。

> **温馨贴士**
>
> 1. "人的准备"是保障家长会完美落幕的关键。
> 2. 要善于利用各方资源。
> 3. 具体有序的计划是家长会顺利有序进行的保障。
> 4. 在细节处用心会让家长更感动。

策略19　开家长会必须注重四个细节

一次成功的家长会，总能够在开会的时候引起家长内心的强烈共鸣，在散会之后还能够引起他们心里的强烈震撼，哪怕是回到家里，他们也依然在反思。

有些老师很愁开家长会，为什么？因为他实在想不到家长会要做些什么。确实，一次没有内容的家长会，开了还不如不开。但实际上，家长会并不像一些老师想的那么复杂，老师们丝毫不必害怕。只要你注重了下面的四个细节，我相信，你的家长会一定会让家长喜欢，他们下次还想参加。

一、家长会要"有看的"

每次家长会，我都会把学生一个学期以来的成绩展示出来。第一部分展示的是学生的作业本、练习册、写字本、日记本等。平时家长只看到自己孩子的作业，不知道其他孩子的作业怎么样。借用家长会，我把全班孩子的作业都展示出来，可以让家长在比较中了解自己孩子平时的学习习惯和作业还存在哪些问题，孩子的综合能力在班级中处于什么位置。不怕不识货，就怕货比货，家长心里都有一杆秤，好作业自然会让他们心动不已。他们回去之后，自然就会督促孩子向好的作业标准看齐。

有一个家长，对孩子的字总是不重视。我跟他说，他只是笑："我自己的字写得也不好，孔夫子不嫌字丑。"那次家长会，我特意在他周围摆满了那些字迹工整、正确率高的作业。他看了这本，又翻了那本，顿时觉得自己孩子的字与别人的差距太大了。开完家长会之后，他就明确表态：回去就督促孩子好好练字。我趁机告诉他："虽说孔夫子不嫌字丑，可是高考阅卷的时候，那些赏心悦目的字，还是能够让老师们眼前一亮的；尤其是在看作文的时候，字好给阅卷老师的印象就好，作文分数就会高得多。"讲完这些，我没有再继续和他深谈。第二天孩子到学校就告诉我，昨天下午他爸爸给他请了一名书法老师。我窃喜。

第二部分展出的是学生的手工作品，如一个学期以来学生们每周一期的班级小报、学校文化节时学生们的书画和手工作品、学生们设计的班徽等。别小瞧这一张张小小的报纸和书画作品，它可以培养学生多方面的能力，如写字能力、绘画能力、搜集整理资料的能力、审美能力等。看着浸透孩子们智慧和汗水的作品，家长们都感到非常惊喜。

第三部分展示的是学生的"成长记录"。我们班上的每个学生都有一本成长记录，里面记载着他们一个学期以来的悲欢喜乐和成败得失。每次写完后，我都要他们交上来，给他们及时写上评语和鼓励的话。学生们写得很认真，他们不仅记叙了自己的生活历程，还有自己的分析、同学们的鼓励和老师的寄语，一些热心的家长也在上面写下了自己的要求。看着这一本本"成长记录"，平时因为工作忙、生活忙而很少关心孩子的家长，心里感到震撼。有些家长感动地说："平时对孩子关心得太少，没有想到他妈妈（或爸爸）在背后做了这么多事情！"

此外，我还在班级走廊的两侧挂满了学生一个学期的学习成果，家长们看得津津有味。

二、家长会要"有听的"

关于这一点，很多老师可能会感到奇怪：家长会几乎都是老师在做"报告"，难道家长听得还不够吗？

很多家长会基本上就是老师的"一言堂"，很多老师也不管家长是否喜欢听，更不理会所说的是否对今后的教育教学工作有用，反正是开会，他们就一个人在上面放肆地说。从表面上看起来，家长在家长会上听的内容很多，但真正听进去的内容很少。不同的家长到学校里来，希望听到的内容是不相同的。那些成绩本来很优秀的学生的家长，他们参加家长会不是来听你分析班级的成绩数据，即使你不分析，他们也知道自己的孩子成绩怎么样。对于那些成绩不好的学生的家长来说，你总是在台上说成绩，越说他们心里越窝火，恨不得回去之后就把孩子揍一顿。因此，我们要动些心思，想想家长们究竟喜欢听些什么。只有把他们希望听到的内容告诉他们，他们才会听得有内容，听得舒服，听得心情愉快。

我通过对家长的调查了解得知，他们不仅想了解自己孩子的成绩，还想了解更多关于孩子学习生活中的种种细节。于是，我做了大胆的尝试与改革，打破了以前家长会上由我一个人"演讲"的惯例，创造了让学生讲、让任课老师讲、让学生家长讲的家长会形式，效果很好。如班级日常工作由班长来汇报，班级文体活动由文体委员来汇报，学生学习情况和在全校的位置排名由学习委员来汇报，有关班级管理和好人好事的情况由组织委员来汇报。其实最了解班级日常管理的就是这些学生，由学生来汇报班级各项活动的家长会很受家长的欢迎和好评。一些家长看到自己的孩子在那里能说会道，心里甭提多高兴了！

三、家长会要"有想的"

家长会如果不能够引起家长们的思想风暴，开完之后，他们仍然无动于衷地教孩子、管孩子，那么这样的家长会是失败的。一次成功的家长会，总能够在开会的时候引起家长内心的强烈共鸣，在散会之后还能够引起他们心里的强烈震撼，哪怕是回到家里，他们也依然在反思。

为了让家长们在会上有所思，在会后有所想，我比较注重以下几个方面的工作：一是注重用典型引路。我常常请一些优秀的家长在会上做经验报告，用他们的具体故事和成功的教育实践，来引起其他家长的内心震动。二是注重对比。用自己的班级和全校最好的班级对比，用自己学校和全地区最好的学校对比，如果这两项都是最好的，我再拿我们与国内做得比较好的地方比……这样家长自然就会感觉到压力，感觉到距离，也会思考他们该怎么做。

一次能够让家长有所想的家长会，才是一次成功的家长会。为此，不妨向家长推荐一些关于怎样培养和教育孩子的好文章或好书，让家长通过阅读来进行更深入的思考。

四、家长会要"有做的"

一些家长告诉我，每次开会，他们都"看起来感动、想起来冲动、谈起来激动，可是回家之后，心里的一些想法，就是落实不动"。如何解决这个问题呢？为此，我尽量设计一些环节，让家长们一起参与到教育管理中来，让他们有机会动，有方法动，有目的动——一句话，就是他们能够有所做，能够积极地去做！

比如，在对学生的评价上，我就做出了这样的尝试。以往一个学期结束的时候，学生们得到的只是老师的只言片语，而老师对学生的这种评价也是片面的。而我在学生的评价手册中设置了学生写给自己的话（自己对自己的评价）、同学的话、老师的话和父母的话四个部分，家长在家长会期间可以看到其他三项，然后当场写下自己想对孩子说的话。这样不仅有利于学生全面认识自己，还可以让家长看到孩子在老师和同伴心目中的地位，更让他们切身地体会到，他们也能够在教育孩子方面有所作为。

成功家长现身说法、特长家长专题讲座等，都是让家长们动起来的好办法。

通过注重这四个细节，我班的家长会让家长们越来越喜欢参加。不少家长说，这次家长会刚开完，他们就期待着下次家长会的召开了。

我知道这也许只是"糊弄"我，但我还是很高兴听到这样的话。

> **温馨贴士**
>
> 1. 有充实内容的家长会才是成功的家长会。
> 2. 把孩子的点滴进步都完整地呈现给家长。
> 3. 围绕家长关心的问题展开家长会的话题讨论。

策略20　不断创新家长会的工作模式

我喜欢创新，喜欢用新的形式激活家长们的热情，用新的开会方式带给他们全新的喜悦。

教育是一项充满激情、充满创造力的工作。因为教育者接触的是一个个充满变化的生命,每一个学生每一天都在发生变化,每一天都能够产生富有创造性的教育场景。这也就是为什么工作几十年来,我一直对教育充满激情的原因。

在我班上,我也常常赋予我的家长会崭新的内容和形式。我喜欢创新,喜欢用新的形式激活家长们的热情,用新的开会方式带给他们全新的喜悦。在我班上,先后开过如下形式的家长会。

一、专题报告会

这样的会议有两种模式。一种是班主任工作专题报告会,主要由班主任介绍情况,家长了解有关信息。在家长会上,我负责向家长报告本班的教育教学情况,提出教育学生的具体建议和要求,征求学生家长的意见,动员家长协助学校搞好对学生的教育管理工作。这样的会议,时间一般不长,1个小时就可以解决,不耽误家长们过多的时间。

另外一种是任课教师或专家的专题报告会。这样的会议主要是介绍一些学科学习方法,传递一些教育理念,帮助家长解决教育孩子时遇到的各种问题。这样的会议,时间也不宜过长,一般都是1个小时。不是因为没有内容可讲,而是我发现,由于是一个人讲,时间长了,大家都会有心理倦怠感。所以,这种形式的家长会尽管目的明确、内容突出,但还是不宜多开,一个学期开一两次就足够了。

二、经验交流会

这种形式的家长会家长很喜欢。我常常把那些在教育孩子方面很有成就、很有心得体会的家长请到我们的教室,让他们现场和其他家长交流经验。我请过已经毕业学生的家长和现在学生的家长交流,也请过我们这里比较有名望的家长和现在的家长交流。比如,我有一个忘年交——黄伍老先生,他培养了两名留美博士生和一名在家乡工作的著名法官。每次接新班,我都要请他到我班上来,和我现在的学生家长一起交流教育孩子的心得体会。

事实胜于雄辩，黄老先生的经验交流会，常常是我叫座的保留节目。甚至在接新班的时候，很多家长指名要孩子到我班上来。他们直言不讳地说，因为我能够请一些成功的家长来传授经验，所以他们的孩子也就有了成功的希望。这件事情让我感触很深，其实做班主任，只要在某一方面做出了品牌，在家长当中就会很有说服力。

三、学习成果展示会

这是家长会中最精华的部分。现在大家都很忙，家长到学校里开会，无非就是想用最短的时间来了解到最多的关于孩子在校学习的情况。我开这种形式的家长会，就是让学生用实物或文字，向家长直观地汇报他们的成绩和进步。

这类家长会的形式可以适当灵活一些，不必千篇一律，不必恪守一种模式。如举行学生学习成果展览，可将班里学生自己编辑的班级报刊、文学杂志以及他们发表在省市报纸杂志上的文章一一复印出来贴在教室里，环绕教室一周，甚至布满走廊；也可以用学生在各级考试、竞赛中获得的奖状、证书和成绩单做成一个专栏，请家长们参观；还可以把学生的科技作品、作业本等摆在他们的课桌上，请家长们流动欣赏；或者，举办一次学生文艺汇演，用文艺晚会的形式，向家长汇报学生的学习、思想和生活等情况。家长们看到孩子在学校里获得全面发展，自然会更好地配合学校的工作。

四、家校恳谈会

我不时在网络上、报纸上看到这样的消息：某某老师和家长发生矛盾，结果家长带人冲进课堂，把某某老师打伤。有时我还会看到这样的报道：有些家长因为不满老师的教育，不是带孩子转学，就是把老师告到有关部门，甚至双方对簿公堂。教育如果做成这样，那就不是一种塑造灵魂的工作，而是制造混乱的工作了。为解决这个问题，我觉得最好的办法就是不定期地召开家校恳谈会，一起疏通情绪，增进了解。

我们和家长并没有什么矛盾，人家把孩子送到学校来接受教育，他们如果没事就来找学校、老师的碴儿，不是在给自己添麻烦吗？很多时候，如果家长和学校、老师之间不和谐，其实是交流出了问题。我经常定期或不定期地举办家校恳谈会，就是想让家长了解学校的做法，让学校了解家长的想法。这样的家长会，人员不要很多，不必全员参加，邀请一些重点家长或者骨干家长参加即可。目的主要是了解他们的想法，让他们对我们的工作提一些意见，或者合作消除一些不良影响等。

开这样的会议，最好是选用圆桌会议室；如果没有圆桌，可以在教室里用课桌拼成圆形或者四方形会议桌。这样做的好处在于家长和老师可以平等地坐在一起交流，没有位置上的上下差别。你不要小看这些细微的差别。有些家长告诉我："班主任站在讲台上说话，总给我们一种高高在上的感觉，不利于家校沟通。我们坐在台下看老师在台上讲话时，总有点心虚，感觉不踏实。"

很多家长曾经背后这样或那样地议论过我们的工作，但是，一旦我们开过恳谈会，那些有想法的家长往往就成了我们工作的坚强后盾。甚至有些时候，当我们遭遇其他家长不理解的情况时，他们还会站出来为我们说话。

五、亲子互动会

现在的孩子和家长交流的机会越来越少。家长都很忙，常常早上一家人匆忙离家，甚至连早餐都没有时间在一起吃。中午孩子在学校吃饭，家长在单位吃饭，连面也见不到。晚上孩子回到家，家长有时还没有回来；即使回来了，也是各做各的事情。由于交流少，很多孩子和父母都感到，他们之间的距离越来越远。其实，不是孩子和父母感情不深，而是彼此之间缺少沟通、交流的机会。召开亲子互动会，就是为了增进孩子和父母的感情交流。我将在"策略25　把家长会的权力下放给学生"一节中，重点讲解这种家长会的操作方式。教育不仅要关注学生的成绩，还要更多地关注学生的心理成长，召开亲子互动会，会让我们的学生更懂事、更努力地学习。

六、分类家长会

学生各异，家长不同。根据学生性格、学习状况、家长培养方式的不同，把有共性的学生家长聚在一起开会，效果也不错。不过要注意，这类家长会的与会人数最好不要太少，人数要在10人以上，不然家长就会有一种"被处理"的感觉。人员稍微多一点，家长就不会感到拘束，有利于后面的交流。

此外，还有家长创业讲座会。我会在"策略24　把家长请进课堂，让昨日温暖重现"一节中做详细介绍。

总之，家长工作不能常常是一个面孔，不断创新家长会的工作模式，绝对会让你的工作不断有新的收获。

温馨贴士

1. 做出你的专属班主任品牌。
2. 要有效安排家长会的时间，争取用最短的时间，让家长了解到最多的关于孩子在校学习的情况。
3. 向家长展示学生在校的全面发展情况。
4. 掌握沟通技巧，与家长有效交流。
5. 教育不仅要关注学生的成绩，还要更多地关注学生的心理成长。

策略21　聆听家长们的需要

不要认为家长不懂教育，其实很多家长对教育颇有研究，在某些方面，他们堪称专家！

刚参加工作的时候，我总是一切自我感觉良好。开家长会，只要满足了自己的口瘾，把任务分配下去了，我就认为开得不错。可是时间长了我就逐渐发现，这样的家长会，其实只是我一个人的家长会。我也逐渐明白了开完家长会之后学生们变化不大的原因。原来，我没有把家长会开到家长心窝里去。

问题的症结在哪里呢？在于我没有读懂家长的内心需要。后来，我召开了一次家校恳谈会。我诚恳地请家长们谈谈自己的想法，才知道很多时候，我们做工作只是一厢情愿。家长们提出了以下几点意见。

一、别老围着成绩转

一位姓赵的家长说："每次参加家长会，班主任总是特别强调孩子的学习成绩。我的孩子学习成绩不太好，搞得我总是很紧张。开家长会的目的就是学校和家长形成合力，一起把孩子教育好。把焦点始终放在学习上并不合适，只会使老师和家长之间产生抵触，对教育孩子没有实际意义。如果老师在家长会上多表扬每个孩子的优点，再谈一下哪些地方需要改进，需要家长做什么，效果会好得多。"

二、留出一点互动时间

一位姓刘的家长说："今天我刚出差回来，饭也来不及吃，下了飞机就去了学校，就想和班主任、任课老师多谈谈儿子的学习和在校表现情况，也想和别的家长交流一下教育子女的心得。没想到家长会上，校领导和班主任从头说到尾，根本没有相互交流的时间。我只在结束后与班主任谈了不到两分钟，真有点失望。希望以后的家长会能留出一些家长和老师交流的时间，而不要开成校方的一言堂。"

三、针对性最好更强些

毛女士讲述了自己的一次切身体会："孩子的学校在开家长会前，给我发了一份问卷，说可以把在教育孩子过程中遇到的困惑或棘手的问题写出来，我写了'怎样使孩子养成好习惯'这个问题。没想到，参加家长会时，学校真的安排了一位家长结合自己的经历专门谈了这个问题，我听后感觉很受启发。我觉得，家长会就应该是一个家长交流和学习的平台，以开放的形式和鲜明的主题，为家长教育孩子提供实实在在的帮助。"

四、家校应该和谐共处

一位叫李莹的家长说："昨天晚上开家长会。老师给家长布置了监督孩子做作业的任务，并且反复强调要加强对孩子的教育。我听得头都大了，真不知道自己小时候的家长会，妈妈都是怎么听的。我觉得家长会应该是轻松快乐的，在一种友好的气氛中，老师和家长一起商量如何教育好孩子，让孩子健康成长，而不是针锋相对。老师和家长如果总是处于这种紧张的关系中，肯定不利于教育好孩子。"

五、做好规划，追求实效

张女士这样表达了自己的愿望："家长会，本是班主任、任课教师和我们家长交流、探讨教育孩子方法的'舞台'。但现实中许多家长会变成了校方的'独角戏'。即使偶尔向老师反映情况，也由于家长人数太多（我孩子所在的班就有60多人，意味着有60多个家长要参加家长会）、时间有限等原因而没有形成双向互动，更谈不上深入探讨。我建议：一是分批召开家长会，按照学生存在的共性问题，把学生家长分成几批，这样能增强家长会的针对性。二是提前做好准备，确定交流重点，能够不占用公共时间的，就以书面形式告知我们。"

不要认为家长不懂教育，其实很多家长对教育颇有研究，在某些方面，他们堪称专家！你看，这些建议提得多好！我想，任何一位班主任，若真正把上面五点建议落实了，他的家长会就一定会很成功。

尽管我有一个观点——适当的时候，我们要当仁不让地站出来教育家长、影响家长，但是更多的时候，我对家长充满敬畏。因为他们对教育的态度，让我敬重。

有一位家长告诉我，为了让孩子顺利地走过高中三年，没读过多少书的他，硬生生地借用电脑和报纸杂志，把自己从一个教育的门外汉变成了高考专家。这名家长叫朱仁贵，我在很多地方讲过他的故事。他是我们这里某个村的村支部书记。2007年他儿子高考，在填报志愿时，他告诉我，他已经对全国23所重点大学连续三年的录取分数线了如指掌，甚至倒背如流！所以，那一年，他儿子的高考志愿填报得十分准确，和他估计的投档分数线几乎一模一样！

这样的家长，就是我们征求意见的最好对象。很多时候，注意聆听他们的心声，了解他们的需要，是我们做好教育工作的最快捷径。

后来，每次开家长会，我都会事先想一想家长们的这些意见，并留心征求家长们的新意见。尽管家长们提的意见有时不一定很正确，但是它们都很有价值，因为它们真实地反映了家长们内心的想法。把他们的想法落实，我的家长会也就成功了。

2001年，有一位家长跟我说，现在不少孩子在学校不安心读书，想到外边赚钱，是不是可以请一些家长到学校给孩子们上上课，讲讲他们的创业故事,让孩子们更安心地在学校读书呢?我觉得很好,那些走上社会的人,很怀念读书时的岁月,把学生时代称为人生的黄金时期,以至于出了校门之后,还想回来读书。他们的切身体会是不是对孩子们更有教育意义呢?从那以后,我们班的家长会就多了一项内容——请家长来做讲座,也就是我们班的保留节目"把家长请进课堂,让昨日温暖重现"。它的效果确实太好了。

学会聆听家长们的需要吧,这会使你的家长会更有魅力!

> **温馨贴士**
>
> 1. 在家长会上要多表扬每个学生的优点。
> 2. 要多与家长沟通学生的教育问题。很多家长对教育颇有研究,在某些方面堪称专家!
> 3. 学会聆听家长们的需要会让我们收获更多。

策略22　留心家长会后的信息反馈

同样是参加家长会后进行信息反馈,聪慧的家长成就了一个有多动症的孩子,不懂教育方法的家长却毁了一个很有前途的孩子。

我曾经多次在不同场合讲过两个故事。

这是两个震撼心灵的故事:一位母亲因为对家长会的"另类"解读成就了一个孩子;另一位家长却因为"实话实说"毁掉了一个孩子。

家长会改变了人的一生

她第一次参加家长会,幼儿园老师说:"你的儿子有多动症,在板凳上连3分钟都坐不住,你最好带他去医院看一看。还有,你儿子不爱学习,以后可怎么办啊?"

回家的路上,儿子问她老师都说了些什么。她鼻子一酸,差点流下泪来。因为全班30位小朋友,唯有他表现最差;唯有对他,老师表现出不屑。然而,她对儿子说:"老师表扬你了,说宝宝原来在板凳上坐不了1分钟,现在能坐3分钟了。其他的妈妈都非常羡慕妈妈,因为全班只有宝宝进步了。"

那天晚上,儿子破天荒地吃了两碗米饭,并且没让她喂。

儿子上小学了。家长会上,老师说:"全班50名同学,这次考试,你儿子排第49名。我们怀疑他在智力上有些障碍,您最好能带他去医院查一查。"

回去的路上,她流下了眼泪。然而,回到家后,她满脸欢喜地对坐在桌前的儿子说:"老师对你充满信心。他说了,你并不是个笨孩子,只要能细心些,会超过你的同桌,这次你的同桌排在第21名。"

说这话时,她发现,儿子暗淡的眼神一下子充满了光彩,沮丧的小脸也一下子舒展开来。她甚至发现,儿子温顺得让她吃惊,好像长大了许多。第二天上学时,儿子没有睡懒觉,去得比平时早了半个小时。

孩子上了初中,她又一次参加家长会。她坐在儿子的座位上,等着老师点她儿子的名字,因为每次开家长会,儿子的名字在差生的行列中总是被点到。然而,这次却出乎她的预料,直到结束她都没听到儿子的名字。她有些不习惯,怀疑是不是老师搞错了。临别,她去问老师。老师告诉她:"按你儿子现在的成绩,考重点高中有点危险。"

她怀着惊喜的心情走出校门,此时她发现儿子在等她。路上,她扶着儿子的肩膀,心里有一种说不出的甜蜜。她告诉儿子:"班主任对你非常满意,她说了,只要你努力,很有希望考上重点高中。"

儿子高中毕业了。第一批大学录取通知书下达的日子,学校打电话让她儿子到学校去一趟。她有一种预感，她的儿子一定被清华大学录取了。因为在报考时，她对儿子说过，她相信他能考上这所学校。

儿子从学校回来，把一封印有"清华大学招生办公室"字样的特快专递交到她的手里，突然转身跑到自己房间里大哭起来，边哭边说："妈妈，我一直都知道自己不是个聪明的孩子，我也知道老师在家长会上说了什么。是你不愿意伤害我的自尊心，让我能一直坚持下去。谢谢你，妈妈……"

这时，她悲喜交加，再也按捺不住十几年来积聚在心中的泪水，任它打在手中的信封上。

(《中国教育报》，2006-11-20)

另外一个故事，发生在我的身边。

给孩子正面的心理刺激

李老师有一个儿子叫李恒强，参加高考四五次了，每次考试都只与录取分数线差六七分。这让李老师一家很苦闷。说孩子不努力吗？大家看着他长大，知道他一直很努力，平时在家也从不和别的孩子玩耍，有时间就看书、做试题。

说恒强的智力低下吗？也不能这么说。同院里的黄湘生，比恒强低一个年级，平时遇到学习上的难题时，能够给他解决的，也只有恒强。可是，当黄湘生都大学毕业参加工作了，恒强还在为进大学门槛拼搏着。

这年夏天，做最后一次拼搏的恒强，在参加高考之前，把高中所有的课本都烧掉了。他发誓，这一次再考不上，他宁可讨饭，也不想读书了。为了让孩子顺心遂意地考上大学，李老师两口子把家搬到了县城，租了一套两室一厅的房子，陪孩子高考。

7月7日那天，李老师感到天气格外地热。早上7:30，李老师陪孩子到了考点。第一场数学考试下来，恒强已经是面色苍白。平时可以给应届高三学生讲新课的恒强，这次考试，150分的数学试卷，他只做了不到100分！

恒强一走出考点的校门，就晕倒在了李老师的肩头。

量血压、打针、输液……下午两点半，恒强挂着点滴进入了考场。第二天的考试比第一天稍微好一点，但是也好不到哪里去。

折磨人的二十多天过去了，高考成绩终于揭晓。已经焚书不读的恒强，高考成绩离最低分数线只差1分！那场无法改写命运的数学考试，以99分获得了做完的题目准确率100%的结局。可是，这个100%有什么意义呢？相对那150分来说，99分仅仅是刚刚及格而已——无情的命运再次以相似的面目出现，想不通的恒强，不知道从哪里找来一瓶农药，一口气喝了下去……

幸运的是，他刚刚喝下农药，邻居一位老师的母亲去李老师家借东西，闻着了农药味，又发现孩子不对劲，马上跑出来大声呼救，才把恒强从死亡的边缘拉了回来。

其实，造成眼前这一切的，仅仅是因为一次家长会。那是1986年夏季的一个晚上，恒强的父亲李老师参加了一次高二（那时普通高中还没有高三）毕业班学生家长会，班主任向李老师慎重地传达了这样一个信息："恒强这孩子就是考试有点紧张，如果不紧张，这次考上重点大学应该没有问题。你们要好好照顾他，给他创造一个好的心理环境！"尽管都是做教育工作的，但是身为物理老师的李老师并不擅长做心理工作。望子成龙心切的他回去后的第一件事情，就是告诉孩子："老师说你关键是心里有点紧张，只要你不紧张，考上重点大学就没有问题。"

本来孩子平时还没有注意到心理紧张这件事情，但是经父母和老师一提醒，他就知道自己的弊端了。由于那时候考上大学就是跳龙门，所以每个孩子都十分重视高考。考试之前，恒强老是提醒自己别紧张、别紧张，结果越提醒越紧张。于是，就出现了前面所说的那一系列事情。

（郑学志、黄伍，2007）

恒强参加高考多次都成绩不理想，与其说是因为恒强的心理素质不好，不如说是因为其父母和老师的心理辅导没过关！确实，很多心情殷切的家长，一心只想为孩子好，却不知道如何给孩子输入强劲的力量。第一次参加考试，初生牛犊不怕虎，孩子没有尝过高考的滋味，考试本来不紧张，可是好心的父母却再三用"不要紧张"来提醒孩子——这是决定人生命运的高考，对你很重要，你不要紧张啊！结果，反而使孩子变得很紧张。这是什么原因呢？原因就在于家长做思想工作的时候，运用了一个体现负面影响的词语"紧张"。这两个字提醒了孩子，他们需要"紧张"，不紧张就不正常了。恒强考试的失败，实际上就是家长心理教育的失败！

同样是参加家长会后进行信息反馈，聪慧的家长成就了一个有多动症的孩子，不懂教育方法的家长却毁了一个很有前途的孩子。这是多么惨痛的教训啊！所以，我常常提醒自己，家长会后一定要留心孩子们的反应，及时发现问题，不要让更多的"恒强"们变成家长会的牺牲品。

我在家长会后主要留心两个方面的反应：一方面，是留心学生的情绪反应，看看学生在家长会后有什么反常现象。如果家长回家之后，对孩子施加了心理压力，或者打骂、责备了孩子，这些还不知道隐藏自己心思的孩子，第二天就会把家长会后的信息反馈表现出来。因此，通过观察这些情况，就可以准确地掌握家长会后的信息反馈了。另一方面，就是留心一段时间后学生成绩的变化。这种变化有时比较隐蔽，需要我们耐心观察才能发现。

后来，积累的经验多了，我也会在家长会上，给家长提供一些回家之后该怎样正确地和孩子们交流的建议。

（1）全面关注孩子的学校生活，不要只说成绩。问问孩子的同伴关系，对老师的感觉，对哪些学科感兴趣等，因为有时候一些学习外的因素会对学习产生很大的影响。

（2）不要简单重复老师的话。毫无疑问，对家长而言，家长会上所听到的一切都很重要，包括老师对学生情况的分析、各学科的学习方法、目前孩子总的考试水平等。这些不需要统统向孩子重复，因为很多话老师在平时一定反复跟孩子强调过，在孩子听来并不是什么新鲜事，你的重复只会让孩子感到厌烦。

（3）对不满意的地方要提出期待，而不是责难。一味地责难孩子只会让孩子寻找理由为自己辩解，在心里产生更多的对抗或者不满情绪。要寻找与孩子共同期待的目标，并为达成期待的目标而寻找办法。

（4）谈话应当是有共鸣的交流，而不仅仅是家长情绪的宣泄。无论孩子的成绩好坏，请相信，孩子的心情和感受与你是一样的，交流中只有因为成绩好而兴奋地夸赞，或因为成绩差而愤怒地指责，这样简单的情绪宣泄都不利于孩子的成长。

（5）不要只关心成绩，更重要的是在学习过程中不断地给予孩子帮助和支持。很多时候，孩子对提高成绩的无力感源于缺乏持久专注的毅力，有时找到了好的学习方法，但坚持不下来。这时家长及时的鼓励和支持远比看到成绩之后的批评更有价值。

（6）尽量不给孩子负面的心理暗示，如你需要改正什么缺点、还有哪些不足等。要多给孩子正面的心理暗示，如你还可以怎样，只要你（正面方向）……就会……多给正面的心理暗示，有助于孩子改正错误。

（7）不要总是传达消极信息，如果孩子在学校受到了表扬，一定要重点加以肯定。

温馨贴士

1. 家长会后，一定要留心孩子们的反应。
2. 适当给家长们提供一些教育孩子的建议。

策略23　记住十个开家长会的有益忠告

> 教师亲切、得体的话语很容易唤起家长作为教育者的责任心，拉近教师与家长的距离。

开好家长会，需要注意的地方确实很多，可我们的精力也有限。尽管这些年天天在叫嚷着班主任专业化，但要真的做到班主任专业化，我们还有一段比较长的路要走。在很多学校都是由任课教师兼任班主任，一个人做着几个人的事情。因此，有些想法提得再好，不能够落实仍然是一句空话。

通过多年的工作实践，我发现下面的这些忠告对班主任开好家长会很有好处。这是我从多年的工作经验中梳理出来的，在实践中很有效。大家不妨参考一下。

一、摆正与家长的关系

家长与教师应该相互尊重、协作，这种和谐的关系是开好家长会的基础。班主任要利用家长会的机会，当好家长的朋友和参谋，加强与家长情感上的联系。教师在向家长提要求、谈看法时要做到凡事多商讨，忌命令，不要认为家长会就是"我提要求你照办"，更不能出现"学生有错，家长挨训"的场面。

二、注重积极引导

毕业班的学生升学压力大，他们最担心的莫过于自己在年级的排名情况，升学的希望有多大。他们的家长也急于想通过开家长会或与教师沟通了解到这些情况。而作为毕业班的班主任，我们更关注学生在这段时间的心理和学习状态怎样，知识能力水平提高到了什么程度。所以，在开家长会时，我希望家长会从保证学生的心理健康入手，让家长在关注孩子学习状态的同时，更关注他们的心理承受能力，这样才能使家长和老师一起做好学生的教育工作，从而使学生能以正常的心态迎接考试。

三、力求目标明确

在升学和"提高"教学质量的压力下，家长会先前的功能已经丧失，正在"变味"。具体表现为这样几种形式："告状会"，班主任和任课教师向家长反映学生在校的种种不良表现，要求家长严加管教；"成绩发榜会"，像"胡润富豪榜"的发布一样，班主任或任课教师在会上宣读孩子的成绩，孩子成绩差的家长最怕这一招；"赛富会"，在开家长会时，许多家长都开着名车到校，穿金戴银地"闪亮登场"，相互比较，使家长会成了赛富大会。我认为，家长会应力求朴素大方，有针对性，毕竟其最终目的是家校形成合力教育孩子。

四、重在转变观念

现在，不少家长在和教师沟通如何教育孩子的问题时，往往会这样说："孩子对我们的话一点儿也听不进去，常顶嘴，老师一句话赛过我们十句话，孩子就全拜托给老师了……"甚至有的家长坦言："我们把孩子交给学校就是为了让老师给教育好！教不好就是老师的责任！"不是做教师的推脱责任，而是我们稍微一琢磨就发现，这是把提高成绩、升学、差生转变的"宝"全都押在了教师的身上，除了感谢家长对我们的"器重"外，不少问题也被无意识地反映出来。有多少家长只盯着孩子的成绩这个表象问题？有多少家长肯花费时间和精力去教育自己的孩子？粗暴地体罚孩子又是多少家长解决问题的方式？家长会应该着重让家长懂得发现孩子的不良行为，帮助孩子找出背后的原因，从而对孩子进行有效的教育。

五、别忘书面通知

现在家长都很忙,如果家长会通知发得过早或者过迟,都可能会导致一部分家长无法参加会议。最好是提前三天发出书面通知,注明时间、地点和注意事项。书面通知的语言要通俗易懂、亲切自然,把家长视为教育合作伙伴。要让家长从字里行间读出这种感情,切忌居高临下、发号施令、主观臆断。"新的学期开始了,很高兴与您相会在一班,我们的目标是一致的,即促进在孩子体、智、德、美诸方面健康和谐地发展,这需要我们相互协调、紧密配合……"教师亲切、得体的话语很容易唤起家长作为教育者的责任心,拉近教师与家长的距离。

六、家长才是主角

让家长成为家长会的主角,是实现家长会目的的有效途径。记得一次期中考试后的家长会,我首先搬掉了教室里的讲台,把课桌排成了一个圆形,家长们和我围着课桌团团而坐。我也一改由我一一通告学生考试情况的惯例,要求家长逐一介绍自己孩子最近做过的让自己感动或感到欣慰的事。让家长夸奖自己的孩子,使家长会一下子热闹了起来。在家长们讲述的间隙,我不失时机地介绍着其孩子期中考试的情况。这种以家长为主角的家长会,既让家长了解了孩子在学校的情况,也使教师对学生有了进一步的了解。

七、加强有效沟通

在当前的很多家长会上,往往是教师讲、家长听,教师评价学生也只以学习成绩为唯一依据,缺乏对家长教育子女的有效指导。要想改变这种现状,还要从教师入手,让教师树立新的家长会理念,通过与家长的沟通、交流,让家长和教师都能有机会了解孩子的全面情况,转变对孩子关注的角度,重新审视、分析孩子存在的问题,商讨挽救或改进的对策。另外,在家长会上，那些无谓的"埋怨"是毫无意义的，有价值的做法就是讲讲家庭教育的方法和策略。

八、不妨多表扬家长

家长来参加家长会怀有一颗期待的心，他们都想知道自己的孩子在学校里各方面的表现。因为家长会时间有限，我们不能一一介绍每一个孩子的情况，所以我们可以进行分类表扬（如学习、劳动、礼仪等），争取为每一个孩子找到一个优点，同时好学生会出现在各类表扬中，这样既照顾了整体，又突出了重点。我们不能把家长会单纯看作老师与家长的沟通，而应该把家长队伍当作班集体的一个组成部分，利用各种方法让家长感受到他的孩子所在的集体需要他的帮助与支持，不仅仅是对孩子学习的辅导、习惯的培养，更包括班级的建设与发展。所以，每次家长会，我都要真诚地感谢为班级做出贡献的家长。这样做可达到三个目的：一是温暖这部分家长的心，让他们知道他们的辛苦老师都记在了心里；二是树立榜样，唤醒更多的家长加入这个队伍；三是让家长看到我们的真心诚意。

九、做好会后总结

家长来参加家长会，最想了解的是孩子的学习和日常在校表现情况，仅靠教师介绍往往是不全面的，也是不现实的。因此，不妨把会议室做成一个大展示室，分成行为表现记录区、作业区、试卷区、特长展示区以及荣誉展示区等，让家长从中发现孩子的优点和不足，从而找到与教师、孩子交流的话题。同时，家长参加家长会，最想获得的是家庭教育的经验指导。对此，教师可以提前选定一些"成功家长"，指导他们从不同侧面遴选家庭教育的优秀案例，总结成功的教子经验，以便于其在家长会上与家长们更好地交流。另外，家长会结束以后，应该把一些建设性的意见及时整理出来，并加以升华，使其成为很好的教育资料，反馈给家长。

十、穿插一点小活动

无论是上课,还是开会,都不需要搞得那么严肃。轻松愉快的气氛,更有利于交流。我常常在家长会中穿插一些小活动,如:请孩子和父亲(或母亲)一起参加"两人三足"活动;用气球当足球,在教室里进行一场"足球比赛";开展和教育有关的智力游戏活动……这些活动不但很好地调节了气氛,还增进了家长和老师、学生的交流。

温馨贴士

1. 教师与家长之间和谐的关系是开好家长会的基础。
2. 家长会应朴素大方,有针对性。
3. 发放家长会通知也要选好时机。
4. 应把家长队伍当作班集体的一个组成部分。

策略24　把家长请进课堂,让昨日温暖重现

读书也是一座围城,出了校门的人眷念读书,坐在教室里的人却想到外面去。我们为什么不把他们换个位置,叫那些出了校门的家长回课堂来讲课,给那些在教室里的学生上一次生动形象的创业课呢?

这个工作思路纯粹是家长开放日的一个附带产品。因为现在的学生生活条件太好,不懂得父辈创业的艰难。我们周围有很多这样的"富二代"学生,把创业和生活想象得太美好,思想承受力较差。甚至有些学生幻想不用学习,也可以成就一番事业。为解决这个思想问题,我萌发了把家长请

进课堂、让家长用切身经历给学生进行一次生动教育的想法。

第一个请来上课的家长是沈波的父亲。

沈波的父亲是本地一个有名的农民企业家，只上过四年小学。但是他的企业是一家科技含量很高的生物化学制剂企业，生产他自己的专利产品。当地人谈起他，总是竖起大拇指，说他是一个好学上进的人，小学毕业却发明了很多东西。我很尊敬这样的人，这种不断依靠自己的智慧赚钱的企业家，永远值得我们尊敬。

他和我详细地谈了他的创业史。他没有文化，想搞发明却没有人指导。为了学习人家的技术，他曾经一个夏天都躲在一个靠近车间的厕所里，透过一个有两个指头大小的小孔偷学人家的生产技术。白天还好，只要忍受臭味就可以了，而到了晚上还要忍受蚊虫的叮咬。终于，他把人家的一整套技术都大致地学会了，回来之后，就把打工挣来的钱全部用于购买实验设备。没有人帮助他，他就凭借着小学四年所认得的那些字，一本书一本书地啃，居然也把那些科学原理弄明白了，还发明了不少具有经济价值的专利产品。说起来也好笑，那些化学元素符号，有很多他不知道读音，却能够运用。他知道每一种化学符号代表什么，却不知道如何读给人家听。这个秘密是他的工厂正式投产后，他聘请的一位技术顾问无意中发现的。现在他的企业年产值达到1600多万元。

"要是有机会，能够进课堂里学习，我这辈子也就不遗憾了。郑老师，我知道在这个社会上有很多人看不起我们，说我们穷得只剩下钱了。很多低级下流的笑话也都是针对我们这些农村暴发户的，很丢人啊！有时候真想年轻二三十岁，再回课堂里读书……"老沈讲得特别动感情。

我忽然灵感一闪：读书也是一座围城，出了校门的人眷念读书，坐在教室里的人却想到外面去。我们为什么不把他们换个位置，叫那些出了校门的家长回课堂来讲课，给那些在教室里的学生上一次生动形象的创业课呢？也许家长们的创业经历，会使一部分学生在思想上有所触动，从而改变学习态度呢！

于是我诚恳地问沈波的父亲，能不能请他给学生们讲点什么，就一节课的时间。老沈慷慨答应，只是要求给他一天时间，他好回去准备准备。

第二天下午，我班的家长进课堂讲座正式开始了。那天，来听课的有学校领导，有家长代表，有部分任课教师，挤满了整整一间教室。老沈讲课讲得很认真，他写了整整26页信纸，上面还用红笔仔细勾画了重点。由于准备充分，事实感人，孩子们听着听着，不断发出唏嘘声来。几个感情丰富的女生，当场流下了眼泪。来听课的家长也很受感动，我发现张亚丽的妈妈眼角红红的，显然是揉了几次；谢新的爸爸不断地擦鼻涕，他是想忍着不流泪，可是做不到……

那天下午是17:20下课，老沈没控制好时间，铃声响了还没有讲完。他像个孩子一样看着我，希望得到我的"审判"结论。我讨厌拖堂，也恨拖堂的老师。可是，这一次，我没有这种感觉和念头。我问学生们："要不要现在就下课？"

学生们异口同声地说："不要！"

于是老沈接着讲，继续讲了十来分钟，才把课讲完。下课后，很多孩子纷纷围着老沈问这问那。也有很多家长对我说："希望多搞几次这样的活动，我们也想对孩子们说一说。"我让班委把这些意见收集起来，一一地给予答复和处理。同时，我让班委们写了一封给家长们的公开信，邀请他们来给我们的学生讲课，一周一位，时间定在每周五的最后两节课。同时也欢迎家长们来随堂听课交流。

信是用我的语气写的：

作为孩子的老师，我们虽做了一定的工作，但社会更是个大课堂，有各行各业。来自不同工作岗位、拥有不同人生经历的家长则更像一个巨大的资源宝库，蕴藏着丰富的教育能量。平时，我们虽然无暇把一些人生的见解、社会知识讲给孩子听，但是我们有必要利用一切机会，对孩子施加良好的教育影响。每个孩子从父母那里，只能得到一种教育思想，学到一种行业知识，但几十位家长会给孩子们上几十堂良好的思想教育课，使他们学到几十种行业知识。因此，我们计划开展每周一课的教育活动。请家长们结合自己的工作实际、行业特点，从政治、经济、法制、卫生保健、人际关系、安全、职业技能、个人经历、特长发展等方面选择主题，干什么就讲什么，怎么认识怎么讲，无须华丽的辞章，可以随便讲。

信的结尾我是这么强调的：

教育孩子健康成长是我们义不容辞的责任。如果您希望您的孩子将来成为一个巨人，那么就让我们实实在在地在他们脚下垫一块砖吧！老师个人的力量是微弱的，视野也是狭窄的，我们几十个人的力量却是巨大的，视野也是开阔的。因此，真诚盼望与您携手合作，共同打造我们这艘"联合教育"的巨型战舰！请把您的选题填在下表中，我们将统一协调安排，每周一位，时间暂定在周五下午的三四节课。如有特殊情况我们会提前通知您。欢迎您常来学校指导工作，多提宝贵意见。在此，我先代表将受您教诲的全班学生向您表达我们深深的谢意！

这封信发出后，受到家长的热烈欢迎，在学生周一带回的联系本上，90%的家长都填写了自己讲课的题目和时间。那些没有填写上课内容的家长，也都表达了自己的愿望，希望有机会来补上这一课。

活动开展以来，学生们表现出了前所未有的热情。每一位家长来之前，他们自动地把教室打扫得干干净净，并做了简单的装饰，安排了专门的同学负责接待。当家长走向讲台时，学生们那热切的目光、专注的神情、热烈的掌声，是我始料未及的。学生们听得十分认真，课后每人还会向报告人写一封信，谈感想、谈体会。许多学生下笔千言，感触极深。每个学生都认真反思了自己的过去，重新规划了自己的未来，有了明确的学习目标，端正了学习态度，坚定了为实现自己的美好理想而发奋努力的决心和信心。

家长们也积极地参与到了这项活动中。申兰的父亲来听课的次数最多。他说,每一次来听课,都是在接受一次精神上的洗礼。他感觉到自己又回到了激情燃烧的岁月,昨日的一切又重新在眼前出现。每个家长的宝贵经历,都将给孩子们带来深刻的影响。

其他班主任觉得很奇怪:"为什么一到周五,你们班上的人气那么旺,甚至连外班的学生都向老师请假,偷偷地跑到你们班去听课?"我笑着说这是军事秘密。这项活动试行两个月了,效果非常好。这两个月来,我班学生的各项出勤指标在全校都排在第一位,连续两次月考,成绩上升幅度都很大,已经三次蝉联年级总分第一、人均分数第一了。

一些知道实情的老师说,我不仅把学生"玩"活了,而且把家长"玩"活了。教育本就应该是一个联合影响,能够把家长的力量整合进来,本就是我们的工作内容之一!学生需要一些健康的经验引领他们成长,家长进课堂讲课,将给他们带来受用一生的宝贵经验。

温馨贴士

1. 要善于利用家长身上宝贵的教育资源。
2. 不妨用家长的经历来拓宽学生们的视野。
3. 每个家长的宝贵经历,都将给学生的成长带来深刻的影响。

策略25　把家长会的权力下放给学生

一旦把家长会的权力下放给学生,他们所爆发出来的工作热情就会远远超出你的想象,他们能够想到的点子就会带给你无限的惊喜。

任何一种工作，做得时间长了，人都会没有激情，越做越麻木。同样，家长会也是这样。刚开始做班主任，兴趣浓厚，激情满怀，家长会往往开得群情激昂。可是时间一长，什么都经历了，激情和兴趣也就没有了。

我们没有激情和兴趣也就罢了，因为一次两次平淡的家长会，对我们的思想感情影响不大。可是，学生家长却不同了。他们每开一次家长会，都会有一种新的期待，因为这关系到他们孩子的未来。因此，如何让家长会开出新意，开出激情，就是我们要解决的大问题。

我个人的体会是：发动学生——一个人谋事，不如一群人谋事。当学生的才华和激情被激发出来时，他们会充满无限的创造力。下面是我班学生主持的一次家长会，相信对大家会有所启发。

第一节课，学生安排家长们随堂听课。一位患过小儿麻痹症的男人在艰难地拄着拐杖爬楼梯，开始我以为是外边讨钱的又混了进来。刚要开口制止时，我马上意识到了什么——乞丐不会穿着这么整齐，尽管他的双腿已经严重变形，但是他的穿着依然工整：干净的西装，里面是一条深红的领带，不太好控制的双脚上，皮鞋一尘不染。我想，这也许是某位学生的家长，于是我马上走上前去，搀着他上楼。

旁边一位穿着很端庄的女士小声地拒绝了我："谢谢您，他不习惯别人的同情。"

我扭头一看，天啊，简直就是李乐乐同学的翻版，只不过这位女士年龄大了一些！我告诉他们，我姓郑，是高一(7)班的班主任。他们马上热情地跟我握手，真的是李乐乐同学的父母，今天两人都来了！

在我的办公室里，乐乐的妈妈向我们讲了乐乐爸爸的情况。这是一个了不起的男人，别看他患过小儿麻痹症，但是在乐乐妈妈眼中他是一位真正的男子汉。高考那年成绩上了本科线的他，只是因为患过小儿麻痹症而没有被录取。后来，乐乐爸爸从亲戚那里借了5000多元钱，开始做生意。进货、卖货，都是他独立去做。乐乐的妈妈当时在一个电器商行做柜台收银员，那天，她看见一个残疾的男人指挥着一大堆工人给他搬运电器，觉得很奇怪，想帮他一下，没想到遭到了礼貌的拒绝。后来才听老板说，这是个不错的男人，经营着一家不小的电器批发商行，每次都是他自己进货，从不要别人同情他。这是她第一次认识他，随着交往的增加，她深深地爱上了这个男人。她觉得，这个男人有一种魔力在吸引着她。结婚后，两口子勤奋努力，现在已经是国内好几家名牌家电的地区代理商了。

我感到震撼，热情地邀请他给学生们做一次讲座，内容就是讲讲他们夫妻俩的拼搏历程。他爽快地答应了。中午我和乐乐交流了一下，我怕她因为爸爸的残疾而有心理负担，没有想到我的担心完全是多余的。她说："放心吧，既然我要他们来了，就不会害怕别人说什么。相反，我觉得我爸爸确实很伟大。"

家长做报告之前，是一个亲子小活动。

班长沈波给每一位同学发了一把小木梳子，主题是给身边的亲人梳一次头。我看见王梅同学一边给妈妈梳头，一边说："妈妈养我这么多年，我却直到今天，才第一次给妈妈梳头。我第一次发现，妈妈的头发，已经白了这么多……"

坐在王梅身边的妈妈紧紧地握着她的手："好孩子，我知道你很懂事，妈妈已经心满意足了。"我站在讲台前，禁不住流出了眼泪。沈波这家伙，让你主持家长会，搞什么亲子活动，害得我眼泪都流下来了。环视整个教室，我发现流泪的不止我一个，很多家长和孩子都流出了感动的泪水。

数学老师李云的眼睛红红的，悄悄地说："好想这次回家，也能给妈妈梳一次头。"

没有感受过现场的气氛，很难想象一次梳头活动能让人这么感动。但是这一切真实地发生在我们的班上！我发现，一旦把家长会的权力下放给学生，他们所爆发出来的工作热情就会远远超出你的想象，他们能够想到的点子就会带给你无限惊喜。

开家长会之前，我对沈波说："要不要我给你们打印一些通知，把需要注意的事项告诉家长？"可他却说，他们要亲自用笔去写，他们觉得，自己亲手写的书信，要比死板的印刷体更能让人感动。他们做到了，今天来参加会议的家长，都很受感动。来得最早的张亚丽的妈妈，手里现在还拿着家长会的邀请信，信是亚丽亲笔写的：

"亲爱的爸爸妈妈，你们好！下周五是我们班上的家长开放日时间，请你们准时参加。作为家长，你们要准备一个故事，一个在我成长中你们最信任女儿的故事，或者在你们成长中对你们影响最深远的一个故事。我们期待着你们的光临。祝你们健康快乐！"

张亚丽的妈妈哽咽着说："孩子长这么大了，这是她第一次给自己的父母写信。尽管亚丽很乖，但是她从没有写过这么温馨、乖巧的话。我要把它当作一件礼物好好保存……"

张亚丽边给妈妈梳头，边对妈妈说："对不起，女儿太不懂事了。"同样的语言重复了一遍又一遍，同样的感动流淌在一位又一位家长的心头。

在这样的气氛中，班长沈波向所有与会的家长汇报了我们班上的情况，然后是家长给学生们讲自己的成长故事，当最后一位家长——李乐乐的爸爸上台的时候，教室里爆发出了前所未有的热烈的掌声！

在《同一首歌》的背景音乐里，李乐乐的爸爸动情地讲述着他的奋斗历史。每一个人都被他的故事打动了，在场的每一对父母、孩子，都紧紧地依偎在一起，他们肩并着肩、手握着手，仔细地聆听着。背景音乐深沉地敲击着我的心灵："鲜花曾告诉我你怎样走过，大地知道你心中的每一个角落，在阳光灿烂欢乐的日子里，我们手拉手儿，想说的太多……"

我禁不住又一次流下了眼泪。

也许你会觉得奇怪，为什么要把自己弄得一把鼻涕、一把泪的，搞一些平常的家长会不是会轻松很多吗？也许这就是我所追求的感觉，也是我为什么要放弃副局级待遇，到这里来做一个教书先生的原因。生活缺少了感动，就变得像一潭死水，没有变化，没有生气，每天就那样朝九晚五。在这朝九晚五里，一个人的才气和进取心，就这样悄悄地、日复一日地被磨灭了。与其这样，不如早点辞职。只要和学生在一起，我就感觉到自己的精神永远是年轻的。

课后，一些家长握着我的手说，感谢我给他们的孩子提供了这么大的表现舞台。申志雄同学的家长说："您的家长会除了让我们了解到孩子的学习情况外，还让我们学到了不少新东西，这样的家长会我们非常欢迎。"李奇同学的家长说："在您的家长会上，老师、孩子、家长都是会议的主人，我们的孩子在您这里，不仅学到了知识，还学会了怎么做人……"不少学生感慨地说："家长会感觉真好，学生和父母可以面对面谈心、交流。回家后，我和父母谈了很多，不仅谈学习成绩，也谈做人的道理。"

任课老师袁仕进也很有感触地说："每次看到家长会上学生和家长那灿烂的笑容，我就感受到做一名教师无比的幸福。我觉得你的这种新模式家长会，定会在家长和学生间架起沟通的桥梁。"

我仅仅是给了学生和家长们一次机会，他们却给了我整个世界的惊喜。

温馨贴士

1. 相信你的学生，他们的工作热情和创造力会给你带来无限惊喜。
2. 和学生在一起，你会感觉到自己的精神永远是年轻的。
3. 给学生和家长们一次机会，他们会带给你整个世界的惊喜。

策略26　掌握第一次开家长会的程序要点

> 现在的教育，无论学校教育，还是家庭教育，说教的东西都太多，让大家听得很"烦"。成功的教育一定要借助于情感，只有真正触及心灵，才会有效。

初次做班主任的老师要开家长会，都会很着急。为什么呢？很多老师是自己先把自己吓着了。他们认为，以前都是面对孩子，孩子比他们小，当然可以气定神闲地讲话。可是家长会就不同了，来的都是大人，而且有些人还是自己的领导或者教育主管部门的领导，搞不好，就会给人家留下糟糕的印象！

其实，这些担心完全没有必要。首先，我们要想清楚，家长再有成就，他们也只是我们学生的家长。他们关心的，是自己孩子的成长。就像我们所关心的，是自己的教育教学效果一样。

其次，我们是学生的班主任，要主动做好家长和学生之间的交往使者。有那么多的学生在等着我们在他们的家长面前说好话呢！我们肩膀上的责任重大，我们责无旁贷！开家长会前，也可以这样给自己打气——"有什么大不了的，他们只是我学生的家长而已。现在，他们在等着我给他们上课，我只需要像给学生上课一样，把我该讲的东西告诉他们就是了。"断了自己害怕的后路，就会什么也不怕了。

当然，适当的准备工作还是需要的。这里有一个"第一次开家长会的程序要点"，也许能够给初次做班主任的老师一些帮助。

（1）点名。第一次家长会，家长到不到场，在一定程度上反映了学生的组织纪律性和家长的责任感，作为班主任，心里要有个数。同时，也可以借点名的机会，跟家长认识一下。

(2)感谢家长对学校和老师的信任,把学生托付给我们来教育。这一礼仪之辞的目的在于温暖家长的心,以利于家长以后配合老师对学生进行教育。

(3)全面阐述本阶段教育的特点,如课业的负担,要求学生的记忆量,最新的教育改革要求,中考、高考趋势等内容。介绍时不要夸大其词,要让家长感觉到你的诚恳。

(4)向家长说明,小学、初中甚至高中阶段的主要任务,还是培养学生良好的习惯,帮助学生掌握良好的学习方法。希望家长进行配合,诸如督促学生按时起床,在家按时完成作业等。

(5)要求家长对学生高标准、严要求。告诉家长,不要怕要求提得过高,关键是家长的奖励机制要跟上。孩子的变化发展是无法估量的,正所谓"人不可貌相,海水不可斗量"。

(6)对班上的整体情况和学生的个别情况分别介绍,针对不同的学生提出不同的要求。个别介绍的时候,要事先安排好,并在开会的时候宣布先后顺序。这个顺序,不要体现家长的等级区别,那样很容易让家长反感。

(7)对于破坏公物、打架闹事、盗窃财物、恃强凌弱等现象,班主任要表明采取严厉措施,坚决打击这种不良行为的决心。并请各位家长回家后告诫自己的孩子,不要犯此类错误。

(8)煽一点情也很有必要。现在的教育,无论学校教育,还是家庭教育,说教的东西都太多,让大家听得很"烦"。成功的教育一定要借助于情感,只有真正触及心灵,才会有效。在现代生活的快节奏下,两代人之间交流的缺失带有普遍性。很多老师的家长会太严肃,无非是想借助于家长的力量压压学生,好让他们"认真学习",说白了,是为了自己"班级统治"的需要,结果家长会开一次,学生在情感上就与你疏远一次,甚至与家长也会疏远一次。成功的家长会要有效规避这种情况。

请看我班上一次家长会的镜头:

学生：叔叔、阿姨们好！（开心地鞠躬，掌声）今天开家长会，我的爸爸说要来的，现在应该在路上吧。（哽咽）我有很多话要跟我的爸爸妈妈说，爸爸妈妈，我的个子特别矮，很多人都说我像一年级的孩子，我听了很难过。你们也曾经带我看了很多次医生，医生说到了长的时候我还是会长高的。（约1.2米的孩子侧过头哭了，大部分家长和同学哭了，我也哭得很厉害，因为医生诊断这个孩子已经基本停止生长，掌声缓和）爸爸妈妈，我以后一定会好好吃饭的，即使我长不高，我也要好好读书，长大后孝敬你们……（家长们激动，掌声）

老师：孩子，不要哭！今天坐在这里的所有的爸爸妈妈，都是你们的爸爸妈妈，他们是很愿意倾听你们的心声的。继续！

……

家长：老师，我来说两句。（跑到讲台前同学们发言的地方）我……（有点激动，掌声）我从来没有这么激动过（抚胸），我……（掉眼泪了，摘下眼镜擦拭），我想先感谢老师（转身看我，我伸手握其手以示安慰），我每年都参加家长会，但是从来没有这么感动过。平时和孩子交流得少，今天我第一次发现孩子可以这么大胆地说这么一大段话，真的很感动，谢谢儿子……（掌声）

人在被感动的时候是最脆弱的，有此情做情感铺垫，后面的班主任工作报告未做就已经成功了一半。

(9) 设计一个别出心裁的小活动。小活动有助于你自然进入主题，既能烘托现场气氛，也是你教育艺术的一次再现。下面举几个例子作为参考。

例一：先用布蒙上一位家长的眼睛，然后请他在教室走一圈，摸索中请他的孩子去搀扶他，你这时可以这样说：家长们，您的孩子就是在黑暗中摸索的人，永远需要您和我们的呵护与帮助，相信他一定会走出黑暗，奔向光明的未来！

例二：举行一次辩论会，正方为家长代表，反方为学生代表，你是评委。议题围绕你班家长会的主题，如"家长工作忙，孩子要理解""分数是学生的唯一追求"等。你的任务是因势利导，让自己具有"央视名嘴"的风采。

例三：你可以用30分钟进行一次"研究性学习"汇报课（项目学习汇报课、综合性学习汇报课均可），展现你班学生的综合性学习能力，组织得好，效果很好，我们的家长厌倦了歌舞升平式的表演，喜欢看有内涵的东西。例如，对"2008奥运会吉祥物"的研究结果汇报，可以分5个组汇报，各组主题分别是：第一组，贝贝、晶晶、欢欢、迎迎、妮妮的各自特点与含义；第二组，福娃有无锡大阿福的影子吗？第三组，福娃的商业价值；第四组，让我来设计一个福娃；第五组，历届奥运会的吉祥物知多少。汇报时方式多种多样：第一组，可以用各种艺术形式——说、学、唱、演；第二组，请大阿福厂工程师现场解答；第三组，孩子们把他们现场采访商场人员的DV播放一遍；第四组，对手工福娃进行介绍；第五组，采取抢答方式。这种汇报课折射出你班学生非凡的创造力，比单纯的吹拉弹唱有档次吧。

（教育在线，2005-12-24）

（10）最后一定要说"谢谢各位家长的支持""我将和各位家长取得更多的联系"等。同时，要把自己的电话号码、电子邮件地址等联系方式告诉家长，这是非常必要的，方便以后你们经常联系。

温馨贴士

1. 了解每个学生，规划好家长会的步骤，按部就班来，不要紧张。
2. 平等、热情地接待每一位家长。
3. 家长会后，一定要把自己的电话号码、电子邮件地址等告诉家长，以便于日后联系。

策略27 让家委会成为你的好帮手

老师说话，家长们也许不相信，但是家长站出来说话，他们就很容易相信了。

"郑老师，不好了，王老五到我们班教室里来闹事了！"正在吃午饭的时候，学生刘凌惊慌失措地跑到我宿舍里来了。

"哪个王老五？"

"就是学校门口那个开商店的王老五啊！"

"哦，我知道了，你告诉大家不要慌，我马上就来。"我匆忙丢下饭碗，跟着刘凌一起跑到教室里。这个王老五是我们校外的一个大地痞，常常借口学生在他店里买东西的事情，和学生发生纠纷，然后要学生赔他钱。好几任校长都拿他没办法。有老师开玩笑地说，与其说王老五是开商店的，还不如说他是抢钱的。每年都有新生上当。

我到的时候，他正在我班教室门口叫嚣，说明明看见我班一个男生偷了他商店里的一块毛巾，要我们班学生把那个人交出来。学生们入校只有三天，哪见过这阵势，早吓得躲在教室里不敢出来。

我走过去，说："老五今天怎么又到我班上来了？"我故意强调一个"又"字。他一愣，马上客气起来："啊，这是郑老师您的班啊，这毛巾我不追查了。"说完，他讪讪地走了。

我知道，这又是他在借机敲诈新生了，于是给上届家委会的一个家长打了个电话，告诉他王老五今天又来我班上闹事，不过现在已经回去了。那边马上就有人说，下午就去找老五说说。

也许大家觉得奇怪：怎么这样一场校群矛盾，我还没有处理，就已经烟消云散了呢？这就是家委会的好处。

在我班上，每接一个新生班级，我都会在家长中间组织成立家委会，用来帮助我处理各种疑难问题。家委会是家长会的常设机构，在我没有开家长会的期间，帮助我联系、协调、处理各种家长工作和校群矛盾。每次新生报名的时候，我都会认真地询问家长的工作情况、在当地的影响，然后在开学的第一个月，组织成立家委会，并请那些在当地有影响、有威望或者有一定门路的家长担任家委会主任。这个办法很好，从我调入县城工作以来，我先后使用了很多年，效果都不错。

比如说这个王老五，学校都拿他没办法，他很狡猾，只小敲小诈，又很皮，报警对他基本没有太大的作用。他的行为达不到判刑标准，对于拘留，他也有办法摆平。加上还要适当地照顾一下校群关系，校长也不想过多地得罪他。可是，利用家委会的家长的作用，却能很好地摆平他。请那些在当地很有威望的家长出来跟他讲，或者通过他们找到王老五敬畏的人跟他讲，一句顶我说一万句。所以，王老五承诺，只要是我的班级，他就不会来闹事。这不，看见我走来，他就讪讪地走了！

其实，这只是我班家委会工作的一个缩影。家委会远不止这点功能。我班家委会内设机构很多，它除了有领头的骨干家长——家委会主任外，还有爱心大使、读书大使、活动大使、交流大使四位助手。这五个职位构成了我班家委会的常设机构。每年家长会，我都会通过民主选举和自愿报名相结合的办法组建家委会。这些家长，都是热心家长工作的一些志愿者。他们的工作没有报酬，甚至很多时候还要自垫资金开展工作。可是，通过我与家长们的不断协调，他们也乐意费时费工费钱地去开展工作！

有一年，我们班组织一次活动，预计每个学生的费用要200元左右，一个家长对我说他的孩子不参加这个活动了。我问他为什么，他一会儿说孩子的奶奶病了，一会儿又说孩子不舒服。临时编造的谎言经不起推敲，我看出了破绽，就劝他："这样的活动是集体活动，如果不是什么大事，还是尽量参加吧。"家长还是说不参加。后来我了解到，原来他们家经济比较困难，孩子的父母现在都下岗了，200元钱对这样的家庭来说不是个小数目。但家长想顾及孩子的面子，不希望大家知道他们家的困难。

怎么办？不能让这个孩子掉队啊！我请示了校长，校长特批由学校给这个孩子补助。我在家委会上与家长们商量这个事情，家委会的意见是学校不用出钱了，每个家庭多拿点钱就够了，不能让一个孩子落下。

这个孩子高高兴兴地参加了班级活动。回来以后，孩子家长就是不接受学校的补助，也不要家委会出钱。他说："大家是一片好心，可是我再困难也得自己拿钱，我知道参加活动对孩子有好处。"

孩子家长不接受大家的帮助怎么办？他家生活那么困难，家委会的代表们就提议，想办法解决孩子家长的工作问题吧。接下来，有个家长就帮他找了一个临时性工作，还跟他说先委屈他了，将就一段时间，有机会再换新工作。后来经过家长们多方努力，帮这个孩子的家长找到了一份体面的、工资比较理想的工作。

你看，家委会的力量就是这么大，解决了学生因为贫困离群的难题，也帮一个家庭改善了经济条件，对学生的成长更有帮助。这个学生有了这样的经历，进一步懂得了什么叫爱、什么叫关怀，他长大了心中能没有爱吗？

这就是我班的家委会，他们常常让我感动。所以，每年接新班，我都要在家长中间成立家委会。很多班主任都有这样的疑问：成立家委会有些什么步骤？工作中要注意哪些事项？城镇学校适用，农村学校也适用吗？其实，这不牵涉地区分别，哪里都有热心家委会工作的家长。关键不是地方，而是你有没有去用心运作这件事情。

成立家委会，首先要熟悉情况，让什么样的家长担任家委会成员，也是一门学问。并不是什么人都能够担任家委会成员，如果你把那些喜欢吹毛求疵的人选进来，就会给接下来的工作添很多麻烦。所以，平时和家长联系的时候就要留心：哪些家长文化素质较高？哪些家长懂教育艺术？哪些家长更富有爱心，并愿意做志愿者工作？……然后，在开家长会的时候，引导家长们公开选举一下。也可以不公开选举，只由几个热心的家长一起开一个小会，确定一下人员和分工。只要你诚恳地与家长沟通，家长一般还是很乐意接受这个任务的。

其次，组织家委会成员起草工作章程，并把确定的工作章程印发给每一个家长。章程的内容一般包括下面几个部分：指导思想、组织目的、内设机构（会长、大使名称和分工）、工作程序和纪律、经费来源和管理等。这些章程的具体内容，一般都是由家长自己拟订，老师和学校只负责指导。章程拟好后，要召开家长代表会或者全体家长会审议通过。

最后，最重要的是指导家委会开展工作。家委会可以帮我们做哪些事情呢？除了上面我说过的协调矛盾、奉献爱心之外，也可以帮我们联系家长，互相交流学习教育孩子的经验，还可以帮助我们请家长来说服家长。

有一年，有部分家长反映学校的生活条件太差，要求他们的孩子不寄宿，他们就在校外租房子陪读。我最反对家长陪读，从小学到高中，都有家长驻扎在校外陪读，孩子的生活条件看起来好了，但是，孩子的独立生活能力还能够培养起来吗？我们能够一辈子陪着孩子们吗？于是，我就把家委会的成员全部请到学校里来，由我私人支付费用，请他们到学校体验一天的生活。他们从早餐开始，和孩子们一起吃饭，一起上课，一起午睡。我还邀请家长参观了学校的食堂。家长体验了一日学校生活之后，纷纷对其他家长说："学校条件不错，完全不必担心孩子们的生活问题。"

老师说话，家长们也许不相信，但是家长站出来说话，他们就很容易相信了。于是，陪读的事情还没有开头，就这样被扼杀在萌芽状态了。

班主任要负责的事情很多，也许我们抽不出时间来和每一个家长交流，但是我们可以通过家委会，把我们的问候传达给每一个家长；也许我们抽不出时间来组织家长一起交流教子心得，但是家委会的家长可以做到；也许我们不方便和家长说班费、校服等问题，但家委会可以帮你，他们可以自主召开家长会，讨论一些相关事宜。

成立班级家委会绝对好处多多，哪怕学校已经成立了校家委会，你也可以在学校领导的指导下，成立班级家委会。它会给你的工作带来很多的方便。

温馨贴士

1. 吸纳那些懂教育的热心家长成为你家委会的主要成员。
2. 一定要帮助家委会起草并通过工作章程，这样家长才能更好地配合你的工作。
3. 不妨邀请在当地很有威望的家长参加家委会，他们可以帮你解决很多不必要的麻烦。
4. 有了家委会，也要注意保持与非家委会成员家长的联系。

第四章

不断拓宽家长工作新视角

——办好家长学校的创新策略

- 为什么一个班五六十名学生,经过老师们12年的学校教育之后,考上好大学的只有那么一二十人?是老师们偏心、只教了那么一二十人吗?老师们在同一间教室里,给学生们上同样的课,布置同样多的作业。可是,为什么最后只有那么一小部分人考上了好的大学呢?而且即使考上了同级的大学,个人成就也千差万别呢?除了老师的因素外,还有一个重要的影响因素——家长。是家长水平的千差万别,造就了孩子的千差万别!家长是孩子的第一任老师,也是孩子的终身老师。家庭氛围如何,家长教养如何,家长素质如何,直接决定了孩子的人生。

- 家长也是教育者,不管家长文化程度如何,有孩子,就是教育者。虽然家长的文化水平可能不足以辅导孩子的学习,但是家长的优秀个性品质、为人处世的态度、对社会和事物的评价等,都在潜移默化地影响着孩子……就在这种影响中,家长教会了孩子怎么做人。而一个懂得做人的孩子,自然也会懂得要好好读书。

- 教育是什么?教育就是影响。当我们把家长学校办好之后,我们就为孩子的健康成长营造了一个良好的外部环境。教书十多年来,我的学生一直很"听话",家长一直很配合,除了我的运气好,到哪里都能碰上好学生、好家长之外,我想,我的家长学校应该功不可没。

策略28 坚持办好家长学校

很多老师担心家长不听我们的。其实,只要你言之凿凿,不信口开河,你就是权威,就是专家,家长都会听你讲。

我从1995年就开始办家长学校了。刚开始办家长学校的时候,我向校长申请,他极力赞成,并特批我可以从学校办公经费中报销全部开支。作为一名普通教师,能够有这样的机会,确实让我很自豪。

有很多老师问我:为什么要办家长学校?你应付得了那些家长吗?他们会听你的吗?

这三个问题,其实是我从教以来一直在思考的三个问题。我为什么要办家长学校?因为我看到过太多的家长因为不知道如何教育孩子,从而使孩子浪费了大好的人生。

多年前,我曾经接待过一对母子。母亲是一名政府工作人员,儿子在读小学三年级。三年级的小学生已经开始写作文了,可是她儿子根本连不成句。他们通过一个朋友找到我,希望我能够给她的孩子补补作文。

她告诉我,这孩子天生有点毛病,因为她生孩子的时候难产,孩子在产道里耽误的时间太久,医生还给孩子吸了氧。她叹了口气:"孩子今年9岁了,和一般的孩子不太一样。他先天不足,脑子不太正常,学习上有困难,成绩总在班里的后十名。"每次去医院看病,妈妈都要将他脑子受过伤的事情,还有这会影响学习的事情跟医生说一遍。既然已经有前面医生的诊断说明在那里,接诊的其他医生很少改变过这种说法,于是,孩子脑子有问题这一结论没有经过一次严格的检测,就已经成了定论。

第一次到我家里来,孩子自己也不假思索地说:"我脑子有问题,所以学习不好，我也挺着急的，不知怎么办才好。"

可是我怎么也看不出孩子究竟有什么问题，于是建议他们去看看心理医生。果然，经心理医生测定，孩子的智力水平完全正常，根本不存在智力低下的问题。之所以会出现学习成绩不好的问题，完全是由于妈妈的不良心理暗示造成的。而妈妈之所以那么暗示，完全是因为她不懂教育心理学知识，医生那么说，她也就认同了医生的观点。结果，种种不良的潜移默化的心理暗示，造成了孩子生活和学习上的诸多困难。

这位家长的文化素质不高吗？不，她是大学毕业生。可是她为什么给孩子的精神造成了如此大的伤害呢？因为她不懂教育学和心理学。

由此我想，我的学生大部分生活在农村，他们的家长中，又有多少懂得教育的一些基本原理和方法呢？我拿什么来帮助我的学生和家长呢？想来想去，我想不出有什么比家长学校更有效的办法。

于是，1995年，参加工作一年后，我就对校长提出了办家长学校的想法。校长说以前没有办过，建议在我班上试办。1995年冬天，我就在我班上开办了第一期家长学校。

家长学校第一次开课，56名学生，只来了23名家长。我充分肯定了与会的家长，然后告诉他们我要举办家长学校的原因。我始终认为，一个孩子的成长，起主要作用的不是老师，而是家长，是家长的不同水平，决定了学生的不同发展。我反问他们一个问题：为什么一个班五六十名学生，经过老师们12年的学校教育之后，考上好大学的只有那么一二十人？是老师们偏心、只教了那么一二十人吗？老师们在同一间教室里，给学生们上同样的课，布置同样多的作业。可是，为什么最后只有那么一小部分人考上了好的大学呢？而且即使考上了同级的大学，个人成就也千差万别呢？除了老师的因素外，还有一个重要的影响因素——家长。是家长水平的千差万别，造就了孩子的千差万别！家长是孩子的第一任老师，也是孩子的终身老师。家庭氛围如何，家长教养如何，家长素质如何，直接决定了孩子的人生。

当时，我没有说文化程度，因为我的学生家长大多是农民，而且我一直认为，在文化程度和素质之间不能直接画等号。不少文化程度高的人，却做出低素质的事情。素质是潜藏在人本性里的、最自然的、关乎为人处世的优秀品质。那些没有读过书的人，却能够懂得最基本的做人道理，知道如何努力、如何待人，用最朴素的情感，培养孩子学会感恩。这样的家长，就是高素质的家长！所以，我认为，素质和文化程度有关，但是没有必然的联系。寒门出人才，很多目不识丁的农民却培养出了数名大学生，这样的家长就很有素质。

我的这些话，在家长当中引起了比较大的反响。很多家长第一次认识到，原来他们也能够教育好孩子。我明确地告诉他们：家长也是教育者，不管你文化程度如何，你有孩子，你就是教育者。虽然你的文化水平可能不足以辅导孩子的学习，但是你的优秀个性品质、为人处世的态度、对社会和事物的评价等，都在潜移默化地影响着你的孩子……就在这种影响中，你教会了孩子怎么做人。而一个懂得做人的孩子，自然也会懂得要好好读书。

最后，我明白地告诉他们，今后开家长会，我不会只单独通报考试成绩，也不会只表彰那些先进学生。我将把家长会的重点放在交流、学习如何教育孩子上。今后的家长会，我讲，学生讲，你们家长也要讲。我给大家讲教育孩子的科学道理，你们家长给我介绍教育孩子的体会，我们大家互相沟通、互相交流……

当时听课的还有一些学生，当他们听到家长会不只通报成绩时，都拍起手来。很多家长在课后久久不肯离去。一些没有尽兴的家长，还把我的电话号码抄了去，那天晚上，我家的电话一直响到晚上11点！

家长学校能不能办下去，家长会不会听我的话？我相信老师们已经不需要我再多说了。

只要你言之凿凿，不信口开河，你就是权威，就是专家，家长都会听你讲。每次讲课之前，我都会搜集大量的资料，我不只是讲如何帮助孩子学习，还讲如何处理父母和孩子之间的代沟问题，如何帮助孩子走过高考前那些紧张的日子……甚至，我还和家长们一起讨论孩子青春期的生理和心理问题，家长都很信服我，说我不但教育了孩子，也教育了家长。

> **温馨贴士**
>
> 1. 家庭教育环境和家长的素养直接决定了孩子的人生。
> 2. 与家长沟通一定要言之凿凿，切忌信口开河。
> 3. 办好家长学校是为学生的健康成长营造一个良好外部环境的保障。

策略29 学会培训学生家长

中国家长最关心什么呢？中国家长最关心孩子的成绩！在中国家长心中，成绩比成长更重要，望子成龙的心态，没有哪一个国家的家长比中国家长更急迫。

为什么要培训学生家长？理由很简单，家长很多错误的教育思想、观念和方法，已经成为学生成长的障碍，尤其是以下三个方面最为突出。

一是家长在孩子身上寄予了太多的、自己没能实现的愿望和想法。我们常听家长这样说："我们当初没条件读书，现在有条件了，总想孩子把书读得好一点，将来找个好工作"，或者"我当初书没读好，现在工作很累，总想孩子……"人生肯定是有很多遗憾的，但是中国人心里总有这样一个自我安慰的法宝：自己不行了，我还有儿子、孙子，我的子孙后代一定能实现我的愿望。愚公移山在某种意义上说，就是这种思想的一个经典例证！所以说中国孩子读书的负担确实很重，他不仅要实现自己的理想和愿望，还要实现家长的理想和愿望。

这种想法对孩子的成长没有一点好处。我想过要把它清除掉，但是很遗憾，我和许多家长交流过，他们根本就不想放弃这种想法，还振振有词地说，一代要比一代强。真是无可奈何！

二是家长总是习惯拿高标准来要求孩子，甚至有时候家长设置的标准孩子一生都无法达到。孩子一生下来，父母就希望他们是神童，周岁不到，就开始进行所谓的早期教育。我们常常看到一些热衷于所谓"早期智力开发"的父母，积极地对幼儿进行读写算训练，把一些不符合儿童认知特点的学业知识，一股脑儿地塞给孩子。一旦孩子没能达到他们的心理期望值，他们就对孩子特别失望。

一些孩子怎么越学越"笨"了呢？原因就是这些家长在让孩子玩一个靠他当前的能力很少能够赢的游戏，这个游戏的难度远远超出了孩子的能力，孩子只会自我感觉越来越糟糕，不用别人说，他也会觉得自己很"笨"。

三是攀比心理特别严重，总喜欢用别人孩子的优点来放大自己孩子的缺点。

有一次，我与一位学生谈心，谈到她的父母，她忽然沉默起来，泪水顺着脸颊不断地往下流。她说："其实，我知道父母对我好，也很关心我，但他们的关心实在让我接受不了。每次考试，考得好时，他们就说比你考得好的人多着呢，有啥了不起；考得不好时，他们就唉声叹气，没完没了地说你，说某某的儿子如何有出息，说某某的女儿如何长进，就是我没有用，没有给他们长脸……常常轻则高声训斥，重则痛打一顿。老师，有时我觉得活得很累，觉得自己怎么学也比不上别人。"

这已经是一个普遍现象。随着升学竞争的激烈、就业压力的增大，家长对孩子的要求也越来越高，他们提不出具体的发展目标，就只有拿人家的子女来给自家的孩子念紧箍咒。

所以，我们要学会对学生的家长进行科学的教育方法和教育理念的培训。我们需要一个科学的教育环境，我们要用当头棒喝让他们惊醒。

在每个学期初，我都会找时间对家长进行培训，我反复找他们谈话，针对前面的几个现象，反复与家长们交流。只有我们用科学的教育思想去给他们"洗脑"，他们才会给孩子一个健康成长的环境。我对家长的培训主要包括如下几个方面。

一、帮助家长树立终身学习的观念

引导家长从自己开始，以身作则多学习，以促使孩子产生不断追求、终身学习的观念。家长是孩子最初的老师，也是最重要的老师，国际21世纪教育委员会对"最初的教育"是否成功的判断标准是看它是否"提供了有助于终身继续学习的动力和基础"。不妨把这句话送给学生家长。

二、让孩子不断体验成功的喜悦

当孩子获得成功、体验到快乐时，大脑里会释放出"脑内吗啡"，这种化学物质会驱使孩子想重复这一体验。你要把这个思想传达给每一个家长，并且建议家长"为孩子找一棵矮点的苹果树，让孩子踮起脚，伸手就可以摘到苹果"。一次次成功的体验会让孩子信心百倍、动力十足地向下一个更高的目标迈进。

三、引导家长呵护孩子的兴趣

"兴趣是最好的老师"，这句话已成老生常谈，却仍被很多父母熟视无睹。如果老师希望自己的学生越来越聪明、越学越爱学，那就引导家长把激发、呵护、提高孩子的学习兴趣提到每日日程上来吧。

四、允许孩子失败

当孩子为"失败"而难过时,父母不应以怜悯的态度对待孩子,或者在孩子面前唉声叹气,甚至劈头盖脸地责骂孩子,正确的方法是让孩子明白,失败、错误没什么大不了的,人人都可能碰到,勇敢、聪明的人会从失败中吸取教训,继续努力。允许孩子失败,也是对孩子能够成功的一种信任。

我曾经在日记中记下这样一句话:"有些事情费力不讨好,但是我们还得去做,哪怕是做教育的殉道者,我也愿意。"这就是我在办家长学校之初的真实想法。但是,现在,我可以很高兴地告诉大家,我不但没有成为教育的殉道者,相反还成了教育的"名家"。

所以,我在这里把下面这句话送给年轻的班主任们——思想有多远,你就能够走多远,只要你认定值得做的事情,就大胆去做,不要想可不可以的问题。没有不可以的事情,只有想不到的事情。

> **温馨贴士**
>
> 1. 一个成功的班主任,应该是绝对值得家长信赖的人。
> 2. 适当的时候,你有话直说会让家长的头脑更清醒。
> 3. 允许学生失败,是对学生能够成功的一种信任。

策略30 从家长的角度做班主任

从家长的角度做班主任,首先就是要爱学生,只有真心地爱学生,你才能够从内心深处激发出教育热情。

一个家长给我讲了这样一件事情：

那天她去接孩子，老师正在留孩子补作业。主动为了孩子加班加点，从传统角度来说，这是一个好老师，我们家长应该感谢他。对这一点，家长没有任何异议，但是有一点，她一直耿耿于怀：她看见老师在教训她的宝贝儿子——"你真是个蠢材，蠢得连猪都不如，这么容易的题目都做错了！"孩子低着头听着老师的训斥，眼泪不停地在眼眶里打转，家长说她很想大声地驳斥老师："正因为我的孩子什么都不懂，才送进学校里来学习的。如果他什么都懂了，还用老师教吗？"她很想，但是又怕老师对她的儿子有偏见，只好强忍着，把孩子接了回去。

什么时候，我们的老师变得如此粗俗？老师训斥学生的这种话语如何能够说得出口？老师又有什么权利使用侮辱性的语言来教训学生？家长听到了，心里能舒服吗？如果换成我们当中的任何一个人，会原谅老师这么辱骂自己的孩子吗？我也是家长，所以我能够深切地体会那位家长的愤怒和不平。

没有一个家长，愿意听别人说自己的孩子"蠢得连猪都不如"。在父母的心中，他们的孩子永远都是最好的——他们可以找到一千个理由说服自己：虽然没有别的孩子好看，但他们的孩子是最听话的；虽然没有别的孩子听话，但他们的孩子是最聪明的；虽然没有别的孩子聪明，但他们的孩子是最努力的……

孩子是上天赐予我们的最好的礼物，是上帝给我们的最高的奖赏，西方人总将心爱的孩子称为天使，如此可爱快乐的称呼，怎么可能会与"蠢得连猪都不如"这种字眼挂钩呢？

那位家长说，老师的极端评价几乎摧毁了她对孩子成长的信念。我赶紧告诉她："孩子在学习上犯点错很正常，学习就是一个不断改正错误的过程。每个孩子都会犯错误的，不要害怕老师的批评。回去您自己好好辅导，也许他很快就能赶上来。"

她很感激我的理解和建议，并说我一定会是一个好老师，因为我会从家长的角度看问题。

我仔细思考着这位家长的话，她给我们班主任做好家长工作提供了一个很好的工作思路，那就是：要从家长的角度来当老师，从家长的角度来做班主任！

一、要真心地爱每一个学生

从家长的角度做班主任，首先就是要爱学生，只有真心地爱学生，你才能够从内心深处激发出教育热情。爱是我们做好教育事业的基础，学生是我们一切教育活动的核心。可是，在现实工作中，很多老师并不爱学生，他们喜欢成绩好的学生，他们爱的是学生的成绩；他们喜欢听话的学生，他们爱的是别人的顺从；他们喜欢富裕的学生，他们爱的是人家的钱财……"我爱学生吗？"老师们扪心自问一下，我很希望大家都能够给予肯定的回答。

今年，我"收服"了一员爱将。开学报到的时候，我就感觉出来，张某不是好对付的。果然，第一天上课，他就以视力不好为名，强行占据了班上最好的位置。接着就有任课老师向我告急：张某成绩不但差得要命，而且性格很古怪。你表扬他，他就讽刺你"玩弄"表扬，他知道自己几斤几两，不需要老师灌"迷魂汤"；你罚他劳动，他就会向你提抗议，"老师是不能体罚学生的"；老师无意中看了他一眼，他就认为你在戴着有色眼镜看人……

我仔细分析了他行为背后的心理根源，他是一个缺乏关爱的学生，所以对别人才有那么深的成见，才那么锋芒毕露地要保护自己。找到问题的症结后，就好处理了。我把他当作一个正常的孩子来看待，真心地待他好，用自己的行动而不是语言来告诉他我爱他。终于，在他遭受外校学生欺负，我挺身出来救他时，他被感动了。此后他对我的话"言听计从"。

其实学生们很明白谁是真心爱他们的。真正的爱，往往不是靠说，而是体现在具体的行动中。只要你心中装着对学生们满满的爱，有时候你不经意的一个眼神，都会泄露爱的秘密。去爱学生吧，特别是那些所谓的"差生"，有时候他们更需要我们的关爱！

二、要相信每个学生都是好学生

从家长的角度做班主任，就是要相信每个学生都是好学生，都是前途无量的学生。

我现在还记得这样一个故事：

一个盲童的妈妈，带着孩子用弹弓打玻璃瓶。她之所以让孩子这么做，是因为别的孩子也玩这个游戏；她觉得，她的孩子应该像正常孩子一样，享受生活中的种种乐趣。一个作家看着她引导孩子玩这个游戏，打了一个下午，都没有打中。作家失望了，对孩子的妈妈说："今天算了吧。"妈妈只是笑笑，当天色暗下来，作家准备回去时，就在转身的那一刻，他清楚地听到了玻璃瓶被打碎的声音——这时候，他的内心一阵颤动，他想起了孩子的妈妈讲的一句话："总有一天，总有一只瓶子是会被打碎的。"

很明显，盲童要想打碎玻璃瓶，只能凭着他的听觉，一点点地变换位置，一点点地试出玻璃瓶的准确位置。这要比常人困难百倍，但是，妈妈相信她的儿子能够做到，一定能够做到！

假如所有的班主任都有这么一个信念："我的学生是最好的，我相信他们每一个人都能出人头地！"那么，我们的教育工作将会发生翻天覆地的变化。

三、要允许学生犯错误和改正错误

从家长的角度做班主任，还要有一颗宽容的心，允许学生犯错误，更允许学生改正错误。有句话说，"可怜天下父母心"。有时候想想，这天下的父母也真是可怜，孩子再没出息，再坏得一塌糊涂，他们还是会接纳他——因为他是他们的孩子，无论他犯了多大的错误，在父母那里，任何时候，他都可以重新开始。试问我们的老师：我们有足够的爱心去宽容学生的一切吗？

四、要了解和满足家长的心理需要

从家长的角度做班主任，就是要尊重家长，了解家长的心理需要。家长也需要表扬和鼓励，我们肯定学生的成绩，实际上就是肯定家长在教育孩子上的努力；我们否定学生的表现，实际上就是否定家长对孩子的教育。有很多家长是受不了反复多次被否定和打击的，他们希望，能有那么几次，能够从老师那里听到孩子的好消息。所以，我们要对学生少些否定、多些肯定。在具体教育过程中，我们要善于发现学生的问题并及时做好学生的工作，切莫急于批评学生，更不要轻易否定学生。

温馨贴士

1. 在父母心目中，他们的孩子永远是最好的，所以班主任不要轻易地否定任何一个学生。
2. 那些所谓的"差生"，有时候更需要我们的关爱。
3. 问一下自己：我们有足够的爱心去宽容学生的一切吗？

策略31 把家长变成你的教育同事

我们得让家长明白,教育孩子不是我们一个人的事情,大家都有责任。家长接受我们的观点后,就会积极参与到我们的教育工作中,这样我们与家长就成了真正意义上的教育同事了。

每次接新班,都会有家长握着老师的手,诚恳地对老师说:"我这孩子就交给您了!要打要骂,请您自便。"每次碰到这样的情况,很多老师都为自己从事教育工作而感动:你看,人家对我多么信任,我又是多么值得他们信任!

可这是好现象吗?家长这么做,把他们教育、培养孩子的责任全部推卸了。仅仅靠学校教育,我们的教育是不会成功的。

其实,人一生中最重要的教育,不是学校教育,而是7岁之前的家庭教育。如习惯的养成,理解能力、语言能力、记忆能力等基本能力的培养,在7岁之前就已经完成。一个人一生会有多大的成就,在很大程度上取决于他7岁之前接受的家庭教育。打个比方说,7岁之前的教育就是给孩子打造一个容纳知识的筐,7岁之后的教育,就是往筐里填内容。

可7岁之前是谁在教育孩子呢?主要是家长!家长是孩子的第一任老师,也是终身老师!所以,每次当家长慎重地把孩子全托付给我时,我就会明确地告诉他们:我们都是教育工作者,你的孩子是我们共同的教育对象,这个责任你不能推卸!如果家长认为把孩子交给学校、交给老师就万事大吉了,那是家长的失职。

有些老师并没有认识到这一点,当家长把孩子托付给他的时候,他会很骄傲地把任务接过来,并且承诺:"你放心,我一定会好好教育他的。"这样,家长轻松了,可是老师呢?如果孩子退步了,家长就会在背地里一个劲地责怪老师:"我的孩子原来在某某手中那么好,现在却退步了,都是这个老师没有教好,辜负了我的一片信任啊……"

无论接新班还是带老班,在第一次家长会上,我都会把苏联著名教育家马卡连柯的这段话送给家长:

你们自身的行为在教育上具有决定意义。不要以为只有你们同儿童谈话或教导儿童、吩咐儿童的时候,才教育着儿童。你们生活的每一瞬间,甚至当你们不在家的时候,都在教育着儿童。你们怎样穿衣服,怎样跟别人谈话,怎样谈论其他的人,你们怎样表示欢欣和不快,怎样对待朋友和仇敌,怎样笑,怎样读报……所有这一切对儿童都有很大意义。你们态度和神色上的一切转变,无形中都会影响儿童,不过是你们没有注意到罢了。如果你们在家里粗野暴躁、夸张傲慢或酩酊大醉,再坏一些,甚至侮辱母亲,那么你们已经大大地伤害了儿童,你们已经把儿童教坏了,而你们的不良行为将会产生最不幸的后果。父母对自己的要求,父母对自己家庭的尊敬,父母对自己一举一动的检点,这是首要的和基本的教育方法。

这段话对家长很有启发:教育不是单方面的作用,而是综合的影响。家长明白了这一点,就不会拉着我们的手,诚恳地把孩子全托付给我们了,也不会认为孩子考上了好大学,就只是老师一个人的功劳了。当然,也有很多家长暂时还转不过弯儿来,那也不要着急,要慢慢来,相信总有一天他会接受这种观点的。

我不放过"培训"家长的任何一次机会。只要是关于教育学生的,不管是不是自己的学生,我都会觉得义不容辞,我觉得自己有义务提高家长的认识。

那次乘中巴去市里的时候,我碰到几个家长带着孩子挤公交。座位少,天气热,家长唯恐孩子受不了,全部自己站着,让孩子坐着。一个孕妇上来了，没有一个孩子站起来让座。我看不下去，就把自己的位子让给了她。这时候，就有一些家长出来表扬我，说我做了一件好事情。

我马上接过话头："我们应该懂得尊重和回报，做母亲的人太辛苦，即将做母亲的人也很伟大。我们应该让座，因为关爱他人是我们中华民族的传统美德。同时我们也应该让孩子学会关爱他人，我建议让你们的孩子也把座位让给你们坐。"一些家长不以为然，说怕累着孩子。

我就进一步地劝说他们："你看，天气这么热，孩子们心安理得地坐在那里，我们家长在这里吊着臂膀，他们一点也不觉得难过。这不是好现象。我们都把孩子培养成什么人了？如果现在他们对你们的付出就已经认为理所当然了，那么以后你们就别指望他们会回报什么。我们要随时教育孩子懂得关爱，要让他们懂得，这个世界上不是自己最重要。"

一些孩子开始坐不住了，一个在学校里担任学生干部的孩子首先站了起来，给他的妈妈让座。然后是另外几个孩子喊妈妈和他们一起挤一个位置。

教育不只是发生在学校教室里，在生活的每一个细节中无不存在着教育的机会。我们得让家长明白，教育孩子不是我们一个人的事情，大家都有责任。家长接受我们的观点后，就会积极参与到我们的教育工作中，这样我们与家长就成了真正意义上的教育同事了。

2005年9月中旬，我和家长商议成立了班级家委会，把一些热爱家长工作的家长们联合起来，成立了一个组织。原来我心里还有点顾虑，怕家长们因为工作忙，会推辞。事实上，也有很多家长多次在我面前抱怨过：他们就是太忙，所以把孩子给耽误了。可是，当我郑重其事地请他们出来担任家委会委员时，绝大多数家长都爽快地答应了。

新学期第一个家长会召开之前，我首先召开了家委会会议，通报了班上的工作情况，并诚恳地请他们帮忙出主意。家长们很热心，有位家长确实因为忙，没有及时赶来，但是深夜11点的时候，他还来到学校，帮我们把走廊上的垃圾倒了——这个细节让我很感动,又让我很内疚,我没有把事情做彻底,我失职了。

一旦家长意识到自己也是教育者后,他们对孩子的教育方法就会发生很大的变化。

黄琳这个学期的变化很大,开朗了许多,乐观了许多,原因就是她的爸爸发生了变化。以前,黄琳的爸爸除了打骂孩子外,想不到其他好的教育方法。做了家委会委员之后,我给他讲了很多教育方面的知识,他逐渐意识到:孩子也是有尊严的;孩子不是他自己的私有财产,不能想打就打,想骂就骂;孩子是一个需要尊重的人。现在他再也不轻易地打骂孩子了。

只要你把家长拉到教育队伍里来,我们的教育就可能会发生质的变化。每次接新班,我都会给家长提六个建议:

(1) 要勇敢地承担责任,在人格上、习惯养成上成为孩子的老师,并和孩子一起重新体验成长。

(2) 不要只看孩子的成绩,最重要的是关注孩子的健康成长。

(3) 注重锻炼孩子的能力。周末让孩子做做家务,要让孩子明白,世界上没有免费的午餐。

(4) 不要总给孩子钱,孩子可以通过自己的努力从你那里"赚"钱。

(5) 多跟孩子谈谈自己的生活、工作体会,要让孩子明白,生活并不容易。但谈的时候要注意方法,不要把与孩子的沟通变成向孩子施压。

(6) 多与学校沟通,多来学校提意见,学生的周记本要仔细写上具体意见。

不要期望所有的家长都是杰出的教育工作者,但是,我们应该努力让他们成为我们最忠实的教育合作伙伴,因为,我们的教育对象是同一个孩子。

> **温馨贴士**
>
> 1. 要善于把握教育的机会,在生活的每一个细节中无不存在着教育的机会。
> 2. 教育孩子是老师与家长共同的责任,切忌一肩挑。
> 3. 要努力让家长成为我们最忠实的教育合作伙伴。

策略32 以开放带来透明和支持

我一直坚信:只有保持更开放的心态,只有采取更开放的态度,才能够将学校办得更好。也只有开放,才能够带来家长贴心的支持。

一些老师和领导抱怨家长不理解学校,不支持学校工作。我总觉得纳闷:您和家长敞开心胸谈话了吗?您给家长一个了解学校的机会了吗?我的切身体会是:透明带来支持,开放带来理解,一所经常开放的学校,一定能够赢得家长的理解和支持。

2019年9月21日,我们郑州市创新实验学校再次向全体家长开放。家长们在亲历一天的体验后,对学校给予了较高的评价,他们做出的信息反馈对学校的发展很有帮助。

一、就餐体验:传说中的食堂果然不错

家长最关心的当然是孩子们的饮食。甚至有家长喊出了"身体第一,学习第二"的口号。好在我们学校的饭菜真的不错,不少孩子说他们在学校长得更结实了。

真是这样吗?亲历学校就餐体验的焦雨晨妈妈说:"听孩子说学校的饭菜不错,我亲自品尝过后发现果然很棒!首先是饭菜颜色搭配得很好,

让人一看就很有食欲。其次是两荤一素加水果营养搭配均衡。让我感动的是学校的贴心，考虑到秋季天气干燥，孩子们容易感冒上火，学校给孩子们准备了餐后的绿豆汤，而且饭菜是不限量的，孩子们可以随时添加。我询问了好几个孩子学校的饭菜怎么样，孩子们说得最多的一句话就是：'我来学校吃饭都长胖了！'看到孩子们吃得都津津有味，我很庆幸当初选择了创新实验学校！"

细心的妈妈还发现学校每天的水果都不重样。郑浩鑫妈妈说："这样孩子们更喜欢吃水果了。"

有些家长担心饭菜的温度是否恰当，张瑞然爸爸说："完全没必要担心，入口温度刚好。"他还特别幽默地说了一下打饭员的情况。他说，打饭员"都很和蔼可亲，会询问孩子够不够、要不要再加点儿，提示孩子吃那么少不行，像个自家长辈一样。最重要的是打饭时手不抖哦"。

二、值日体验：就餐习惯好得让人感到意外

这些家长还以值日生的身份，体验了一把对学校食堂纪律的监督和检查。家长们无一例外地被学生们良好的就餐习惯打动了。他们纷纷说：孩子们的就餐习惯好得让人感到意外！

这么说，我都有些怀疑：难道孩子们在家里就没有这么好吗？一些孩子说："我们每天在家里都很乖，好不好？"

张靓怡妈妈是这么说的："12:15全班同学都已经打完饭就座用餐。每个餐位都有班级餐号，方便孩子们有序就餐，并且每个餐位都有打好的汤。老师说，每天都会有专门的值日同学负责这些工作，以便同学们减少用餐时间。用餐时会有学生自管会的同学巡视维持用餐秩序。"

最让她感到惊讶的是：12:30大部分同学已经用餐结束回到教室，极少数同学也快要吃完了。用餐后同学们会自己把餐盘里剩下的汤汁倒进集中的桶内，并将餐盘、饭碗、筷子分类放回回收箱内。"最让我感到意外的是，用完餐后桌子是要孩子们自己擦干净的！这一点很棒，说明学校

很用心。"

妈妈们这样说，我只好谦虚一下："都是家长们在家教得好嘛！"

三、路队体验：老师们指导得很用心

其实学生在学校生活的每一个细节，老师指导得都很用心。

郑浩鑫妈妈说："下课铃声响过，孩子们放下书本，在班主任老师的带领下有秩序地排队去餐厅吃饭。餐厅在教学楼一楼，餐厅师傅们打饭，孩子们排队领取饭菜和水果，整个过程中班主任李老师全程陪同。等孩子们都取完餐后，李老师也打了一份饭菜陪孩子们一起在餐厅用餐。在整个过程中李老师非常认真负责，孩子们都安静地吃饭。"

郑英络妈妈说："12:00孩子们排队放学吃饭，都很有礼貌、很有次序，见到生活老师问候阿姨好，每个孩子都按队形走，没有插队、乱跑现象。孩子们互相帮忙盛汤递汤，吃完饭后互相帮忙擦桌子。孩子们的这些表现说明在学校老师教导有方。学校的饭菜也很丰富，荤素搭配，有汤和餐后水果，满足孩子们的营养需求完全没有问题。"

学校生活的每一个地方都关系着教育，而不仅仅是在课堂上。办一所孩子们的学校，办一所人在中央的学校，就需要我们利用学校的每一个空间，为孩子们的成长服务。

四、跟班体验：感恩遇到这么好的老师

"家长到学校来，能够做些什么？"

"参与一天师生的日常生活吧，多一些体验，多一些理解。"家长开放日前，有家长问到这个问题时，我的回答都十分明确。"家长开放日就是以开放的心态，邀请家长监督、检查学校工作。"

体验了一天的跟班实践后，很多家长纷纷为老师们叫好。

郑浩鑫妈妈说："午休时间到了，老师让孩子们关灯，孩子们都以最快的速度进入午休状态。在孩子们午休的这40分钟里老师一直在教室里陪伴

着,做着自己的工作。我为老师的认真负责点赞,感恩能遇到这么认真负责的好老师。13:40午休结束,孩子们起来干自己的杂事儿,准备好上课用的课本和笔记本,开始迎接下午的课程。"

张瑞然的家长看到老师们利用休息时间还在为孩子们做学情诊断,由衷地感叹老师们付出了太多。

家长们确实不知道,尽管有些孩子的成绩暂时还不能让家长满意,但是老师们为提升孩子们的学习成绩已经做了很多的铺垫和准备。新生入校,为了精准地掌握孩子们的学习情况,为了今后量身打造"适合孩子们的学习",老师们从基础知识、基本能力、迁移运用、方法创新等多个角度,为孩子们做了语文、英语、数学等主要学科的学情诊断。每份诊断书上写的不是以前他们看到的简单的分数,而是孩子在每个学科的学习上具有的优势、潜能、不足和发展方向,以及对孩子今后的学习提出的贴心建议。

"做这样一个学情诊断需要多长时间?"有家长好奇地问。

"足足一个多月。"这个情况我很清楚:"我们从学生报名之前就开始准备了,直到今天才能发放到家长手中。"

"老师们太不容易了,为你们叫好。"跟岗一天的家长们纷纷点赞。

五、评课体验:家长说得最多的词是"漂亮"

每人一张听课、议课、评课表,家长像专业教研员一样走进课堂,随机参与每一堂课的听课观摩,这能够做到吗?

能!我们学校的家长们以超出期待的成果,给了老师们一个惊喜。而家长们在听课、评课的过程中,对老师们说得最多的词就是"漂亮"。这对郑州市创新实验学校这所新生的学校来说,对来这所学校参加工作才一年的老师们来说,是最高的奖励和肯定。

703班韩明哲的爸爸听的是英语课。对大部分家长来说,英语课听起来有些难,但是,韩明哲爸爸不仅听懂了、听明白了,还感到非常惊喜:"英语课很生动,知识点清晰。从单词阅读记忆,到情景对话,再到延展联系,配合互动游戏，情景再现，听说读写全都覆盖。孩子们积极参与学习，互动性非常高，小组之间还互相较劲，漂亮！"

下午第一节是语文课，课程内容是《天净沙·秋思》。刘雅坤老师以快问快答做导入，让孩子们快速地进入学习状态，课堂气氛活跃。刘老师的讲授生动有趣、思路清晰。刘老师把解题的思路和方法告诉同学们，同学们跟着刘老师的思路和方法一步步地解决问题。孩子们积极参与到课堂中，自由发挥，调动了每个孩子的积极性，每个孩子在不知不觉中都掌握了学习内容。郑英络的妈妈说："下课后家长们都夸刘老师讲课有方法。"

当教数学的石珍老师从讲台上走下来之后，家长们都围着她说："数学课，思路清晰，简单易懂。""孩子们积极回答问题，分享式教学给孩子们提供了自由发挥的空间，让孩子们大胆地讲出自己的解题方法和观点。"

郑浩鑫妈妈发言时非常激动："老师在帮助孩子们正确地解答，这样既提高了孩子们学习数学的积极性，也树立了孩子们的自信心！真是非常棒的教育方式，一节课不知不觉就在愉快的氛围内结束了，家长们听课也觉得意犹未尽啊！"

老师们也很感动，听课结束后，家长们纷纷提交了自己的听课、议课、评课表，上面对老师们的赞美之词，让他们特别感动。教学相长，就是在这种听课、议课、评课中实现的。开放式课堂，家长和老师相互促进，让我们的教育教学更美好。

六、监督体验：点赞学校的周到温馨

"我只期待一片树叶，您却给了我整片森林；我只要一线阳光，您却给了我整个世界！"家长开放日，本来是家长监督、检查学校教育工作的一个小举措，但是，家长们却给了学校那么多的褒奖和肯定，学校领导和老师都非常感动。

韩明哲爸爸参与了一天的体验之后，由衷地赞美说："中午就餐完毕后，学生们进入教室学习和休息。教室里的软硬件设施齐全，教室是多媒体教

室，同时配备了空调和电扇，桌椅都是全新的，房间里的温度非常舒适，房间里配有绿植，窗户都有窗帘遮阳。学校考虑得非常周到。为学校点赞！"

"没有完美的工作，只有不断朝向完美的追求。"在家长们纷纷对学校点赞的同时，我们并没有被赞美冲昏了头脑。教科研主任闪娟说："家长们对兴趣课堂提出了很多宝贵建议，我们要引起重视。还有些家长因为对学校的兴趣课程不了解，选课不是非常满意，我们应该给他们一个疏导的出口。"

"今后每周二，都定为家长接待日！"我明确地对每一位家长说："对学校有什么不同意见，想给学校提批评、建议，我们都欢迎。请大家随时准备把家长们的信息反馈给学校。今后每周二，校长都在办公室接待家长来访。家长们有什么不同的意见和看法，可以直接和校长对话、交流，请家长们不要犹豫。"

我一直坚信：只有保持更开放的心态，只有采取更开放的态度，才能够将学校办得更好。也只有开放，才能够带来家长贴心的支持。

温馨贴士

1. 家长开放日的活动名称要有趣、生动，贴近家长的需求，这样他们才有兴趣。
2. 开放日要准备一个行程和程序清单，不然家长不知道该怎么做。
3. 可以安排学生做引导员，这样能减少老师的很多工作。

策略33　给家长多出些教育孩子的金点子

人都是有惰性的，很多道理家长不是不明白，而是不愿意去想，或者想到了却不愿意主动去做。我仅仅是督促家长把那些大家都知道的及时做到了，就赢得了他们的信任。

很多时候，家长们不是不希望我们老师去家访，也不是不愿意配合我们教育孩子，而是他们根本就不知道该怎样去教育孩子。只要我们给他们多介绍一些教育孩子的金点子，家长们是很欢迎我们去家访的。

在我班上，很多家长和我建立了不错的合作关系，他们都很喜欢我去家访。有些家长深夜还给我打电话："我也很想让自己的孩子出人头地，可是，我们书读得不多，孩子不听我们的，怎么办？"有些家长很着急："郑老师，孩子老去网吧，我该怎样教育他呢？"还有些家长，平时打电话交流还不过瘾，一开家长会就赖着不走，希望我给他们多传授一些教育孩子的"法宝"。

我班的学生跟我关系很好，连家长也喜欢和我交往。其实我没有什么秘诀，我所能够做的，就是真诚地把家长当作我的教育合作伙伴，并且很诚恳地给他们出一些教育孩子的"金点子"。

其实这些"金点子"很简单，也很容易操作。但是，人都是有惰性的，很多道理家长不是不明白，而是不愿意去想，或者想到了却不愿意主动去做。我仅仅是督促家长把那些大家都知道的及时做到了，就赢得了他们的信任。

一、要坚决地对孩子说"不"

很多人觉得这很容易做到，其实不然。冷静地想一想，现在有多少家长敢坚决地对孩子说"不"呢？一些家长忙于做生意，忙于自己的应酬，很少与孩子交流、玩耍。长时间处于这种状态，孩子和父母之间的隔阂越来越大，有时父母甚至会觉得很对不起孩子，心里内疚，而唯一能够让自己心安的，就是尽可能地满足孩子的愿望。这样反而使孩子在父母面前理直气壮，各种要求都提了出来。到了父母管不住孩子的时候，他们就着急了，没有办法了。因此，家长应该学会坚决地、理直气壮地对孩子说"不"！

确实，素质教育提倡尊重孩子，但这并不是说，素质教育就不要惩罚，就不能对孩子说"不"。尊重是素质教育，惩罚也是素质教育。很多老师认为，尊重学生意味着只有表扬，没有批评，于是不敢批评学生。这种观点是错误的。无批评的教育，是"伪教育"，是"缺钙"的素质教育；无批评的教育，会让孩子在面对困难、挫折的时候不堪一击，这对孩子的成长没有任何好处。

我们的教育需要公平的惩罚教育，要坚决地对孩子说"不"，特别是在面对孩子的不良行为，比如不写作业、挑食、吸烟等问题时一定要坚持到底。以后，当他们再遇到批评和挫折时就能从容面对了。对孩子说"不"的时候，家长一定不要心里感到内疚，感到对不起孩子，父母并没有欠他们什么，我们也没有义务跟随孩子一辈子。该拒绝的时候，家长就要坚决地、果断地说"不"。

二、让孩子学会自我教育

我们不能扶着孩子走一辈子，他们得为自己承担点责任。我一直认为，衡量一种教育是否成功，就看它是否为学生今后的发展提供了自我教育的方法，是否培养了学生自我教育的能力。

有个孩子在1个小时的作业时间里要站起来七八次，他妈妈问我怎么办。我对她说，你可以对孩子这样说："你1个小时站起来3次可以吗？如果不超过3次，我就准许你看动画片；但是，权利和责任是对等的，如果你超过3次，就不能看动画片。"后来，这个孩子慢慢做到了，能够控制自己了，站起来的次数也减少了。如果采取批评的方式，让孩子专心，不能三心二意，孩子不懂得怎样控制自己，效果可能并不好。

真正的教育是自我教育，真正的控制是自我控制。慢慢地，新的、好的习惯就会代替旧的、坏的习惯。培养好的习惯用加法，而去掉坏的习惯用减法，这是培养习惯的基本方法。但是，习惯的培养过程很容易变成"奴役儿童"的过程，所以，一定要同时注入尊重的教育理念和原则，才能培养出积极的好习惯。

三、不要只盯着孩子的成绩

家长们在评价孩子时，一定要用全面发展的眼光看孩子，只要是有发展，就应该给予表扬。有些人用六个字——"发展""选择""和谐"来定义成功，因此，不是分数、名次高就是成功，只要在原有基础上有所发展、有所提高，就是成功。

小丽进校后的第一次年级考试，物理只考了11分。她很自卑，家长也很着急。我对小丽的妈妈说："你去跟孩子说，你能考12分吗？只要你多考1分，就是成功，我就奖励你。"第二次月考，她考了42分，成为本学期进步最大的学生。我表扬了她，给她发了奖品；她妈妈也表扬了她，还与她拥抱。在第三次月考时，她的物理居然考了76分！

实践证明，反复成功的学生成绩会越来越好，反复失败的学生成绩会越来越差。要给孩子减轻外环境的心理压力，就要求家长们树立一个观念：不要只看分数的多少，关键是要看孩子发展了没有；只要发展了，就值得表扬和肯定。

四、学会理解孩子，给孩子"做梦"的权利和时间

孩子和我们不同，我们基本上已经没有"梦"，但孩子们正处于"做梦"的年纪。有很多家长不了解孩子为什么会"做梦"，一些孩子也弄不明白家长们为何连"做梦"的念头都没有。是我们太现实了，还是孩子长不大？不要忘记了我们自己是怎么长大的，我们只是过了"做梦"的年纪而已。孩子有的是无尽的将来，正是"做梦"的时候，不要轻易地去打击他们。

我看过一个小故事，故事内容讲的是一个父亲如何处理女儿的早恋问题。

我们国家组织了一个演出团去法国演出，一个女孩和她的父亲尾随着演出队伍，看了所有的演出。女孩喜欢上了团里的一个帅气的男孩，她给那个男孩画了一幅画，画上画了两颗心。男孩不明白，就去问团长。团长告诉他，她的意思是中法友谊。男孩相信了，对女孩很感激。后来女孩又给他画了一幅画，这次画的是一面墙，墙内是男孩，墙外是女孩在哭。团长一看这幅画就明白了，女孩是喜欢上男孩了。团长找到女孩的父亲，告诉他这件事情。谁知道女孩的父亲却说，他早就知道女儿喜欢上男孩了，不然不会尾随着这么久，看了这么多演出。他说，恋爱是美好的事情，女儿正处在"做梦"的年纪，他要让她把"梦"做完。

这个故事给我的印象很深，因为它给出了我们很难处理好的一个问题的答案。我们的孩子也会早恋，可是我们能处理得这么不动声色，这么富有人情味，这么尊重孩子吗？

我常常看到，孩子在学校早恋了，学校的第一反应就是找家长，让家长把孩子带回去教育。早恋的孩子也因此被贴上了"坏孩子"的标签。这样做的结果，就是使很多孩子渐渐地远离了我们的教育范围，甚至导致了很多悲剧的发生。如果我们的老师、家长能像这位法国的父亲一样，持一种宽容和理解的态度，让孩子把"梦"做完，悲剧也许就不会发生。

其实，所有的家长都希望自己能够教育好孩子，他们缺少的只是教育方法，而不是教育热情。我们做班主任的，专业是教育，就应该在这些方面多给家长们一些技术上的支持。

给家长一个实实在在的、用得着的金点子，比默默地为家长做十件事情，更让他们感激。

> **温馨贴士**
>
> 1. 学会"偷懒",不要任何事情都亲力亲为。
> 2. 家长对家访产生了害怕情绪,是教育的一个危险信号。
> 3. 给家长一个实实在在的、用得着的金点子,效果强过默默地给家长做十件事情。

策略34　给家长提建议要有"干货"

好的家长讲座,不在于时间长短,而在于我们给了家长什么有用的东西。家长们都很忙,给他们提的建议中有"干货",才能够让他们听您的话。

"我能加您的微信吗?您讲得太好了!"2019年6月3日晚,当我从郑中国际学校树人堂报告厅的讲台上走下来时,立马就被听课的家长们围住了。家长们纷纷说,这是最有"干货"的家庭教育专题讲座,他们从没有听过内容这样丰富的讲座。

第二天,该校的微信公众号转发了这个新闻消息之后,当天的阅读量就达到1.1万次。这让我由衷地认识到:对家长进行培训的内容,"干货"越多,越受他们欢迎。

现在,我把培训时提出的建议梳理一下,供更多的老师参考。

一、家庭教育目的越明确,教育效果越好

为了让家长们明白给孩子做生涯规划的意义,我先让家长们自由鼓掌10秒,看看是什么感觉,然后让家长分别自由鼓掌20次和在规定的10秒内鼓掌40次,最后抛出一个问题:"三次鼓掌,哪一次您鼓掌的速度最快、

状态最投入？"

家长回答是第三次。

"为什么呢？"

"因为有目的。"

"对！明确的时间、明确的任务、明确的考核目标，能够提升我们做事情的效率！换句话说，一个人做事情的目标越明确，越容易取得成功。这就是我们今天和大家聊孩子未来生涯规划的意义。"

体验式的活动和参与式的互动迅速抓住了家长们的心，在后面整整一个半小时的分享过程中，没有一个家长接打电话或中途离场。

二、生涯规划的两个时间节点很重要

为什么要选择和初中家长聊孩子的未来生涯规划呢？因为有两个时间节点很重要：青春期教育和时代变化。

1．青春期教育

在教育上三年是一个分水岭。抓好初中三年，可以成就一个孩子的美好未来。如果初中没有抓好，三年就足以毁掉一个孩子。每当我看到那些本来很优秀的孩子、完全有可能发展得更好的孩子，因为家长的不重视、因为老师的措施不当，最后变得很平庸，我就感到很痛心。"生命是一个单程，教育上所有的错误和医生的配方一样，一旦产生了严重后果，我们都没有办法重新来过。"

家长听后备受震撼。

我告诉家长：

初中是孩子身体变化最大的三年——营养跟上去，身体就强壮了；

初中是孩子思想最动荡的三年——过了初中孩子就懂事了；

初中是孩子对性最好奇的三年——家长将面临孩子"早恋"的问题；

初中是孩子最叛逆的三年——平稳度过初中阶段，后面就顺利了；

初中是孩子的知识容量暴增的三年——过好初中三年，高中就容易一些。

我用了大量生动的案例，向家长们诠释一个理念——抓好初中三年很重要，过了这村，真没有那店。家长们都很理解。

2. 时代变化

无人工厂的投产、无人驾驶的大巴车上路、柯洁被人工智能机器人"阿尔法狗"（Alpha Go）打败的案例，让家长们真切地认识到一个问题：人工智能时代正在朝我们走来，我们该如何应对？

2019年5月27日，教育部官网公开发布柯洁经面试被选拔进清华大学英语专业学习的消息，很快吸引了家长们的眼球。

"这是一个天才围棋手，世界围棋史上最年轻的五冠王，17岁就排名世界第一。他曾扬言让日本冠军'血溅五步'，放话'韩国传奇是时候落幕了'，其个性张扬的背后是两万盘棋的技术支撑。很遗憾，2018年5月21日，这个人类历史上的天才，面对人工智能机器人'阿尔法狗'，连输三盘。为此，他浑身颤抖、痛哭失声。"我声情并茂的讲述紧紧地扣住了家长们的心："柯洁痛哭失声的背后，是一个新时代的开始，另一个旧时代的结束！"

我问家长：机器人16个小时内可完成1.2万人的求职资料筛选工作，大公司的初级人事经理还有多大市场？蚂蚁金服推出的人工智能客服"小蚂答"，完成5轮问答所需时间仅为1秒，以后还需要那么多客服人员吗？存取款都可以在手机上搞定，银行业还需要那么多柜员吗？"小黄人"每小时可以分拣1.8万个5公斤以内的快递，京东已开始使用无人机送货了，当下工资较高的快递员还能干多久？机器人医生诊断的案例已超过1亿个，医生还有多久的黄金时代？我们该如何定义未来？……

我不敢说十年之后，再看这本书是什么感觉。至少在2019年6月3日这一天，这是一个非常具有前瞻意义的讲座。当未来不知不觉地已经来临时，我们教给孩子什么样的知识才能让他们将来立于不倒之地？在一切都将改变的时代，我们培养孩子哪些不变的素质，才能让他们从容地面对未来？在学习成为孩子终身需要面对的课题时，我们该培养孩子什么样的深度学习能力，才能让他们一直走在同龄人的前列？

这些问题引起了家长们的广泛关注。他们纷纷发言说这堂课太及时了。及时的家庭教育讲座，一定要抓住家长们的需求点。

三、四大素养是不可代替的

人工智能终将重新定义我们的工作、生活、消费、娱乐、爱情和价值观，也终将造就新型社会。当简单的体力活、高精度的劳动可以被人工智能取代的时候，哪些素养可使我们的孩子永不落伍呢？

在未来社会，凡是通过计算就可以做到的事情，基本上都可以交给智能机器人。但是，我们的情感、思想、价值观和创造力——尤其是对当下没有出现过的新生事物的创造，单靠人工智能是远远不够的，复合型科学家将远远走在人工智能前面。

下面这些素养是智能机器人暂时还不能够取代的：

(1) 爱以及在爱的基础上产生的价值观、世界观；

(2) 产生梦想的能力；

(3) 创新能力；

(4) 审美能力。

马云说过："我一直相信艺术、体育、美术的发展，能给孩子的人生带来更美好的视角、更高的层次、更具有理想主义的美感，更能让孩子成为与众不同的人、懂生活的人。"

我们的生涯规划，就要立足于将来的社会需要，把孩子培养成一个真正大写的人。我们要眼中有孩子，把孩子放在教育的中央，培养孩子这些永远不会落伍的素养，这对孩子的将来很重要。

四、爱是情感，更是艺术

爱是教育的基础，但是，为什么我们好心没有好报？为什么初中的孩子开始疏远那么爱他的父母呢？我告诉家长，那是因为我们没有掌握好爱的艺术和技巧。

我带动大家现场做了一个互动活动,并请两位家长上台做见证,借用游戏让家长直观地感受一下爱为什么不被孩子理解。我说:

"请大家用双手食指比一个人字给我看!"

"请大家用双手食指比一个人字给我看!!"

"请大家用双手食指比一个人字给我看!!!"

连续提醒三次之后,见证的家长依然发现,在场的多数家长依然比的是"入"字,而不是从我的角度看起来是"人"字的字。为什么会这样呢?因为我们每个人都是站在自己的角度来看问题,从我们每个人的角度来看,比的都是"人"字啊!只是我们都忘记了,从我们的角度看起来的"人"字,站在对面的角度来看却是"入"字。

爱是情感,更是艺术,好的爱不只是自己的表达,还要站在对方的角度让他体会到、觉察到。换句话说,我们不能只站在自己的角度去爱孩子,还要用孩子需要的方式、孩子喜欢的方式去爱他。所以,我们要练习和表达爱。

孩子的独立意识是从其身体离开妈妈开始的。对于青春期的孩子,我们要在拒绝和悦纳之间,巧妙地用身体语言告诉他:"我们爱你。"我讲到这里,家长们致以热烈的掌声。

五、优秀的孩子并不都是天生的

我曾经跟踪、研究了不少高考状元,并搜集了不少高考状元的家庭教育故事。我和家长分享的高考状元家庭教育所体现出来的规律性,颠覆了大家平常的猜想:

(1) 状元们的智商并不是都很突出;

(2) 状元们的成绩并不是一直都很好;

(3) 良好的学习习惯是状元们取得好成绩的保证;

(4) 状元们善于创造条件让自己成为"黑马";

(5) 没有不需要管的好孩子；

(6) 父母都给了孩子最好的启蒙；

(7) 平和心态是状元们获得成功的关键；

(8) 严和宽不是孩子成才的先决条件，运用两种方式都能够教育好孩子；

(9) 状元们都不是死读书的人；

(10) 状元们的父母都允许孩子大量阅读课外书。

优秀的孩子并不都是天生的，教育就是一场马拉松或者接力赛，需要长期不断地培养孩子。家长一定要坚持自己成熟而正确的理念，不要跟风跑。

六、优秀的孩子具备的九大特质

我为广大家长梳理出了那些高考成绩为地区状元的孩子所具备的九大特质：

(1) 三大共性：勤奋、努力、专注是共性；

(2) 善于规划：从不搞"题海战术"，休息好才能考得好；

(3) 喜欢折腾：在"调适"中找到最佳方法；

(4) 兴趣广泛：考试不只是靠书本；

(5) 心态很好：心理素质都很好；

(6) 本身爱学：把学习当成一种生活需要；

(7) 超级自信：自信使一切皆有可能；

(8) 重视基础：很少做特别难的题目；

(9) 富有爱心：责任感让孩子很自律。

我给大家讲了一个细节。一个叫冯仁宇的孩子，以703分考入清华大学工业工程系。高考之后，他爸爸带他去学校拿行李。最后离开寝室的时候，冯仁宇默默地把宿舍里的垃圾筒清理干净，还套上了一只干净的塑料袋。他说："我们走了，还会有同学来。"

"优秀的孩子,在很多地方都是优秀的,成绩好仅仅是一个侧面。"家长听了我的话热烈鼓掌。

七、良好家庭教育的九大特征

家长们都很关注那些优秀孩子的父母是怎么做的。我和大家一起分享了良好家庭教育具有的九大特征:

(1)家庭气氛大都比较宽容、民主;

(2)父母都很尊重孩子;

(3)父母敢于放手,孩子勇于独立;

(4)父母在关键时刻从精神上给予孩子巨大的支持;

(5)家庭教育的目标十分坚定;

(6)父母善于引导孩子在查找问题中进步;

(7)父母重视对孩子进行做人的教育;

(8)父母注重点燃孩子不甘平庸的愿望;

(9)父母很早就让孩子明白学习是一种责任。

我有一个习惯——喜欢针对同一个理念搜集很多案例,尤其是最近发生的案例。我在讲良好家庭教育的九大特征时介绍了不少的案例,家长们非常喜欢这种讲课风格,不停地做笔记。

八、培养孩子创造力的七个要点

创造力是为孩子进行未来规划的关键,那么怎么培养孩子的创造力呢?我给家长们提出了七个贴心建议:

(1)一定要让孩子有自己的兴趣和爱好。兴趣和爱好不仅能够陶冶孩子的心灵,让他有生活趣味、产生幸福感,更多的时候能够激发孩子创造的才华和灵感。

(2)要允许孩子胡思乱想。只要不违反法律和道德,就要允许和尊重孩子的胡思乱想,哪怕他的那些想法让你不能理解和接受。

（3）保护孩子的好奇心。好奇心是学习探究的动力之源，也是创新之源。

（4）给孩子说话的权利。话语权是孩子融入世界的一个窗口，也是孩子可以支配自己的表现。一般来说，如果家长尊重孩子的话语权，那么孩子就比较自信。

（5）真心地把孩子的梦想当回事。不要嘲讽孩子的梦想，哪怕这个梦想不着调，它也是孩子对生活的美好渴望，是孩子不要我们操心的最好动力。我们要懂得欣赏和鼓励。

（6）不要轻易地否定孩子。不要问为什么，也不要轻易地质疑，那是对孩子最大的不信任。

（7）切忌急于求成。理想是孩子不断用自己想象中的形象融入社会生活的过程，我们要允许孩子不稳定，因为这叫调整。我们要懂得等待和尊重，早熟的孩子在初中就有了明确的目标，但是有些孩子在大学毕业之后才有理想。我们要允许孩子探索自己的人生道路。

九、孩子进行生涯规划的五个基本原则

怎样引导孩子科学地做好生涯规划呢？我根据历年来对学生发展的研究，提出了五个基本原则：

（1）兴趣第一（把兴趣和工作联系起来，这是规划的前提）；

（2）特长优先（正确认识自我、产生生涯觉察力是规划的基础）；

（3）同龄比较（优势发展、能力优先是生涯规划可能的捷径）；

（4）学科资源（学校的优势学科是成才的条件，也是规划的影响因素）；

（5）就业前景（这是孩子未来发展可能达到的最大的规划空间）。

说句实在话，我就是一个被家长误导的孩子。我本来擅长学习文科，但是我父亲一定要我学理科，而且要求我在填报高考志愿时，第一志愿必须是数学。因为在他那个年代看来，"学好数理化，走遍天下都不怕"。

但是，他忘记了，每个孩子的路都是要自己走的。所以，尽管我在大学里学的是数学专业，但是我现在一直从事着语文教学。父母一定不要强迫孩子按照自己的意图去生活，那样会让孩子走弯路的。我的现身说法，引起了家长的强烈认同。

十、与叛逆的孩子交流一定要有基本的程序

青春期的叛逆是很多家长关注的焦点。我分享了一个观点——情绪稳定是生涯规划考虑的重要内容，我们要学会和青春期的孩子交往。

（1）教会孩子正确地认识自己的情绪。很多时候，不是孩子不听话，而是我们不知道怎样听话；我们要让孩子从思想认识上明白什么叫自律，懂得自律的内涵。

我告诉家长，郑中国际学校的心理辅导活动做得好，心理拓展、紫色手环活动、21天锤炼一个好习惯等，都能够让孩子很快地认识和掌控自己的情绪。我将案例和图片一一展示出来，家长非常信服。

（2）父母在家里要和孩子密切配合。叛逆是孩子在和成年人争夺对生命的控制权，我们要理解。怎么避免孩子和家长产生冲突呢？我结合自己孩子的教育，给家长提了五个建议。

①一定要在道理上让孩子信服；

②要理解并引导孩子的内心需求；

③无论怎么对立，家长都要表达对孩子的爱；

④要尊重孩子的权利需要；

⑤惩戒孩子时要有理由和程序。

我与家长分享了与叛逆孩子交流的基本程序：陈述事实——换位思考——表达感受——争取认同——记账式惩罚。什么是记账式惩罚呢？那就是，对于孩子难以接受的惩罚，或者会伤害孩子的惩罚，我们可以约定：暂时先记账，如果之后一段时间内孩子不再犯这种错误，则取消惩罚；如果再犯，则新账旧账一起算。这种惩罚措施，既给了孩子希望，又给了孩子

压力，从我教育孩子的结果来看确实很有效。

这个程序的操作性很强，家长很喜欢。

十一、一定要回避九个误区

最后，我告诫家长，一定不要陷入下面的一些误区：

（1）只看分数，不看品质；

（2）只许成功，不许失败；

（3）只关注结果，不关注平时；

（4）重视身体健康，而忽视心理健康；

（5）只跟潮流，不看孩子的特长；

（6）只看工资，不看未来发展的可能趋势；

（7）只重视方法，不重视学习态度；

（8）在孩子填报志愿时，强硬地为孩子做主；

（9）考前唯命是从，考后秋后算账。

这九个误区，是我和李云撰写的《成才有道——高考状元家教启示录》（2007年出版）一书里的内容，我加以整理更新，现在依然很有说服力。

好的家长讲座，不在于时间长短，而在于我们给了家长什么有用的东西。家长们都很忙，给他们提的建议中有"干货"，才能够让他们听您的话。

温馨贴士

1. 不要等孩子出了问题时，才想起要抓家庭教育。

2. 好的家庭教育是渗透型的，家长对孩子的教育是潜移默化的。

3. 天下没有不变的孩子，只有不会改变的家长；只要家庭教育观念变了，孩子就会改变。

策略35 孩子戒网瘾要从父母抓起

教育有个过程，一次不行，来第二次；第二次不行，来第三次……爱也是个过程，要一步一步地走，耐心最重要，坚持就是胜利。

有一天早上8点刚过，一名高三学生的家长就跑到我办公室里来了，说要感谢我，是我挽救了他的儿子，也挽救了他们一家，现在他的儿子陈峰已经有两个多月没有去网吧了。

我很高兴能够帮助深陷网络的学生戒除网瘾，重新开始。陈峰的班主任曹正之老师也很高兴，说我帮助他解决了一个难题。

其实，帮助陈峰戒除网瘾，纯属我多管闲事。

国庆节前几天，有一次我到曹正之老师那里去找资料，碰见一个家长痛哭流涕地对曹老师说："孩子改不了，我活着还有什么意思呢？"我很奇怪，这个家长怎么会如此说话呢？听了很久，我才了解到他是陈峰的父亲，陈峰迷上了上网，整天泡在网吧里。曹老师对陈峰教育了多次，可是他就是管不住自己，这不，都高三了，火烧眉毛了，陈峰又跑到网吧里泡了三天。

我对陈峰的父亲说："教育不好孩子，是自己的责任，寻死觅活有什么用呢？"曹老师趁机说："大家都说你脑子活，你有什么好办法，帮帮我吧。"我平时就爱多管闲事，"那就死马当活马医吧"，就这样，我接下了这活儿。

我和陈峰的父亲谈了很久，发现陈峰原来还是一个品学兼优的好孩子。可惜我们平时在教育教学活动中，常常把挑剔的眼光放在那些"坏"孩子身上，对好孩子的坏毛病却忽略了。以前，陈峰很自立，也很聪明，还是一个非常讲礼貌的好孩子。但从初中一年级开始步入网络后，一步步地陷了进去。刚开始他父亲劝过他，可是陈峰就是听不进去。于是老陈就想到了一个蛮办法——断网线！

有一次，孩子上学走了之后，老陈就给他断了网线。陈峰回来之后威胁他父亲："你再断网线，我就不去上学了。"为了让孩子去学校，老陈也只好睁只眼闭只眼。但是没有想到，过了一段时间，班主任老师对老陈说："陈峰最近经常逃学，整天泡在网吧里。你孩子是班里最散漫的学生，我要是能把他管好，就能把班里所有孩子都管好。"这时，老陈才意识到了问题的严重性。

我叹了口气，家长教育孩子时，对孩子妥协往往是导致孩子更肆无忌惮的一个重要原因。

为了管住孩子，老陈和爱人也骂过、打过孩子，甚至很长时间不给孩子钱，希望借此断掉孩子去网吧的念头。他们的种种高压政策，目的就只有一个——想把孩子控制住。可是这种高压手段，却只会让孩子的反抗越来越升级，这种情景不断重演——父母数落，陈峰不听；父母开始骂，陈峰就很厌烦；父母打他，陈峰就离家出走。好不容易熬到了高三，眼看明年就要高考了，陈峰又神龙见首不见尾了。他父亲伤透了心，所以才说出不想活了的话。

听陈峰的父亲说完，我问老陈："您说您不想活了，这样能解决问题吗？老陈啊！放开孩子不谈，您也应该有自己的生活呀，难道您生活的全部意义都在这一个孩子身上吗？如果说这也是爱，那么这种爱也未免太小了吧。爱生活既包括爱家人的生活，也包括爱自己的生活。就算孩子不回头，您也应该好好地活着。您还有父母、妻子和其他亲人，怎么能这么想不开呢？我看您对陈峰的教育是失败的。"

我的这席话惊醒了梦中人，老陈也意识到了自己的问题，寻死觅活是解决不了问题的。我也指出来，每个失败的孩子背后，通常都有一个教育失败的家长。很多家长等到孩子出了问题时才想到家庭教育。其实要戒除网瘾，和治病一样，重在预防。注意苗头最重要，从一开始就要随时关注孩子，细致地观察，及时加以制止，那时候是最好治愈的。陷入网瘾的孩子，大部分都是这样,小时候还管得住,长大了、升级了就管不住了。而一般的父母也是这样,孩子要中考了、要高考了,才开始重视孩子的网瘾问题,这时候孩子已经陷得很深了。

"很多父母知道孩子上网成瘾后,就打骂孩子。打骂是一种恨,对孩子有这种怨恨情绪,亲情就淡化了,那么你们的关系也就危险了。这样又怎么教育转化陈峰呢?"我一针见血地指出了这个问题的症结所在,老陈心服口服。

曹老师说:"你讲得很有道理,就给我们开个方子吧。"我想了想,说:"陈峰不在这里,我们就只从家长的角度来说说。其实,这个问题的关键,还是要我们家长改变态度。以后陈峰回来了,我再找他好好谈谈吧。"

那么,孩子上网成瘾,家长该怎么办呢?

第一,家长要改变教育方式,赢得孩子的信任和尊敬。网瘾有害,这样的道理很多家长也会讲,为什么孩子们听不进去呢?因为多数父母讲得比较空洞,而且是居高临下的,不是平等的,孩子从心理上排斥。他们的谈话给孩子的只有一种感觉——父母是在管教自己,这很容易引起孩子的反感,他们更拒绝和父母交流了。因此,作为家长,教育的第一个任务是要孩子开口叫他们,然后在这个基础上才好和孩子讲话。家长要选准时机,找准角度,注意自己的语气、语速、肢体语言以及自然情感,由此展示家长的亲和力,让孩子愿意配合家长。如果孩子不配合,后面所有的教育就都成了空话,是没有用的。

第二,家长要注重言传身教,孩子的毛病往往是父母问题的影子,家长要先从自己身上铲除这些问题。现在老陈动辄开口说不想活了,这本身是一种怨恨的心态,我们怨恨孩子,孩子不怨恨我们才怪呢!因此,做家长要有阳光心态。阳光心态,就是一个人要有大爱胸怀、爱生活、爱家人、爱自己,无怨无恨。人类有两种情绪:一种是健康情绪;另一种是不健康情绪。怨恨就是一种不健康情绪,而且很容易在亲人之间传播。我们对孩子怨恨越深,孩子也就越反叛,越仇视我们。所以,为了教育好孩子,我们先要做好自己。

第三，要严格控制孩子的物质欲望，多和孩子进行精神、情感上的交流。不少孩子在学习问题上，爱跟父母讲条件，家长往往害怕孩子不学习，而屈从孩子的条件，这是一个严重的错误。如果从小就屈从孩子的条件，等孩子慢慢长大了，后果将不堪设想。有一位家长说得好："原则上的事寸步不让，在小事上可以宽容理解。"

第四，要有耐心。不少家长经常说恨铁不成钢，可钢是恨出来的吗？不，钢是炼出来的。必须百炼才能够成钢，教育孩子时家长一定要有耐心。教育有个过程，一次不行，来第二次；第二次不行，来第三次……爱也是个过程，要一步一步地走，耐心最重要，坚持就是胜利。不到黄河不死心，可是有很多家长往往还没有到黄河，就死心了。

第五，要和孩子真心地交朋友，以朋友的身份去做孩子的思想工作。很多家长和孩子做不了朋友，他们和孩子之间有隔阂。有些家长口头上说愿意和孩子做朋友，可是骨子里他还是认为自己是孩子的父母、长辈，这样怎么能和孩子谈得拢呢？我们要真心地和孩子做朋友，不要恩赐般地去做孩子的朋友，而是要通过自己的言行，让孩子感到你就是他的朋友，这样才能够真正地走进孩子的心灵，被孩子接纳。

后来陈峰回来之后，我也找他谈了几次。由于我不是他的班主任，所以我们的谈话很轻松。我把他父亲的心理煎熬告诉他，他感到很内疚，默默地在流泪。通过我们的谈话我了解到，陈峰并不是不可救药，其实他内心也充满了矛盾，可就是控制不住自己。

我告诉他，一个人控制不了自己的欲望，是做不成大事情的。我很愿意做他的朋友，倾听他的心声，陪他走好高三最后的这段路。

后来我们又谈了几次。陈峰说，他对我的谈话印象最深的是，关于怎样才算真正聪明的人。第一，聪明人会认识到自己的错误；第二，聪明人会改正自己的错误；第三，聪明人不会犯同样的错误，当然，也包括不会重复别人的错误。

佛渡有缘之人，没有想到，我一步步地引导，居然使陈峰走出了网吧，现在他已经两个月没有去过了，真让我高兴。

网瘾真的不全是孩子的错，如果你的学生染上了网瘾，你不妨给学生家长开出下面九个戒除网瘾的处方，相信你的学生也很快能从网络里走出来。

（1）把孩子当朋友，心平气和地跟他进行友好交流。

（2）不要急于逼孩子开口承认错误，等孩子愿意和父母说话了，再慢慢引导，要随时注意观察他的动作和语言。

（3）家长不要说孩子已经犯什么样的错误了，要努力创造条件让孩子自己发现问题。

（4）不要总控诉孩子的缺点，不要把孩子当敌人。

（5）要相信孩子是可以改变的。

（6）要想孩子理解家长，请家长先去理解孩子。

（7）原则上的事寸步不让，在小事上可以宽容理解。

（8）父母与子女的感情不能够物质化、金钱化。

（9）孩子最缺乏的是做人的教育，上网成瘾其实和网络无关，即使没有网络，也可能会有其他的东西让孩子着迷。

温馨贴士

1. 告诉家长不要轻易地对孩子妥协的重要性。
2. 引导家长注重言传身教，孩子的毛病往往是父母问题的影子。
3. 上网成瘾其实和网络无关，要注意适时对学生进行做人的教育。

策略36　做家长的思想工作要把利害关系说透

当孩子无论怎么努力，最后都无法跟上同伴的时候，他内心的绝望和无助，会持续影响他的一生。

总有很多老师被喜欢择校择班的家长弄得烦不胜烦，这样的家长稍有不满意，就会四处告状。如果教育教学受到家长太多的干扰，那么教师很多美好的想法就没法实施。如何让家长改变这种想法，理解和支持我们的工作呢？

我的感悟是——敞开怀抱，把话说透，把家长顾虑的问题解决了，最终他们就会理解和支持我们的工作。他们即使并不真的懂那些工作，也会支持我们。这是我在郑州市创新实验学校推行选课走班制度过程中的体会。

郑州市创新实验学校的学生家庭主要是拆迁户，而拆迁户家长的工作并不容易做。由于历史的原因，不少家长喜欢告状。但是，面对原来实施起来压力很大的选课走班活动，家长们不仅没有反对，反倒很期待。这是为什么呢？因为我们把话说透了，家长们看得明白了，懂得选课走班真的是为他们的孩子好，他们受益了，就自然支持了。

下面我就把我们的做法详细地介绍给大家，希望对大家有参考和借鉴价值。

选择最适合自己的学习

亲爱的同学们、尊敬的家长们，当这本选课说明书送到您的手中时，大家期待已久的选课走班活动马上就要开始了。在正式选课之前，我有几句话要和大家说。无论您多忙，都请您抽空看一下这几句话。

1. 选课走班，最重要的是选什么

这是我们当下最核心的问题，也是和大家的切身利益密切相关的问题。对这个问题做出正确的回答，至少会影响您一年、两年、三年，甚至会影响您的一辈子。

在选择班级上，很多同学和家长曾有这样一些不太正确的想法：我们成绩不好没有关系，选择一个好班、一个好老师就行了。似乎选了一个好班、一个好老师，就能够确保我们将来一帆风顺。

我不否认好班的风气、习惯会好一些，可是那些风气、习惯是我们每一个人形成的啊！自己做不好，好班、好风气、好习惯又能帮到我们什么呢？学习是我们自己的事情，外力仅仅是一个资助资源。

作为过来人，我见过不少因为自己的实力不够而使劲挤进好班，最后痛苦地挥泪离开的孩子，也看过一些孩子因为永远无法赶上优秀的同伴而自杀的新闻。每次看到这样的报道，我都感到很痛心。家长们对孩子的学习动力太不了解了。在学习上，比好班、好老师更重要的是一个人的自信心和能力。当孩子无论怎么努力，最后都无法跟上同伴的时候，他内心的绝望和无助，会持续影响他的一生。——这也就是心理学上所说的"习得性无助"。

但是，当我们做什么事情都有把握，学什么都好、越学越上进的时候，我们所获得的自信、勇气和能力，也将有助于我们的一生。这也是一些孩子之所以能一年一个变化、一年一个台阶，最后由"丑小鸭"变成"天鹅"的原因。

因此，我反对盲目选班，尤其是反对自己不努力，认为选择一个好班就有一切的幼稚想法。那是不现实的。

我期待每一个孩子都有最好的发展。在正式选课之前，请大家仔细阅读这本选课走班说明书。我郑重地提醒大家一句很现实的话——选课走班，最重要的不是攀比、跟风，不是为了眼前所谓的面子而去选择那些看起来最难、最光鲜的课程，那样做不现实，也不科学。哪怕是学情诊断书上显示所有测试成绩都是 A 等的学生，我也郑重地提醒您一句：选课走班，重要的不是选难的课程，而是选择最适合自己的课程。

与您的经验、感悟、感受和能力最相匹配的课程，就是对您最适合的课程。所以，选课走班的第一要务，不是看课程多漂亮、多高深，而是看什么课程最适合您。

我们的课程设置了两种类型。

一种是分类学习课程，即按照国家课程标准，根据同学们发展需求的不同，同一个学科分为普选必修课程和个别发展课程两种形式。分类课程主要涉及语文、政治、历史、地理（初中）等文科性学习内容和科学信息技术应用，在说明书上都有详细的解读。如果您只想应对将来的中招考试，或者确保自己的毕业水平测试优秀，精力和能力都有限，您只选普选必修课就行了。但是，如果您的精力还行，还有富余的学习力，您想获得更宽阔的视野，想学习更富有挑战性的课程，那么您可以选择个别发展课程。

另一种是分层学习课程，即根据同学们的基础、能力、习惯、思维、需求等因素的不同，把国家标准课程内容设置为基础加强等级课程、能力提升等级课程和自学发展等级课程这三个层级，不同层级的课程对学生的要求是不同的。目前分层学习课程主要涉及数学和英语。为什么把英语也放在分层学习课程里呢？因为有些小学的英语课程开设情况不同，个别家长对孩子学习英语的投入不同，导致小学毕业生的英语发展水平已经有很大的差异。如果英语不分层教学，那么基础薄弱的学生就会感到英语学习很吃力。

郑州市中考和高考质量分析数据表明：物理在初中和高中的分化现象非常严重，很多学生逃避学理科，就是因为物理学不会；这和国家的教育发展方向是很不相适应的。为了让每一个学生在同一门学科上都取得较好的发展，进入初二、初三之后，对于物理、化学和生物等理科课程，学校也将根据学生不同的思维方式、接受新知识难易程度的差别，将它们设置成分层学习课程，进行分层教学。

不同的层级之间，会有比较明显的难易区别。选课走班，最重要的是选什么？我告诉大家，不要盲目攀比，不要不切实际，最关键的是选择最适合自己的课程去学习。

2. 用什么标准去选课程

对于不同类型的课程，选课的标准是不一样的。

分类课程选择的标准是：普选必修课是每个学生必须选的，不能够不学；对于其他个性化、个别化的课程，每个同学可根据自己的未来人生规划、兴趣爱好、发展方向，在家长和指导老师的指导下选择，不做统一要求。

需要重点说明的是：分层课程该怎么选？这是学习难易程度明显有差异的课程，我建议广大同学和家长按照一个标准去选择——"现阶段看起来有一点点难，但是如果我努力学习（努力学习指我现在已经有的、已做出的具体行动，而不是指我将来会努力学习的愿望），经过一段时间之后，我能够在这个课程的学习中获得最好的成绩——按照这个标准去选。最好的成绩是什么？就是在这个课程层级内，我连续三次考试或者每次接受学情诊断，都能获得 A 等或 A 等之上。"

这句话有三个意思：

（1）现阶段学起来基本上能懂、能准确地学会；哪怕没有老师，我依靠自学也能够学会（这一点很重要，我们在每个阶段都会要求学生对本阶段的课程能够通过自学掌握基本内容，解决主要问题。如果回答是"不"，则说明您选择的课程难易程度有些高）。

（2）理解基本概念、解决基本问题没有困难，但是本层级的考试题目一改变，就觉得有些难；或者说，若不是十分努力，稍不注意成绩就会下降，感觉有些难度。这也就是我们常说的，不是伸手就能够够得着，而是必须使劲跳才能够摘到果子的标准。这个使劲跳，就是我们能够实现的努力。我们通过自己能够实现的努力，恰好把课程难度突破，这个标准就是好的。

（3）衡量自己是否懂，一个直观的指标就是本层级内的历次测试，基本上每次成绩都能够达到 A 等或者更好。本层级内的学情诊断，一般我们每个月都会进行一两次。第一次选课正式确定之后，为确保大家精准地知道自己的学习发展情况，我们会安排一个月的体验期。在体验期内，如果大家的学情诊断达不到相应的标准,说明自己选课有些超越自己的能力,应该降低课程层级。如果每次都会取得相应的理想成绩,祝贺您,您的选择是最恰当的。

有的同学和家长会问:我怎么知道自己的选择是对的,尤其是第一次选课时?

人生最宝贵的是时间,走回头路是最不合算的;第一次一定要选准。我可以明确地告诉大家,开学初的连续三次学情诊断书是目前您选课的最佳参考依据。在这三次学情诊断中,我们将各个阶段应该掌握的知识、能力,分布在难易程度不同的试卷里进行测试。您的测试结果,就是您现在选课的依据。

您别说自己粗心、没有认真,如果再来一次您会怎样……这不是借口和理由,粗心不是别的品质,恰好是你的阅读习惯不好、对公式和定理的理解模糊、对概念不够熟悉的表现。对于一个您熟悉的,而现在并不在您眼前的人,凭借其声音您就能知道他是谁。当我们对知识点熟悉到这种认识人的水平时,粗心就不是没考好的理由。

开学初的三个测试已经很能够说明问题了。我们花了一个月,才把大家的每个地方都分析清楚,那是我们对学生学习"病情"做出的诊断书。第一次选课,请严格参考诊断书的指导去选课。而且,以后历次选课,都请坚持这样的原则——在前一次的学情诊断基础上选课,这就是大家应该理解的、坚持的、理性的标准。

对于这个标准,如果大家还不能很好地理解,我们可以尝试用分数来说明(声明一下:分数是参考依据,但并不是说学校只看分数)。每次考试,分数在80分以上的为A等,50—79分的为B等,50分以下(不含50分)的为C等。在不同层级的学生选择分层课程的时候,分数是一个重要的、定量的参考标准。

和定量参考标准配套的,还有一些行为、习惯、思维、能力方面的参考标准。如,基础加强等级课程的解读中说明,本课程"适合基础薄弱、计算能力相对较差、理解能力相对较低、运算速度过慢、基本概念理解不完善、数学学习习惯不好的学生"。这些具体的描述就属于定性诊断内容,大家一定要理解清楚。

和买东西一样,不选贵的,只选对的。我希望广大同学和家长一定要保持理性的认识。如果我们好高骛远或者虚荣地攀比,选择的是与自己的基础和能力不相适应的高层级课程,那么换来的将是毁灭我们的自信心的、无法完成学习任务的沉重打击。

3. 选课最终要达到什么目的

有的同学和家长会问:如果我们现在选取的是基础加强等级课程,也就是分层课程中的最低课程,是不是今后我们就只能选这个层级的课程?

同样,选取高层级课程的同学和家长也会担心:如果这个层级的课程不适合我们,是不是我们以后就只能够一直降低期待,选择低一个层级的课程?

这两个问题,本质上都涉及一个问题:我们选课最终要达到的目的是什么?同学和家长关心的是课程,关心的是选课之后会被分到哪些教室、哪些班级里去。而我们老师关心的是学生怎么实现自己最好的发展。

请记住,课程选择不是为了让大家分班、分层,其最终目的是让每一个孩子都得到最好的发展,是找到最适合每一个孩子的学习方式。课程只是实现我们目标的一座桥梁、一个媒介、一个载体。每一个孩子通过选取最适合自己提升成绩、提高能力的课程,最终到达自己想要的发展层级,这就是我们的目标。换句话说,如果通过选课学生都发展到了最好的层级,全校学生都选自学发展等级课程,每个孩子都有最好的发展,这是我们老师最希望看到的结果。

让人吃饱肚子的绝对不是最后一个馒头,要使大家都发展到最好境界,绝对需要一步一个台阶的发展,绝对要从低层级课程不断超越,最后攀登到最高等级课程。这是规律,也是我们锤炼信心的过程。我们的目标是每个人都得到最好的发展,但现实是我们必须一步一步地循序渐进,我们必须在掌握基础加强等级课程的内容之后，才能有条件和能力抵达高一级课程。

为了让大家真实地感受到自己的进步，我们建立了从基础加强等级课程到自学发展等级课程的晋级机制。只要我们在同一个层级课程内，连续三次学情诊断都达到了 A 等，那么在下一个学期选课时，导师就会帮助您、鼓励您挑战自己，选取高一个层级的课程。只有一步一个台阶地走，我们才能有足够的信心、勇气和能力去选取更高的课程。

也有家长问：这些学情诊断依据的是不是同一套或同一个难度的测试题？当然不是。如果针对不同层级的课程用同一套或同一个难度的测试题来测试，那么那些实际水平达不到 A 等的同学，就很难有机会拿到 A 等了。我们每次进行的学情诊断测试，都是基于本层级内可以接受的难度的测试，目的是测试学生对当下课程掌握的程度。如果对该层级的课程内容掌握得好，每个孩子就都能拿到相应的 A 等成绩。

不同层级的课程之间是有密切衔接的。举例来说，数学的基础加强等级课程，如果学生在每次学情诊断中都能够拿 A 等，实际上就具备挑战自己、努力一点点就能够学习提升等级课程的能力了。当您连续三次以上在本层级课程的学习中取得 A 等成绩之后，导师就会主动联系您，帮助您挑战高层级课程，并且会一直支持您适应高层级课程的学习。这就为我们每个人的发展，在分层课程中提供了一条从低层级课程向高层级课程发展的道路和途径。重要的是，您要真的努力，而且要付出足够努力的行动。

每个孩子的思维、习惯、基础、家庭成长背景不同，每个孩子的心理、生理发育水平不同，同一个孩子的感性思维和理性思维发展不同步，都会造成不同孩子之间的学习成绩差异，以及同一个孩子在不同学科之间的学习成绩差异，这是现实。我们采取选课走班制所要做的，就是承认差异、利用差异，最后缩小孩子之间的差异、尽量消除孩子在不同学科学习上的差异，让每个孩子都得到最好的发展。——这就是我们的选课目标。

专业的事情交给专业的人去做，我们期待的是每一个同学理性地认识自己的实际情况,愉悦地接受导师的建议,科学地选取自己的课程,理解并接受学校宏观和微观的协调,每个同学最后都选取最适合自己的课程来学习,都获得最好的发展结果。

4. 选课和选班有什么区别

必须承认,在现阶段我们的行政管理班级和选课班级会并存。行政管理班级是为了学校统一管理的需要而设置的,它将在一定时期内长期存在,并发挥它们的最大作用。如大课间、就餐、就寝、各种兴趣课程和比赛活动,以及家长活动、家校沟通、班级文化建设等,我们都会按行政管理班级来组织。每个行政管理班级都配备班主任、副班主任和导师。

但是,对于教学管理、授课,我们会采用选课走班的管理方式去操作,凡涉及课堂授课、考试、学生分组讨论、布置作业等,我们都会用选课班级去管理。

选课和选班最大的区别就是,以前很多家长和孩子以为,选取一个好班就万事大吉了,现在则要把重点放在选课上。如果课程选择不当,哪怕您在一个看起来很好的行政管理班级里,也不会有大的发展。如果课程选择得当,哪怕您在一个看起来不理想的行政管理班级里,今后您都能够得到最好的发展。

我们今后的重点是形成以学习为中心的选课管理机制。所以,当下最要紧的是,根据您的学情诊断选择最适合您的课程,而不是把目光放在×××做班主任、×××在哪一个班级上。

此外,和大家密切相关的是我们给每个孩子配备的导师。每个孩子都会有自己的一个导师团队,每个导师带的学生最多不超过15人,从而实现最密集的教育和管理。

在选课走班的选择阶段,导师就和大家开始密切接触了。家长若有什么问题,请尽可能多地联系孩子的导师。

5. 如果课程选择不当该怎么办

寻找最适合我们的学习方式,这是我们的目标。但是,我们并不能做到每次选择都非常精准。万一我们选择错了,该怎么办呢?

学校为大家的调整提供了一个月的体验期。如果您选择的课程难度太低,每次学情诊断测试您几乎都是满分,都在 A 等以上,那么一个月之后导师会动员您学习难度高的课程。如果您在选择的课程层级内,每次学情诊断都是 B 等甚至 B 等以下,感觉到课听不懂、作业不会做,那么一个月之后您可以申请调整课程。当然,为了确保全校教学质量的提升,导师们也会主动联系家长和孩子,一起商量课程的调整。到时候,请家长理性地对待。我们这样做不是歧视您的孩子,而是帮助您的孩子找到最适合他的课程,请理性地接受我们的建议。

不要担心第一次选择是否精准。不管是这次还是以后,我们都会给同学和家长调整选课的机会。请大家不要担心。

请愉快地开启您的选课之旅吧,我们在有鲜花和掌声的地方等您!

> **温馨贴士**
>
> 1. 不要因为担心家长不理解、不支持,有些话就藏着、掖着。该说的话越藏着、掖着,越容易出问题。诚恳,是家校沟通的基础。
> 2. 如果有些道理您理解得不透彻、说不清楚,请尽量多参考一些资料,利用思维导图,把您的思维训练得严密一些。

第五章

呵护每一颗受伤的心灵
——做好单亲家长工作的策略

- 学会感恩吧！学会感恩的最大好处，不在于我们谅解了别人，而在于拯救了我们自己——它让我们从自怨自艾、处处不满的怨恨情绪中走出来，以平和的心态迎接新的人生。
- 家长要有一种阳光的心态，无论父母自身关系如何，都要无私地爱孩子。家是人的心灵停泊的港湾。天下这么大，孩子却只有一个家，即使这个家是不完整的，也总归是家。
- 据媒体报道，每年的高考状元都有不少来自单亲家庭。在很多教子经验交流会上，我也常常听到有些母亲提到"如何巧妙地让孩子接受父母离婚的事实"，办法多种多样。可是，无论采取何种巧妙有效的办法，孩子也避免不了会受到伤害。孩子不动声色地接受，只是因为他们没有办法改变。如果父母婚姻稳定，是不是那些成功的孩子会更成功呢？
- 对所有遭遇不幸的人，我都会在内心里对他们的遭遇深表同情，但是，我从不在语言和表情上表现出来。我只是在生活中、学习上默默地关心着他们，甚至还故意把我的关心悄悄地隐藏起来。即使有什么要帮助他们的，我也要找一个最好的理由，不会让他们感觉到自己和别人有什么不同。

策略37　别让爱成为单亲学生心头的负担

　　过多异样的爱会不会加重单亲学生的心理负担，使他更加有意识地将自己与其他学生区分开，形成一条难以逾越的心灵鸿沟呢？

　　近年来，由于独身、离异、丧偶等多种原因，单亲家庭逐渐增多，单亲学生已经成为校园里一个不可忽视的特殊群体。一些老师总是想当然地认为，这些学生的家庭是不健全的，他们应该是缺爱的，于是就想当然地给学生补爱。他们总以为，只要有了爱，学生就什么都好了。

　　下面就是一个典型的案例：

　　上午，谢春宣老师在小学部借班上实验课，我们去听课。课上得很成功，下课临走的时候，谢老师送孩子们每人一个纸头饰。送到最后，发现多了一个。

　　"老师，把这个送给唐非吧。"

　　"他没拿到吗？"

　　"不是的，他爸爸妈妈离婚了，我们应该多关心他！"

　　"班主任说，凡是好的东西都要先给他……"

　　孩子们七嘴八舌地说着。一个男孩局促不安地站在那里，旁边很多孩子指着他说："老师，他就是唐非！"

　　谢老师愣了愣，走到那个小男孩面前，俯下身子问："你和他们一样，不用多给一个头饰的，是吗？小非？"

　　男孩点着头，脸涨得通红。谢老师和我们一起走出教室。无疑，谢老师的处理是最恰当的：一个小头饰，多一个有什么用呢？更何况，谢老师说得好：他和别的孩子是一样的，不用多给。

看到这个案例，我的心情很沉重。其他学生之所以这样要求借班上课的老师，是因为他们在生活中已经习惯于这么照顾离异家庭的孩子了。而那个小男孩之所以"愿意"接受别人的多余关爱，也是因为老师要求他这么做。而实际上，那些爱他并不需要，他需要的是家庭里的爱，一个缺席成员的爱。

我遇到过许多单亲家庭的学生，由于长期生活在一个不良的家庭环境中，家庭的"内战"在他们心里留下了浓重的阴影。这些学生有的忧郁寡言，胆小怕事，自卑心理特别严重，不愿意和同学交往，整日生活在一个孤独的城堡里；有的散漫随意，家庭的破灭使他们对人生失去了信念，毫无学习兴趣，组织纪律观念淡漠，经常迟到、旷课、说谎话；有的对任何事物都抱怀疑态度，对老师的表扬和批评都没有感觉，没有集体荣誉感，学习无上进心；有的情绪特别不稳定，喜怒无常，为一点小事就和同学大打出手，学习凭兴趣，成绩时好时坏；还有的过早老成，虽然学习很努力，但他的学习过多地背上了单亲父母的个人愿望——即使离异，也要把孩子教育成人，这种过分的强调，使孩子幼小的心灵背上了沉重的家庭包袱，表面上说话、办事一副老成持重的样子，实际上承受力很差。

于是，一些班主任从个人的良好愿望出发，用中医食疗的方法来关怀学生——头疼就吃猪脑壳，缺钙就吃猪骨头——学生缺什么，就给他补什么；学生缺爱，就胡乱地给他补爱。

可是教育不同于治病，这种毫无目的的爱，学生不一定需要。前几年我曾看过一则新闻，一个大学毕业生发现深圳那边离异的家庭很多，很多孩子没有父亲，于是他就干起了"出租爸爸"的"事业"。谁出钱，他就临时给谁的单亲家庭做那缺席的爸爸。这则新闻让人辛酸的同时，也让我备感沉重。可是这件事后来没了下文，我也没有看到这个"事业"在全国各地的蓬勃发展，可见这种虚假的补给，孩子们并不需要。

唐非的班主任对学生们说，凡是好的东西都要先给他。我理解他的良苦用心，他希望学生能在父母离异后获得更多的来自同学、老师的关爱。

可是，这过多异样的爱会不会加重单亲学生的心理负担，使他更加有意识地将自己与其他学生区分开，形成一条难以逾越的心灵鸿沟呢？

农作物的生长需要肥料，可是，如果我们把过多的肥料施在一株幼小的秧苗上，结果不但不能让秧苗茁壮成长，反而会因为肥料浓度太高，使秧苗脱水而死，这就是过犹不及的道理。对于单亲孩子，他们需要的是和其他孩子一样享受人们同等的目光和关怀，不需要过分地被另眼相待。否则，原本人格健全的他们，极有可能在背负无形的心理压力后无法与其他孩子正常交往，更有甚者，其中的个别孩子由此找到自己不上进的理由，自甘堕落。

如果说单亲家庭的学生就像海面上行驶的一叶孤舟，那么，我们做班主任的就是领航员。我们该怎样做，才能够使他们避过惊涛骇浪，渡过暗礁岩石，安全抵达平静的港湾呢？下面的几个做法，也许值得借鉴。

一、用友情丰富单亲学生的情感体验

父母的爱，作为班主任我们再怎么努力，也不能给予学生，这一点我们应该勇敢地承认。但是，家庭生活中的爱不是人生的全部，我们应该让学生明白这个道理，作为社会人，我们不仅生活在家庭中，还生活在社会中。我们可以营造一个充满友爱的集体生活环境，用集体的温暖让那些单亲家庭里的学生感到生活充满幸福，感到自己不幸之中又特别幸运。比如，单亲学生过生日时，班主任老师可以组织全班同学给他过一个生日，每人送一句真诚的祝福、一个小小的礼物。只是这样做的时候要特别自然，不要特意突出。同时还要让这些学生明白，记住别人的生日，别人也就记得他的生日。爱不是单方面的给予，它需要我们彼此的奉献。这样，有利于增强学生爱的责任感，增强他们爱的表达能力。

二、鼓励单亲学生正视现实

逃避现实解决不了任何问题，单亲家庭的学生思想负担重，怕老师知道自己家中的真实情况，更怕同学知道。我们做班主任的应该帮助他们对这一社会现象有一个正确的认识。要让他们明白：父母离异不是他们的过错，也不是什么令人感到羞耻的事情，那仅仅是父母在感情上出了点问题；并不是父母不爱他们了，他们也不是弃儿。作为儿女，我们左右不了父母感情的事情，父母的事由他们自己去处理。有些事情挑明了，学生的心里会好受一些。

一位叫王文艳的母亲写过这样一篇文章——她选择了一个风和日丽的周日，心平气和地告诉女儿："有件事妈妈要告诉你，爸爸妈妈分手了。"她还告诉女儿，父母分手不一定是谁有错，更不是孩子的错。她的女儿很坦然地接受了父母离婚的事实，并在一篇题为"我的爸爸妈妈"的作文中写道："我的爸爸妈妈都是很好的人，虽然他们分手了，但他们对我的爱没有改变，我也一样深深地爱着他们。"

（《现代家庭报》，2003-06-17）

我觉得这位母亲的处理方式十分恰当。生活中总有波澜，我们为什么要逃避父母离异这个现实呢？

三、呵护单亲学生敏感的自尊

课本上有关家庭生活的文章，大都是描写家庭成员和睦相处，父母对儿女无私的爱的。遇到老师讲述这种浓浓的人间真情时，感情脆弱的学生往往会触景伤怀，泪流满面。有的学生明明知道问题的答案，当老师提问他时，却说不知道，不愿回答老师的问题。老师在讲解这类文章时，要尽量从感情上给这些学生以照顾，避免让他们回答对他们来说较敏感的问题。同时，在平时的生活和游戏中，也要尽量避免出现让学生触景生情的景象，给学生留一片感情的蓝天，保护那颗受伤的心灵。

四、鼓励单亲学生大胆交友

《中国青年报》报道：2000年4月13日，新生代市场检测机构在北京发布了《2000年中国城市青少年消费形态报告》。该报告显示，半数以上（51.1%）中学生认为，知心朋友是自己未来生活中最重要的，这一比例远远高于选择财富、权力、信仰等其他事项的比例。同时，59%的中学生表示最快乐的时刻是"与朋友在一起"。这反映出交友已经成为青少年生活中必不可少的一个重要组成部分。单亲家庭的学生更渴望友谊，渴望同龄人之间的理解与交流。要想单亲学生拥有阳光心态，不再被爱的负担困扰，鼓励他们正确地交友是一个有效的方法。

五、学会倾听单亲学生的心声

每个人都需要倾诉，单亲学生也一样。我的一个同学，他们夫妻离婚了，他把女儿长期寄养在自己年迈的母亲家里。女儿心中的烦恼无人诉说，就在日记中写道："同学们的烦恼可以跟妈妈说。我的烦恼只能跟小狗说。我越来越觉得孤独，时常一个人躲在卧室里蒙着被子哭。尽管有爸爸、奶奶，我却感觉身边一个亲人也没有。对我来说，连奶奶也是陌生人。"如果我们耐心地倾听学生的心声，学生也就不会这么寂寞了。

老师特别是班主任，再也不要盲目地给单亲学生加"爱"了，他们不需要我们时常用"爱"来提醒他们：你是一个单亲的孩子，你是不幸的。

温馨贴士

1. 学生不需要毫无目的的爱。
2. 请给予单亲学生和其他学生同等的目光和关怀，不要对其"另眼相待"。
3. 切忌时常用"爱"来提醒单亲学生自己的不幸。

策略38　帮助学生应对糟糕的家庭解体结局

人都是平等的，我们没有理由把自己的幸福，拴在父母的痛苦之上。

现在，离婚率一年一年地攀升，许多鸳鸯来不及白头就已经劳燕分飞了。据民政部发布的《2018年民政事业发展统计报告》显示：2018年全年我国依法办理离婚手续的共有446.1万对，比2017年增长了2%！2018年，中国离婚与结婚的比率为44%！也就是说，2018年，我们国家每有五对夫妻结婚，就有两对夫妻离婚。越来越多的孩子，需要面临家庭破裂的考验。

人们常常说，孩子的成长需要一个好的环境，可是，家庭都不稳固了，你要孩子如何健康成长？在实际工作中，我发现，深处家庭战争中的学生，常常备受父母离婚的煎熬。帮助他们应对家庭破裂的最糟糕的结局，已经成为教师不可回避的现实问题。

快熄灯的时候，张亚丽带着几个女孩突然来敲我的房门："郑老师，杨青不见了！"我大吃一惊，我要她们不要着急，慢慢地把事情讲清楚。几个女孩七嘴八舌地说，今天中午，杨青的爸爸来学校找过她，他们说着说着就吵了起来。当她爸爸走后，杨青一个人在宿舍里哭了半天，直到上课的时候才从床上爬起来。

"知道他们为什么争吵吗？"我问。

"好像是因为她父母离婚的事情。"

"我听杨青说，她爸爸妈妈闹矛盾已经有两三年了。"

"杨青很怀念以前家里穷的时候，爸爸妈妈相亲相爱的情景。现在家里有了钱，父母反而要离婚了。"

……

我终于把事情经过听了个大概。现在有很多夫妻，能够共患难，却不能够共富贵，一旦家里有了钱，家庭也就到了崩溃的边缘。只是可怜的孩子，成了大人婚姻的牺牲品。

"杨青刚才不是还在上晚自习吗？她什么时候出去的？"我问。

"就是下课后的这半个小时，"一个女生小声地说，"杨青说她心里难受，想找个地方喝酒。我估计就这半个小时出去的。"

我马上打电话问门卫，是不是有我班上的女生请假出去了？守门的李老爷子说是出去了一个女生，证件还在那里，叫杨青。她说到外边拿一点东西，马上就回来。我责问他："怎么不看有没有请假条就放她出去呢？"他嗫嚅着说："杨青说就出去一会儿，所以就放行了。"

我把沈波等几个男生叫来，带上张亚丽等几个女生开车就往校外跑。出校门的时候，我对李老爷子说，如果杨青回来，请他一定打我的手机。我把孩子们分成两组，到每一条街去找，到每一个酒吧去看。十一点多钟的时候，我们终于在一个叫SUHOO的酒吧里找到了哭得一塌糊涂的杨青。她正在拼命地和旁边的一个男孩抢酒喝。我认出来了，那个男孩是五班的，据说他们读初中时是校友。看见我来了，男孩很小心地说是杨青要他出来的，"她很难过，我怕她出事，所以就一直陪着……"

我很感谢他在这个时候跟杨青抢酒喝，至少他还是比较理智的。男孩低下头，只是请求我不要告诉他的班主任。我没有说话，走到吧台边要服务生买单，然后一言不发地回到了车子里。

杨青在几个女生的搀扶下上了车，我吩咐沈波等几个男生和五班的那个男孩一起打车跟着。杨青说如果她的爸爸妈妈真的离了婚，她就不活了。几个女孩一路地劝着，有的说也许父母只是闹着玩的，都四十好几的人了，还闹什么离婚呢？有的劝杨青看开点，这社会上离异的家庭多着呢！还有的说，杨青这么下去也不是个办法，要不就威胁他们，说离了婚就不认他们了……

对这样的问题，我该给学生说些什么呢？教育需要家庭的配合，可是现在这个家庭已经无法挽回、即将破裂了，对于家长，我还能够要求他们什么呢？这个时候即使学生的爷爷奶奶做工作，家长们都不一定接受了，我还能够企望什么呢？我只有做好学生的工作，让她逐步接受这无法避免的最糟糕的结局。

于是，我决定和处于父母婚姻战争中的这个无助的孩子谈下面四点意见。

一、让学生尊重父母的感情选择

"你爸妈离婚一定有他们迫不得已的理由，而且我敢肯定，他们在离婚之前想得最多的就是你。成年人的世界里没有王子公主的童话，没有谁可以保证一生一世永远相爱。就算是对子女负责，父母也没必要牺牲自己的幸福。人都是平等的，我们没有理由把自己的幸福，拴在父母的痛苦之上。如果他们能够忍受，我相信凭借着他们对你的爱，会把这些痛苦忍受下去的。可是，他们最终选择了分手，说明问题已经到了无法解决的地步。"

"杨青，我们是不是这样想一想，父母要为家里赚钱，要供我们读书，还要做一些他们自己想做的事情，他们是不是为我们做得已经够多了，我们为什么还要强迫他们接受更多呢？"

二、帮助学生学会接受最糟糕的结局

"杨青，如果一切已经成了定局，你也不要对自己要求太多，对自己要求太多是不公平的。你这样折磨自己，是对自己生命的不尊重。人的一生中，除了家庭，还有其他很多美好的东西，现在你已经长大了，应该学着安慰自己、善待自己。"

杨青哽咽着说："是不是像孙燕姿歌里唱的那样，成人的世界里总有残缺？"

我郑重地点了点头。

三、引导学生换一个角度看问题

"杨青,你也要学会接受一个现实,中国的离婚率现在这么高,从另一个方面来说,也是人们观念的一个进步,说明人们对自己情感的认识更成熟了,他们不再为了孩子而勉强自己从一而终。父母离婚以后,他们也许很快将组织自己新的家庭,到时候爸爸一个家,妈妈一个家。你不学会安慰自己,好好照顾自己,怎么行呢?"

说这些话的时候,我语气尽量平静,神态也尽量亲近,我很希望自己能够像她的一个兄长一样把这番话对她委婉地说出来。

四、选择适当的时机把结局戳穿

我知道,成年人和未成年人谈父母的婚姻,也许这些话尖刻了些。确实,这些话是不太好听,但是我觉得有用。人们一般的心理就是在最后的结局出来之前患得患失,紧张得不得了,甚至不敢展望将来。但一旦事情成了定局,他们的心情反而会平静许多。我为什么不把问题戳穿呢?

杨青没有说话,睁大眼睛看着我。

我迎着她的眼睛,进一步对她说:"我们应该学会勇敢而坦然地接受最糟糕的结局,并学会通过积极的心理暗示来调整自己的心态。你想啊,现在最坏的结局不过是父母离婚了,可是你们的血缘关系和感情却并没有断啊,爸爸还是你的爸爸,妈妈还是你的妈妈,他们还是一样地爱你。乐观地想一想,好了,现在我有两个家了,假期想到哪里去,哪里就有我的位置,我是不是比一般的孩子多了一种选择?人生会有许多我们必须被迫接受的事情,我们需要学会用积极的心理暗示来调整自己的心态。痛苦灰暗也是活,阳光开朗也是活。我们为什么不活得阳光开朗一些呢?"

谈话的效果是明显的:杨青早已停止了哭泣,但是我知道,接受现实总得有一个过程,我不奢望杨青马上就变得阳光灿烂,我只希望她今晚能够平静地入睡。

下车的时候，我对张亚丽说，如果杨青不想睡觉，你们几个女生好好陪她说说话，也许说出来，她的心里会好受些。

回到房间，我给杨青的爸爸打了一个电话。他很惊讶，说我居然深夜12点了，还打电话给他们。我只是告诉他，以后如果他们家里有什么事情，请在通知孩子之前，先通知我。

很多人也许会说，我这样说是不是有点多余？人家的家庭正在经历重大变故，哪里还有心思来通知我？可是我得把话说在前头，因为现在不少家长，孩子一出事就找学校、找老师，而媒体也不管三七二十一，都把板子打在学校身上。我们做老师的，用不着为别人的责任背黑锅——这是自私的话。而我内心真正的想法是，我得知道，我的学生什么时候会经历重大变故，我只希望，在他们最困难、最痛苦的时候，他们能够及时得到老师们的帮助。毕竟，学生没有过错，他们用不着为父母的离异承担任何罪责！

我又想起那位叫王文艳的母亲在《单亲不是谁的错》这篇文章里与女儿的一段对话：

"有件事妈妈要告诉你，爸爸妈妈分手了。"

"是离婚吗？"女儿不愿相信。

"是。"我尽量冷静地回答。

"那爸爸不要我们了？"女儿流露出一种失落。

我尽量平静地告诉女儿："不是爸爸不要我们，是爸爸和妈妈之间有了问题，我们不愿再住在一起。至于你，爸爸和妈妈都会像从前一样爱你。"

女儿似懂非懂地点头，又悄声问我："是爸爸不好吗？你们谁做错了事？"

一句话，差点勾出我的眼泪。我左右斟酌，还是正色告诉她："分手不一定是谁有错，更不是你的错，你只要记住爸爸妈妈永远都爱你就可以了。"

(《现代家庭报》，2003-06-17)

这个道理，我们做老师的都能想清楚吗？

温馨贴士

1. 引导学生尊重并接受父母感情的选择。
2. 给学生充分的抚慰与支持，让学生有坚强的心理来应对最糟糕的家庭结局。
3. 与家长保持联系，请处于离婚边缘的家长在家庭遭遇变故时通知老师做好应对准备。

策略39　引导学生感恩生命中出现的每一个人

学会感恩吧，学会感恩的最大好处，不在于我们谅解了别人，而在于拯救了我们自己。

当一个家庭解体后，如何帮助学生面对家庭出现的新情况，往往是我们班主任多出来的新问题。本来我们可以不管人家家庭的内部纠纷，但是，我们无法不管学生的学习和成长。因为离异家庭里的孩子，也是我们的学生。任何一个有良知和责任感的老师，都会觉得自己有责任做好离异家庭学生及家长的思想工作。

时光回到19年前的那个秋天——

我登记学生家长信息时，发现杰只登记了妈妈的姓名，而在爸爸的那一栏里只有两个冰冷的字——"已故"。我不禁对这个有点瘦弱的男孩充满了怜惜之情。杰的成绩不错，只是有点郁郁寡欢，显得不是很合群。

可是，第二个星期，我就接到了一个陌生的远洋电话，一个男人在电话里向我打听杰的学习和生活情况，并说他是杰的爸爸。我很惊讶：杰的爸爸不是去世了吗？怎么又冒出来一个爸爸呢？下晚自习时，我悄悄地对杰说："我今天接了一个远洋电话……"我的话还没说完，杰就冷漠地说："对不起，我爸爸已经死了。"

这孩子有太多的秘密。那个星期六，我打电话约了他的妈妈，上午我去他们家家访。到了之后我才知道，其实杰的爸爸没有去世，只是三年前，杰上初一的时候，他的父母离婚了。准确地说，是一个女人走进了杰爸爸的生活，妈妈忍受不了爸爸有外遇，伤心之下就离了婚。离婚之后，杰的爸爸觉得很对不起他们母子，只身去了海外一家建筑工程公司。只有在每年给杰寄生活费和学费的时候，他们才会有那么一次短暂的联系。

我明白杰在家长信息登记表上注明他爸爸"已故"的原因了。但是，我总觉得，一个在心底里把爸爸列入死亡名单的孩子，他心头是不是有太多的怨恨呢？一个人整天在怨恨中生活，他的感情世界是不是太累了？

我把杰和他妈妈叫到一起，我们一起来讨论这个问题。我问杰："愿意像个男子汉一样，跟我们一起谈谈你的爸爸吗？"杰答应了。于是，我问他："实话实说，你想不想爸爸？"杰犹豫了一阵。我说："我希望你讲实话，你妈妈也希望你讲实话。"

沉默了好久，杰开口说话了。"我很怀念以前的那个爸爸，而对现在的这个爸爸却爱不起来，我更愿意现在的爸爸是一个已经与世长辞的人。这样，我想爸爸时，能想到的都是他给予我的满腔的爱。但是现在想起他，我心里很乱，因为他伤害了我和妈妈，是他抛弃了我们母子……"说到这里，杰悲从中来，忍不住哭了起来。他妈妈也哭了。杰哽咽着说："所以，有同学或老师问我爸爸时，我说他早已经死了。是参加外援工程项目时死的，因公殉职……"

我试着问杰的妈妈："你还恨他吗？"

"都已经过去这么多年了，早没有恨了。"

我肯定了她的想法，然后，小心地赞美她："你对感情的态度是很值得学习的，对过去的事情不怨恨，这是一种良好的心态。但是，我想，仅仅是谅解可能还不够，我们应该尝试着学会感恩我们生命中出现的每一个人，感谢他们曾经给我们带来的快乐，感谢他们让我们的经历变得丰盈，是他们使我们的人生变得多彩。"

我停下来，仔细观察他们母子的反应。杰停止了哽咽，他妈妈也平静了下来。看来，他们接受了我的观点。我对他们母子说："其实恨一个人，是一件很吃力的事情。因为，一方面我们爱他，因为没有爱，就没有恨；另一方面，我们又不得不时时想起他曾经对不起我们的地方。如果经常这样，我们活得多累呀！所以，学会感恩吧！学会感恩的最大好处，不在于我们谅解了别人，而在于拯救了我们自己——它让我们从自怨自艾、处处不满的怨恨情绪中走出来，以平和的心态迎接新的人生。"

杰的妈妈很受震动，看得出来，我的话对她产生了作用。然后，我转头对杰说："其实，对父母的离婚，你认识得还不全面。我敢肯定，你的爸爸妈妈曾经真心地相爱过，他们为了这个家庭，也曾经尽心尽力。至于要离婚，是因为他们俩都不想凑合着生活在一起，离婚，是爸爸妈妈两个人的决定。不管那个离开的人曾经对你们母子造成了多大的伤害，但是，有一点可以肯定，他给了你生命，给了你们曾经的快乐和幸福，这就足够值得让我们感激他。"

这时候，杰的妈妈也说："其实他爸爸是很爱他的，当初我们离婚的时候，他最放不下的就是小杰。"那天，杰的妈妈也讲了很多，她说，虽然她和孩子的爸爸离婚了，但是她并不认为他们当初的结合是盲目的。杰应该爱他的爸爸，父母离婚，解除的只是夫妻关系，他们之间的血缘关系是无论如何也解除不了的。甚至，她还说："如果小杰能够理解爸爸对他的爱，那么对他爸爸，对他自己，对我，都保住了一份生活的温暖……"

家长的认识能够到这样的地步，我还有什么要讲的呢？于是我告诉杰："离婚受伤害最大的是妈妈，而不是你，但是妈妈都能从痛苦中走出来,你为什么还要一直生活在痛苦中呢?从现在起,试着换一种心态,也许你的生活会轻松许多。"……

从那以后,杰的妈妈告诉我,杰开始接爸爸的电话了,而且,当他遇到学习上的一些难题,尤其是物理上的难题时,他都会向爸爸请教。他爸爸是工程师,到现在依然能够在学习上帮助孩子,他觉得很欣慰。

我很高兴能够让他们从那些怨恨中走出来。由于杰的爸爸和妈妈的默契配合,杰中学三年的情绪一直都很稳定。19岁那年,杰考上了北京航空航天大学。

无疑,这是当时我处理得很成功的一个教育案例。之所以能取得较好的效果,主要是因为我把握了以下几个方面。

(1) 引导学生正确认识父母离婚的原因。无论父母是否离婚,当初给了他生命的这两个人,都一如既往地爱着他。我这样讲的时候,可能有些老师会反对,既然父母爱孩子,为什么不将就着继续生活在一起?对这个问题,我们不妨这样来看:每个人都有追求自己个人感情幸福的权利,教会学生和家长认识到这个问题,其实是尊重每个人的人格和权利的最好证明。我们不能把自己的幸福,建立在别人不幸的基础上。爱是平等的,不仅仅是父母要照顾和理解孩子,孩子也要尊重和理解父母。有了这个基础,学生就能够正确认识到父母离婚不是因为不爱他,而是情不得已。

(2) 引导学生和家长学会感恩。我反复在谈话中强调一点:感恩的最大好处,其实不是我们原谅了别人,最重要的意义是解放了我们自己。它使我们从处处不满的自怨自艾中解脱出来。同时,我还告诉他们,尽管那个人可恨,但是他给了我们生命,给了我们享受生活的机会,就值得我们对他感恩。这一点最重要,学生能够转变认识,这一点起了关键作用。

(3) 引导学生和家长学会应对新情况。我一直认为,无论离去的那个人有多大的错误,但是法律赋予他的权利,如对孩子的养护权、探视权,是不可剥夺的。我既做通了和学生生活在一起的一方家长的思想工作,又做通了学生自己的思想工作,从而使另一方家长的权利得到了保障,无疑它的意义是很大的。杰的健康成长,就充分说明了这一点。

> **温馨贴士**
>
> 1. 告诉单亲家长:感恩最大的好处,不是宽容别人,而是拯救自己。
> 2. 告诉单亲家长:作为单亲的一方,没有必要生活在怨恨里,更没有必要把孩子当作报复的工具。
> 3. 引导学生学会感恩生命中出现的每一个人。

策略40　通过改变家长来改变学生

没有不会变的孩子,关键是家长变了没有。

我曾搜集过家长批评孩子的话,其中使用频率最高的一句是"屡教不改",尤其是在孩子犯重复的错误时,家长这句恨铁不成钢的话就溜出来了。甚至还有些家长这样说:"牛教三次都晓得犁田,你简直比牛还蠢!"

说这样刺激的话伤害的是孩子的自尊心。有一个学生跟我说,每次爸爸妈妈这样骂他的时候,他就感到头特别大,脑袋里嗡嗡地响。这时候,别说让孩子改正错误了,就是连父母讲了些什么话,他们都听不进去。

我们常常说,要学会改变。其实,很多时候,要改变学生身上的问题,我们要从改变家长入手。家长改变了,学生自然就会跟着变。有这样一个案例。

有一个学生的父母离婚了。他的妈妈常常自怨自艾,认为是自己做得不够好，丈夫才离开她的，现在孩子是她唯一的慰藉。她只想把儿子带好，好让丈夫后悔。

可是，由于家庭原因，孩子的成绩并不理想，这让她很烦恼，她也不知道问题究竟出在哪里。该买的辅导书也买了，该请的家教也请了，自己的孩子就是没有别的孩子有出息。究竟是什么原因造成的，他们并没有交流过。

有一天，我在孩子的作文里发现了他的苦闷。他在作文中描述了一个自卑男孩苦闷的内心：他没有爸爸，也不招人喜爱，头脑也不聪明，因此活得很不幸福……

我觉得有必要和他妈妈谈谈。于是，我把那篇作文复印好后，就去了孩子家家访。孩子妈妈看过那篇文章之后，被深深地触动了！文章里那个自怨自艾的男孩，几乎就是她自己的翻版！原来，父母的消极抱怨给孩子带来了那么大的心理负担啊！

她问我该怎么办。我只告诉她一句话："只有改变自己，才能够改变儿子。"

如何改变自己呢？我给她提了两点建议：

第一，家长应该给孩子树立一个勇于追求的榜样。

我建议她给自己确立一个上进的目标。她说自己想参加继续教育，打算用两三年时间学完自学考试的全部课程。

我说很好啊，并且鼓励她把自己的计划对孩子也讲一讲，并请孩子监督。于是，每天晚上，她都写下一件明天要做的具体事情，比如：做一次形体健美训练；和同事一起共进午餐，增进了解；参加县里的职业道德演讲比赛，并以此逐渐摆脱自己孤僻、哀怨的形象等。她把计划写在纸条上，早晨起来后由儿子读给她听，作为提醒。晚上吃饭的时候，他们一起检查执行情况。

开始，孩子以为妈妈有毛病，但是看到妈妈坚持不懈地这么做，而且态度前所未有地认真，孩子也很感动。

第二，引导家长带动孩子一起改变。

我建议她的改变计划里应该有孩子，哪怕孩子不愿意，她也应该多同孩子交流，这样可以让孩子在具体的追求改变的氛围中受到感染，从而学会改变。她接受了我的建议，不久，母子俩开始互相监督、互相鼓励，她的纸条边又增加了孩子的纸条，孩子也有一个改变自己的计划了！这确实很让人高兴。

现在，她终于获得了湖南师范大学汉语言文学专业的大学本科文凭。而最重要的是，孩子也变得开朗活泼了。孩子在日记中写道："尽管我的爸爸没有和妈妈住在一块，但是，我发现他们都很爱我……"孩子的心态变得如此阳光，她不知有多高兴。

这个案例让我感触良多——没有不会改变的孩子，只有不愿改变的家长。有一个成语叫"穷则思变"，其实，很多时候，这个穷就是没有办法，所谓穷途末路就是这个意思。现在媒体上常常说，单亲孩子的家庭有多少多少问题，很多家长无法教育他们的孩子。我总觉得奇怪，家长为什么不学着改变呢？

因此，在和单亲家长谈话的时候，我总是告诉他们：我们做父母的要不怕改变，只要是对孩子成长有好处的，做得不好就要改，死要面子只会活受罪。

我还经常给他们讲一个伟大的父亲——傅雷的故事，以此劝诫他们学会改变。

世界著名钢琴家傅聪在谈到自己的成长时，讲到了父亲改变了教育方法，促使自己成才的故事。他说，父亲傅雷原来脾气并不好，"小时候，父亲打我们，而且父亲有这样的特点，你越哭，他越打，我当时真的恨得咬牙切齿。"

但是，打骂并没有使孩子们长进，傅聪在自述里说："我在13岁到

17岁之间,有3年多的浪子生涯,一个人待在昆明。""没有读什么书,整天搞什么学生运动啊,打桥牌啊,谈恋爱啊……"

后来,傅雷意识到了自己的错误,在给孩子的信中他坦诚地告白:"跟着你痛苦的童年一齐过去的,是我不懂做爸爸的艺术的壮年。幸亏你得天独厚,任凭如何打击都摧毁不了你,因而减少了我的一部分罪过。可是结果是一回事,当年的事实又是一回事:尽管我埋葬了自己的过去,却始终埋葬不了自己的错误。"

随着孩子们年龄的增长,傅雷不断改进着他的教育方法,他说,在他的两个孩子身上他学到了很多,他是和孩子们一起成长的。在《傅雷家书》中他坦言:"我高兴的是,我又多了一个朋友;儿子变成了朋友,世界上有什么事可以和这种幸福相比呢?……尤其是近三年来,你不知道你们使我对人生多增了几许深刻的体验,我从与你们相处的过程中学到了忍耐,学到了说话的技巧,学到了把感情升华!"

就这样,在孩子成长的20多年里,他不停地反思着自己教育的得失,并不断改变着自己。最后,他由一个粗暴的父亲,变成了一位温厚的长者。傅聪也由一个浪子,成长为一名优秀的音乐家,驰骋于世界乐坛半个多世纪。傅聪的妹妹——全国英语特级教师傅敏在评价父亲对哥哥的这一段教育时说:"如果仅仅是棍棒下的练习,父亲培养的只能是一般的钢琴匠,而不可能是对艺术、对社会做出卓越贡献的人。"

温馨贴士

1. 告诉家长:要想改变子女,请先改变自己。
2. 引导家长在改变自己的同时带动孩子一起改变。

策略41　别让学生的学习成为单亲家长情感的唯一寄托

我们不仅要教育好学生，还要教育好家长！

已经快期末考试了，曹丽居然还隔三岔五地迟到，我很着急。昨天刚找她谈过话，今天早上她又迟到了！

我和她伏在教室走廊的栏杆边："你这段时间不时迟到，而且精神状态也不太好，是不是身体不舒服？"

"没……没有，闹钟……最近老出问题。"她吞吞吐吐地说，好像在刻意隐瞒着什么。"如果您没有其他什么事情，我是不是可以进去学习了？"曹丽推了推鼻梁上那副500多度的眼镜，希望早点走开。我感觉到，她一定有什么事情在瞒着我。曹丽进教室之后，我决定给她家里打一次电话。

接电话的是她妈妈："啊，曹丽这几天身体不太好，我带她到医院看医生去了。"

"可是曹丽说，是家里的闹钟出了问题。"我不动声色地说。

"对对对，是闹钟出了问题，我上午才发现的……"曹丽的妈妈马上改了口。听到这个解释，我心里有点不悦，口径不一致，分明是两个人都在说谎。现在居然有家长配合孩子说谎！我突然发现，我们不仅要教育好学生，还要教育好家长！我感到肩膀上的担子格外地重。

下午放学的时候，我征求曹丽的意见："如果你不介意，今天可否让我送你回去？"

"您是要到我家家访吗？"曹丽有点紧张。

"怎么，不欢迎吗？"我笑着问。

"没，没什么……"曹丽小心地措辞。路上，我边开车边和曹丽聊天，我问她究竟是闹钟出了问题，还是身体感觉不舒服，误了起床时间。她坚持说是闹钟的问题,"但是,你妈妈说是你身体不舒服……"

"郑老师,您不要问了,是我看书看过了头,睡迟了……早上起不来……"曹丽抑制不住委屈,伏在副驾驶座上哭了起来。我把车停下来,等着她恢复平静。过了好一会儿,她才告诉我真实原因。

原来,她的爸爸妈妈离婚了。离婚之后,妈妈在亲戚中立下誓言,她一个人也要把孩子培养成才,她要让离开的那个人知道,离开她是多么大的错误。从此,她把曹丽的学习当作自己全部的感情寄托。只要孩子成绩好,她就高兴;一旦孩子有了什么失误,她就很伤心。

这不,前不久,妈妈看到亲戚朋友的孩子个个都考上了大学,而且不少孩子不是钢琴过了多少级,就是参加了多少次省级舞蹈比赛,或者是谁家孩子的美术作品又获得了什么大奖。只有她,还是一个没有任何特长的高中生,妈妈心里特别着急。所以,从上个月起,妈妈给她制订了一个宏伟的成长计划,每周一、三、五晚上去参加钢琴过级培训,每周二、四晚上参加迪斯尼英语口语培训,双休日还要参加文联培训中心的写作兴趣班。

本来高中的学习负担就很重,她既要完成学校的学习任务,又要完成妈妈的任务,每天疲于奔命,真是恨不得把一个人分成三个人用。

我沉默了。现在,社会上的离婚率很高,很多家长离婚之后,没有了感情寄托,就把孩子的学习当作自己人生的唯一追求,这是不是太不合理了?如果孩子成绩好,各项技能突出,单亲一方也许会觉得好过;如果一切不理想,岂不是又要遭受一次打击?

我不能让曹丽的妈妈继续这么下去。

等曹丽的情绪稳定了,我们继续前行。我去家访,曹丽的妈妈已经感觉到什么了。我还没有开口,她就说,老师来了就好,她正有许多问题要问我。她絮絮叨叨地说:"曹丽的表哥堂姐都是名牌大学的学生,那个人现任妻子的儿子正在美国读博,曹丽大姨妈的女儿今年要出国演出,曹丽舅舅的儿子参加奥数比赛取得了省里的第一名……怎么就我家曹丽没出息,让我在亲戚面前简直抬不起头来……为了让曹丽出人头地,我送曹丽读钢琴夜校，上英语补习班，进写作兴趣班，还买了各种各样的磁带、光碟，可曹丽怎么一点变化都没有！"

妈妈这样说的时候，曹丽瞪着一双500多度的近视眼，有点神经质地看着我们，眼神里充满了不知所措的恐慌。

听了曹丽妈妈的一番话，我终于明白了曹丽迟到的原因：由于虚荣和攀比心理作怪，曹丽妈妈急于向世界证明自己，急于让孩子出人头地，于是就近乎疯狂地逼孩子学这学那，参加这样那样的课余辅导。可是一个人的精力毕竟有限，尽管曹丽每天学到深夜，但人毕竟不是机器，在这种不科学的教育安排下，她不仅没有达到妈妈的殷切期望，还把自己的身体累垮了。早上起不来，精神状态不好……还不得不在我面前撒谎。

我理解曹丽妈妈此时的心情。可怜天下父母心，当自己的婚姻失败之后，她迫切地想让孩子成才的愿望已经把她们压垮了！我思考了很久，等她的情绪稳定下来后，给她提了三点建议。

（1）钢琴、口语等特长教育固然需要，但必须适度，不能超过孩子的承受能力。这个世界上有很多好东西，但是不一定非得全部搬到自己家里来。教育不能攀比，孩子的成长需要一个科学的教育环境，孩子的健康成长对他们的生活更有实际意义。如果现在的教育超出了孩子的承受力，孩子在精神和身体上出了问题，实在是得不偿失。

（2）帮助孩子掌握科学的学习方法，比具体学一门知识更重要。我肯定了曹丽的学习态度是全班最好的，可是，她一直没有找到科学的适合她自己的学习方法。因为她承受的各种心理负担和学习负担太重，她还来不及留一点时间思考、选择、培养适合自己的学习方法。

打个比方说，她现在是一头背负着千斤重负的牛，一心只想把货物送到目的地，背上的重负使她没有时间抬头看一看她正在走的路，结果别的牛已经到达目的地时，她还在一条弯路上疲于拉车。我们做家长的，就应该帮助孩子把负担卸下来，帮助她找到一条科学的、适合她的学习方法，而不是给她加包袱、添负担。衡量一种教育是否成功,是看这种教育是否为孩子的终生发展打下了基础,而不是看孩子暂时取得了什么成就。

(3) 育人是头等大事,先成人后成才,培养一个人的可持续发展能力,比让他掌握一门技术更具有实际意义。一个人学业上的缺陷并不一定会影响他的一生,而道德、人格上的缺陷却可能贻害他一辈子。因此,健全的人格、良好的社会适应能力是孩子走向成功的必备素质,我们这个社会需要的不仅仅是某个行业的专家,更需要全面发展的现代"人"。作为老师,我不愿意看到一个神经兮兮的高才生,我希望看到一个充满朝气、生活乐观的孩子。

我的谈话对曹丽妈妈的影响很大,她意识到自己的迫切要求给孩子带来了很大的负面压力。在我的建议下,她们开始学会改变。没多久,一个活泼的曹丽又出现在了同学们面前。

温馨贴士

1. 引导家长认识到特长教育固然需要,但必须适度,不能超出孩子的承受能力。
2. 和家长讲清楚一个道理:帮助孩子掌握科学的学习方法,比具体学一门知识更重要。
3. 无论何时,都要跟家长说明白一点:我们首先培养的是人,孩子只有具有健全的人格,才会有美好的未来。

策略42 鼓励单亲家长保持阳光的心态

家长的数落和责备,使其与孩子的距离越来越远。

据有关资料表明：单亲家庭的孩子精神最压抑，单亲家庭的孩子最容易患心理疾病，单亲家庭的孩子中上网成瘾的超出正常家庭的孩子46.7%。这个数据让人吃惊。

根据我平时的观察和思考，我觉得，单亲家庭的孩子如此，其实很多时候，他们的家长有很大的责任，是家长把自己的不良情绪带给了孩子。

我们来看下面的一个案例。

父母离婚时，明佳才4岁，是妈妈一个人把他带大的。因为明佳妈妈是一个要强的女人，她要让事实证明，她是最优秀的，离开了明佳的爸爸，她一样也能把明佳培养成人。

明佳很争气，成绩一直很好，小学时还是全学区的"三好学生"。生活的艰难在明佳的成绩面前一下子黯然失色。明佳的妈妈觉得，只要明佳好，她吃什么苦都愿意。

可是，读中学时，明佳迷上了网络游戏。结果母子俩发生了激烈冲突。明佳的妈妈一直想不明白，她为孩子付出那么多，为什么他就不领情呢？她想起了离婚后的孤独日子，想起了一个人带孩子的种种艰辛，想起了自己为儿子所付出的一切，对儿子的种种期望，以及由此带来的越来越深的失望……最后，明佳的妈妈拿起放在墙角的扫帚，朝明佳狠狠打去……

这是明佳的妈妈第一次打他，也是打得最狠的一次。之后，明佳有很长的一段时间没有再去网吧。可暑假明佳一个人在家的时候，一个小学同学打电话给他，邀他一起去网吧打游戏。他经不住诱惑，又去了。

明佳的反复让妈妈变得爱唠叨了。只要两个人在家，她就苦口婆心地给儿子讲道理，更多的则是数落和责备。而妈妈的数落和责备，使其与明佳的距离越来越远。一回到家里，明佳就把自己锁在房间里。同住一个屋檐下，母子俩却好像是前世的仇人，见面连一句问候都没有。

这不是虚构的案例，这是发生在我班上的一件真实的事情，是2004年

9月，明佳升入我班之后，我在家访中了解到的真实情况。情绪是可以互相影响、互相感染的，很多单亲家庭的学生生活得不幸福，最关键的就是单亲家长给他们带来了不良的情绪影响。

为了给学生创造一个良好的学习、生活环境，我向明佳的妈妈提了四个建议。

(1) 告诉家长不要把自己的一切全部寄托在孩子身上。

我肯定她为孩子付出的一切，由衷地对她为孩子做出的牺牲表示敬佩。同时，我也坦率地告诉她，她还很年轻，没有必要把自己的一切全都寄托在孩子的身上。换句话说，就是没有必要把自己的幸福全部赌在儿子的成功上。这样去赌无论成功与否，都是划不来的。如果孩子成功了，牺牲的则是她个人的幸福，人活着有很多意义，而不仅仅是为了孩子；如果孩子失败了，那么她就完全失败了，这样实在不值得。

(2) 引导家长保持阳光心态。

我请她不要总是埋怨孩子。我说："我们做家长的应该有一种阳光心态，无论孩子好坏，我们都要热情地包容他。天下这么大，他只有一个家，不管有没有出息，孩子都要回到这个家里来，即使这个家是不完整的，也总归是个家。我们要耐心、热情地对待孩子，用积极的心态去和孩子交流。一次不成功没有关系，还有下次。不能让孩子感觉到厌烦，如果孩子厌烦了，干脆就停下来。有时候多看孩子一眼，少说他半句，效果比唠叨不休要强十倍。"

(3) 建议家长对生活做一点改变。

我建议她回家把屋子整理一下，把家里的门全都打开，窗户也打开。透亮的世界能够改变一个人的心情。母子两人一人锁在一间屋子里，带来的只有隔离和陌生。

当天晚上11点多，她给我打来电话，说孩子对家里的变化感到很惊奇，也很欣喜。孩子回到家，她也没有像往常一样给孩子上政治课，孩子吃完饭，自己就自觉地开始写作业了。

(4) 让学生在班级活动中感受到阳光。

2005年2月17日,是明佳16岁的生日。我送给他一份生日礼物,礼物是16朵康乃馨,并组织给班上所有将满16岁和刚过16岁的学生过了一个集体生日。我告诉他们,16岁是即将走向独立的年纪,从现在开始,他们要学会自己管理自己,学会对自己负责。

我还打电话给明佳的妈妈,要她从今天开始,彻底戒除对孩子的唠叨和数落。

明佳变化很快,他已经完全戒除了网络游戏,成绩也很快上来了。2005年中考,他以优异的成绩被省重点中学录取。

温馨贴士

1. 引导家长保持阳光心态,以热情来包容孩子的缺点。
2. 告诉家长:不要怨恨孩子,更不要轻易地数落和责备孩子。
3. 尽力配合家长,在班级日常生活中,为孩子创造一种最阳光的生活。

策略43 让学生和家长认识到单亲并没有那么可怕

我总习惯在做事之前,尽量多准备一些资料。因为我知道,要想做通他人的思想工作,就必须言之有理、言之凿凿。

周玲玲的爸爸不幸遭遇车祸过世了,一个本来很幸福的家庭,一夜之间从天堂跌落到了地狱。忙过后事之后,玲玲才到我班报到。

对所有遭遇不幸的人,我都会在内心里对他们的遭遇深表同情,但是,我从不在语言和表情上表现出来。我只是在生活中、学习上默默地关心着她，甚至还故意把我的关心悄悄地隐藏起来。即使有什么要帮助她的，我也要给她找一个最好的理由，不会让她感觉到自己和别人有什么不同。

玲玲的情况，一直都在我的掌握之中。

有人先后告诉我：玲玲的爸爸去世之后，很多人张罗过她妈妈的再婚问题，但是她妈妈考虑到孩子正处于读书的关键时期，不想因为这影响孩子。因为她听说，很多再婚家庭，由于夫妻双方的性格、经济等多方面的原因，对孩子的成长很不利，甚至有些继父打着关爱孩子的幌子去欺负、伤害孩子。再说，玲玲的爸爸在世的时候，他们的感情非常好，她也一直没有从思念玲玲爸爸的感情中走出来，她的这种精神状况，也不适合马上再婚。

但是，玲玲的妈妈也有担忧——自己一个弱女子，能把玲玲带好吗？甚至因为这种担忧，很多时候睡不好觉，人很快就苍老了许多。玲玲很担心，对我说："郑老师，你可以去我家劝劝我妈妈吗？"

于是，我在搜集了很多资料之后，到玲玲家去家访。

我总习惯在做事之前，尽量多准备一些资料。因为我知道，要想做通他人的思想工作，就必须言之有理，言之凿凿。我搜集了目前关于单亲家庭教育的不少负面和正面的资料，准备好后，我就和玲玲的妈妈进行了一次坦率的交流。

我告诉她，其实我们有很多的烦恼，是自己吓自己。比如说近些年，人们对单亲家庭子女教育问题有了更多的关注，本来这是好事。但就目前来说，有关研究似乎有夸大单亲家庭子女"问题"的明显倾向，甚至将单亲家庭子女说得一无是处。如有人认为单亲家庭子女不善交流、交往心理不正常，有人说单亲家庭子女情绪变化激烈、喜怒无常、品质较差……甚至他们的分辨能力、记忆能力、思维能力、想象能力等各方面的认知能力都较差。还有些研究者更是将单亲家庭子女与犯罪相联系，断定"问题少年多出自单亲家庭""家庭破裂与青少年犯罪有直接的因果关系"……

这些"研究成果"，虽然本意是"为孩子好"，但其客观效果是对单亲家庭子女产生了不利的影响。因此，我们有必要对单亲家庭子女教育问题重新审视。我告诉她，单亲家庭对子女的影响是复杂的、多方面的，就子女教育而言，单亲家庭对子女的成长有不利的一面，也有有利的一面，也就是说，单亲家庭其实也有其教育优势。

古今中外历史上，单亲家庭子女成才的例子比比皆是。在我国历史上，很多名人就是由寡居的母亲抚养成才的，如孔子（2岁丧父）、孟子（早年丧父）、张衡（幼年丧父）、王充（少年丧父）、嵇康（早年丧父）、陶渊明（7岁丧父）、禅宗始祖惠能（2岁丧父）、韩愈（2岁丧父）、欧阳修（早年丧父）、周敦颐（少年丧父）、范仲淹（2岁丧父）、成吉思汗（8岁丧父）……外国也有不少这样的例子，如亚里士多德（幼年丧父）、马丁·路德·金（早年丧父）、麦克斯韦（9岁丧父）、拜伦（3岁丧父）、安徒生（早年丧父）、格林兄弟（早年丧父）、马克·吐温（12岁丧父）、高尔基（4岁丧父）、卓别林（1岁父母离婚）、加缪（1岁丧父）、萨特（2岁丧父）、大江健三郎（9岁丧父）等。

这些案例告诉我们，单亲家庭子女不但不像现今某些研究者所认为的那样，必然会成为"问题少年"甚至走向犯罪，相反，倒有许多杰出者。对他们来说，单亲家庭起到了正面的作用，成为其成才的有利因素。

一、单亲家庭的孩子往往更加努力

单亲家庭的孩子从小就面对逆境，认识到逆境是自己不可回避的，因此，他们从小就知道努力，知道不依赖别人。甚至可以说，人的许多品质，在逆境中才更容易形成。如诸葛亮，人们都知道"诸葛一生唯谨慎"。为什么他有这样的性格特点？有研究者认为，这就与他的人生经历有关。诸葛亮早年丧母、丧父，他正是在生活逆境中形成行事谨慎的性格的。

据有关材料显示，美国资本主义发展初期的富翁，有相当多的人出身于单亲家庭。香港十大首富，也是幼时家境贫寒者居多，而且其中不乏自幼丧父或父母离异的人。如李嘉诚和曾宪梓，都是幼年丧父，他们因无人可依赖，于是较早形成了自立、自主的意识，客观上形成了他们奋发向上的精神。

在政界也同样如此。如美国总统林肯，年少丧母，家境的贫寒使他没有机会接受高等教育。但他自学成才，后来成为美国历史上一位伟大的政治家。有人研究发现，在英国首相中，有61%的首相在童年时期双亲有一人亡故。因此，他们认为，从小处于逆境中的孩子，更懂得怎么做人和寻求帮助。

同样的情况也存在于科学家的成长经历中。有研究者随意选取了96名科学家进行研究，结果发现，有39.6%的科学家在童年（15岁前）至少失去了父亲或母亲，如哥白尼（10岁丧父）、牛顿（遗腹子）、门捷列夫（13岁丧父）等。

许多大教育家在童年时代也有过不幸的经历。例如，瑞士大教育家裴斯泰洛齐5岁丧父；德国大教育家福禄倍尔不到1岁母亲去世；日本教育家小原国芳11岁时母亲因操劳过度而病逝，两年后父亲也去世了；中国现代教育家陈鹤琴6岁丧父。这些人都是在逆境中自学成才的。

二、单亲家庭的孩子往往具有敏感的气质

单亲家庭促使孩子形成敏感的气质，而这正是从事艺术、科学和政治活动所必需的。许多单亲家庭的孩子童年时没有了父亲，这些孩子备感人世的辛酸苦难，这使他们幼小的心灵多了许多细腻、敏感。许多单亲家庭的研究者提出，单亲家庭的孩子往往是敏感的，并且把这一点视为单亲家庭孩子的缺点。但实际上，敏感并不是一种缺点。对某些领域的工作而言，这倒是一种长处，甚至是必备的条件。

三、单亲家庭的孩子具有丰富的人生经验

单亲家庭的孩子往往不得不很早就独立，走向社会，从而有了丰富的人生经验。如美国作家马克·吐温，由于他早年丧父，12岁就开始流浪，自

谋生计，曾一度在密西西比河上当水手和领航员，从而有了多方面的社会经验。高尔基更是如此。他把底层社会的奋斗经历看作自己的"大学"。自然，他们不仅仅是有了丰富的经验，更重要的是，他们对人生有了更深切的体验。如鲁迅少年时父亲因病去世，家庭陷入困境，后来他在《〈呐喊〉自序》中说："有谁从小康人家而坠入困顿的么，我以为在这途路中，大概可以看见世人的真面目。"

单亲家庭的孩子没有双全的父母可以依靠，只能凭借自己努力，因此养成了自我奋斗的精神，这是他们成才的关键。如2岁丧父的韩愈，独立精神就很强，他在《伯夷颂》中说："士之特立独行，适于义而已。不顾人之是非，皆豪杰之士，信道笃而自知明者也。"这正是夫子之道。

我的旁征博引，让玲玲的妈妈振奋不已。她由衷地说："我一直生活在玲玲爸爸走后的阴影中，今天，你的这一番话，让我看到了希望。我相信我完全有力量，为玲玲的成长创造良好的条件！"玲玲抱着妈妈的肩膀，亲密地说："本来嘛，生活还会继续下去的。我相信，我们能够让天堂的爸爸安息。"

后来玲玲大学毕业考上了省城长沙的公务员，工作很不错。我写这个案例，只是想告诉大家，对单亲家庭孩子的教育，我们不要过分地强调不足，生活是咋样，我们就让它咋过。

温馨贴士

1. 耐心地倾听家长的谈话，可能比你说一通大道理更有实际意义。
2. 去家访之前，要针对家长可能出现的问题做好翔实的资料准备。
3. 单亲并不可怕，可怕的是人们的歧视和打击。

第六章
留守学生不缺爱
——与留守学生家长沟通的策略

- 为人父母者,无论工作多忙,都要抽出一些时间来和孩子在一起,切不可图轻松,把孩子的抚养权和教育权都拱手交给老人。不然,我们将付出更大的代价来矫正孩子们那些根深蒂固的坏习惯。
- 苏霍姆林斯基曾经说过:"铁石心肠的人大都生长在那些父母过分溺爱子女、对他们百依百顺、一味迁就、没有任何要求的家庭里。"我在实际的调查和工作中发现,在隔代教育的家庭中,有很多人对孩子的教育,往往从溺爱开始,以愤怒和寒心结束。
- 家长工作犹如剥洋葱,只要你一直坚持做下去,总有一天,他们会被你感动。

策略44 告诉家长孩子的成长需要父母的陪伴

世界上只有人，会把自己的孩子交给别人带养。

这几年，随着留守儿童犯罪率的上升，托付教育的弊端逐渐暴露出来。但是，仍然有很多年轻的父母，因为工作的原因而不得不将孩子交付给爷爷奶奶、外公外婆或别的亲友带养，甚至还有些家长，只给孩子请一个保姆了事。

从小在缺乏亲情的环境里长大的孩子，心理容易变得扭曲。2004年，我到湖南省邵阳市的几个县市去调研，发现这个问题在农村更为突出。一个叫芳芳的小女孩告诉我，她7岁了，只见过妈妈3次，只有爷爷在向妈妈要学费的时候，她才能听到妈妈的声音，母爱对她来说是一片空白。一个外号叫菠萝的男孩说，他觉得自己是一个被抛弃的人，没有人会真正地关心他的情感需要。在一所乡镇中心学校，有四五个孩子说着说着就哭了起来。他们说，每次看到电视上别人的父母和孩子一起快乐地玩，他们就特别想把电视机砸烂……

我理解这些年轻的父母，为了生计，他们不得不背井离乡。由于经济条件和各种政策原因，如不少地方规定户口迁入不满三年或五年的要交纳昂贵的借读费，使得很多农村里的孩子不能够跟随父母去城里上学。因此，他们被托付给父母的亲人带养，从而成了中国教育史上特殊的隔代教育的一代。

我的一个外甥，因为我姐姐、姐夫在外地谋生，孩子一入学就在亲戚中间打游击。小学一、二年级是在爷爷奶奶家度过的，三、四年级是在干外公、干外婆家上学，五、六年级的时候，他又开始跟着外公读书……

尽管大家对他都很关心，也很爱护他，但还是存在很多问题。他犯错误的时候，亲戚们不能像批评自己的孩子一样，该苛刻的时候苛刻，该宽容的时候宽容。亲戚们总觉得，他父母不在身边，不能够激发他内心的孤独感，不能够让他有寄人篱下的感觉。可是，亲戚们越是有所顾忌，他的感觉就越明显。进入青春期之后，他几乎不跟亲戚们讲话，亲戚们的教育显得更苍白无力了。

高中一年级时，班主任说他和几个学生"混混"好上了，而且是铁打不烂地好。班主任苦口婆心，他妈妈从外地连夜赶回家，他的爸爸甚至要为他自杀……

最后，我也实在没有办法了，给他写了一封很长的信，坦诚地谈了我的看法。我承认，没有轻易拆得散的友谊，我也不想拆开他们，但是，年轻的时候，我们总得为自己的未来打好基础。

读了我的信之后，他开始有所悔悟，我也真诚地把他的朋友接纳为自己的朋友，并在他们过生日的时候，把自己出版的几本学生辅导书签了名送给他们。

他也逐渐接纳了我的建议，高三的时候，开始努力读书。可惜，由于整个中学阶段虚掷的光阴太多，他已经无法实现自己的理想，只考取了一所一般的大学。如果凭借着他初中的基础，他完全可以在不虚度的高中三年里，取得更好的成绩。可惜，成长只有一次，人生不可能有机会重新来过。

美国的 M. S. 斯特娜夫人在《自然教育法》一书中讲过这样一段话："把自己的孩子委托给他人教育，只有人类这样做，动物绝不这样。罗马之所以灭亡，就是由于罗马的母亲们把教育孩子的重任委托给了别人。"

这段话从国家的高度阐述了母亲教育的重要性。其实，教育孩子不仅仅是母亲的责任，父亲也责无旁贷。现代教育学研究证明，从小就和父母一起长大的孩子，性格才最健全，心理才最健康。这样的孩子才最容易成才。

2000年，年仅22岁的张驰成为剑桥大学历史上最年轻的中国籍博士生。谈到孩子的成功时，张驰的父亲张明山说："父母和孩子一起生活，就是对孩子最好的教育。因为我们的一举一动，都在教育着孩子。"

张驰念初一时，他家附近办了一个免费补课班，有各种专业。当时他们一家三口都去报了名。每次听完课回到家后，爸爸、妈妈和儿子总会凑到一起交流：你听了什么，我听了什么，大家都兴致勃勃的，既平等又热烈。妈妈杜鹃英说："一家三口在一起交流，气氛很好，而且很充实。我们告诉孩子，学习其实是一件很幸福的事情，应该珍惜这个机会。你把学习当作一件苦差事，它就苦不堪言；你把它当作一件幸福的事情，你就会乐此不疲。"

他们至今还保存着从1984年开始的家长和幼儿园老师的联系本。在1984年12月12日那天有这样一段记录："张驰回家后，我们给他念了联系本，说他懂事了，喜欢学习了。他可高兴呢，主动在家做值日、擦桌子，还画了一幅画。"那年张驰6岁，上幼儿园中班。

当我们羡慕别人孩子的成功时，总有很多父母会推脱责任说："没有办法啊，我们要赚钱啊，要谋生啊。"我问他们："你们赚钱是为了什么？"他们说是为了给孩子创造更好的教育、成长环境。可是，冷静地想一想，孩子在最需要教育的时候，父母离开了他们，这个好的教育环境又如何能够被创造呢？钱是身外之物，对孩子的教育并不是很重要。那么多的寒门学子，都成了国家的栋梁之材，难道没有了钱，就不能够给孩子好的教育了吗？很显然，这个道理是讲不过去的。

班主任要告诉家长：无论多么忙，一定要将孩子带在身边，自己的孩子自己教。

> **温馨贴士**
>
> 1. 从小在缺乏亲情环境里长大的孩子，心理会变得格外扭曲。
> 2. 成长只有一次，人生不可能有机会重新来过。
> 3. 告诉家长：无论多么忙，一定要将孩子带在身边，自己的孩子自己教。

策略45　引导家长认识到隔代教育的弊端

> 好习惯的养成用的是加法，要靠一点一点的积累强化，而去掉坏习惯用的是减法，要靠惩罚手段一点一点地消除。

有位网友说，开一次家长会，来的家长竟然一半是爷爷奶奶。而且，他也发现，班上最让人头疼的几个学生，家长会上居然清一色地来的是爷爷奶奶或外公外婆。他对这种情况深感忧虑。

确实，这已经是一个很严重的社会问题了。随着生活节奏的加快，人们谋生的场所不断拓宽，家长们早已经不再围着原来的家庭轴心转了。我曾在郊区、农村调查过，现在大约有50%的农村家庭，把孩子托付给爷爷奶奶或者外公外婆带。年轻父母们，不是在外经商，就是在外打工，他们很少有精力和能力照顾孩子的学习与生活。在农村，随处可见六七岁的孩子，在六七十岁的爷爷奶奶的陪伴下做作业、玩耍和劳动，却很少看见他们父母的身影。另外，大约有20%的年轻父母，因为没有可托付的人，被迫带着孩子在城市里穿梭，但是高额的择校费让他们头疼不已。只有不到30%的人，自己精心教养着孩子。

这种情况在城市里也一样存在。一些工薪阶层的年轻父母在生儿育女之后就业压力很大，加上现在很多爷爷奶奶已经退休在家，于是主动接过了孙子孙女的教育管理工作，结果就出现了比例不低的隔代教育现象。

隔代教育现象的出现也带来了相应的隔代教育问题。

一是祖辈的教育观念和思维很多已经跟不上时代的步伐，很难在三代人之间取得教育协调。老人的教育观念和年轻父母的教育观念常常发生冲突，使得孩子无所适从。而人都是有惰性的，孩子们常常在冲突双方之间选择对自己有利的一方来支持，进而说服管教自己的爷爷奶奶或者爸爸妈妈，从小就让孩子学会了耍两面派。

二是祖辈的知识面多已过于老化，他们的知识结构层次已经很难适应现在的生活、教育需要，结果只勉强完成了抚养任务，而很难尽到教育义务，孩子们的发展很不完善。很多老人承认，他们只能管好孩子的吃穿，教育几乎就是放任自由。

三是父母和孩子长期隔离，亲情关系会逐渐变得淡漠和疏远，让孩子有一种被抛弃和被冷落感，不利于孩子健康性格的培养。很多孩子之所以变"坏"，就是由于亲情得不到满足。

四是祖辈对孩子多迁就、少教育，多溺爱、少要求，结果使孩子养成了很多坏习惯。我在调查中发现，爷爷奶奶现在有一种很普遍的奇怪心理，就是认为他们自己做父母的时候，对孩子要求过严，对不起孩子，现在只有在孙辈身上补偿一下了。因此，他们对孩子特别溺爱、迁就，如果孩子的父母要管教孩子，爷爷奶奶还会出面袒护："你自己那时候还不是一样的，不要忘了自己是怎么长大的。"换位思考本来是好事，但在这里成了爷爷奶奶指责年轻父母的一个理由。爷爷奶奶这样责备孩子的父母，管教就很难到位，孩子们反而在一边看热闹，早就忘记了祸是他们惹下的。

好习惯的养成用的是加法，要靠一点一点的积累强化，而去掉坏习惯用的是减法，要靠惩罚手段一点一点地消除。孩子长期生活在祖辈的袒护和溺爱下，那些坏习惯就得到了张扬，好习惯倒逐渐消失了。

因此，我常常说，为人父母者，无论工作多忙，都要抽出一些时间来和孩子在一起，切不可图轻松，把孩子的抚养权和教育权都拱手交给老人。

不然，我们将付出更大的代价来矫正孩子们那些根深蒂固的坏习惯。

记得我们楼下原来有一位叫唐蓉的老师，由于他们夫妻经常两地分居，没有一个固定住所，儿子邬骥只好长期托付给开旅馆的爷爷奶奶带养，结果养成了作业不做、经常逃学、吃饭挑食的坏习惯。而且令人尤为恼火的是，由于旅馆的环境不好，小小的邬骥从小耳濡目染，10岁的时候就满嘴黄腔，害得同事们都笑话唐老师，说她养了一个韦小宝（金庸武侠小说《鹿鼎记》里的主人公），还管邬骥叫"乌鸡"。这是对孩子多大的伤害呀！所以，邬骥到了唐老师这里，性格竟然比在爷爷奶奶那里还要叛逆、乖张，不做作业、逃学、打电子游戏是家常便饭，捉弄人家女同学、打架闹事更是隔三岔五的事情。唐蓉老师一想起来就头疼。

唐老师的爱人是博士毕业生，在深圳经营着一家不小的公司，她本人也是本科毕业生。这在当时我们那所中学确实算得上是一个高级知识分子家庭。可是，这样的家庭竟培养出了这样的孩子。当邬骥的老师多次找唐老师告状，唐老师一筹莫展地在我们家诉苦的时候，我们一起给她出了几个主意。

第一，不要要求邬骥怎么做，而是给邬骥提供一个高尚的文化生活环境，目的在于唤醒邬骥心中的羞耻感。羞耻感的泯灭，是一个人堕落的根本原因。我对唐老师说，我们要带邬骥多到一些高尚的文化生活圈子里去，让他在那里感觉到差距，感觉到快乐，并在这种快乐的环境中唤醒他对自己放荡言行的羞耻感。

那时我们文化馆的老师们正在组织赴省少儿文艺比赛的演出，我让唐老师给邬骥报了名，给邬骥讲的理由就是夸奖他胆子大，不怯场，能够取得好成绩。人的内心其实都有一种被赏识的需要，邬骥是一个10岁的孩子，更需要这种正面的积极引导。果然，邬骥答应去了。

环境是最好的课堂，在那里，邬骥出口成"脏"，就会受到老师和同学们的鄙视，几次想溜，但是又舍不得去省里演出的机会，压抑了几次，还是去了。在那个环境里训练了三个月之后，邬骥演出回来，举手投足之间仿佛变了一个人似的，文雅多了。为此，唐老师花费了将近半年的工资，可是，她认为值得。

第二，尽快帮助邬骥补上以前没有学好的功课，并请邬骥的老师配合，在最近的半年内，不要在学习上对邬骥提出过高的要求。孩子常常在学校里挨批评，心里的那一丁点儿成就感早就消失得无影无踪了。当孩子的学习跟上来之后，他自己心中的自卑感也就慢慢减少了。这样才有可能使他对学校学习慢慢产生兴趣。

第三，交给孩子一个任务，要他把在学校里听课的内容回家后向妈妈复述一遍。目的是督促邬骥上课认真听讲。开始的时候，只要求邬骥告诉唐老师，老师在上课的时候讲了什么，毕竟邬骥的基础较差，上课内容可能听不懂，但是要知道老师讲了什么，不求听懂。然后循序渐进，复述老师上课所讲的知识。这样坚持一个学期之后，邬骥应该能够做到把注意力放在课堂上。

第四，给邬骥建立一个成长记录簿，分两大项进行。

一项记载邬骥"今天又成功地减少了多少个不良习惯"，并给他拟了一句格言——"在克服自身缺点上进步的人是伟大的"。这个活动的目的就是要激发邬骥内心的自豪感，看，今天自己又戒掉了一个不好的毛病！同时，唐老师要鼓励他——他已经越来越像一个男子汉了，居然克服了那么多的缺点，比任何孩子都棒！

另外一项就是建立一个优点爬升榜，上面记载唐老师发现的邬骥的闪光点，每增加一点，都明确地给邬骥以表扬和鼓励。果然，每次邬骥看到优点爬升榜上自己的优点不断增加时，他都很高兴，成就感溢于言表。

第五，是最需要唐老师耐心做的一件事情，就是经常和邬骥一起活动，用亲情拉近心灵的距离。我曾经看过一篇文章《皮肤的饥饿》，讲的就是亲人之间，有时候需要一些爱抚的表达，不然我们的皮肤会感到饥饿。原来我们心理的需要，有时候可以通过身体的接触得到满足。我们和孩子拉手，拍拍孩子的肩膀，可以让他感觉到我们爱他。我常常和儿子挨一挨脸，有时候我用手指头点点我的脸，儿子就知道我想他了。我把自己的这些体会告诉唐老师，我建议唐老师经常带孩子一起做家务，鼓励孩子做一些力所能及的事情，在他做得对或者做得好的时候，与他击掌表示祝贺。这样，在充满亲情的氛围中，可以逐步培养邬骥的动手能力和责任心。

这样坚持了一年多，邬骥就已经变得有礼貌、懂事了。后来他参加中考，以全地区第三名的成绩考入了湖南省某重点中学。

苏霍姆林斯基曾经说过："铁石心肠的人大都生长在那些父母过分溺爱子女、对他们百依百顺、一味迁就的、没有任何要求的家庭里。"我在实际的调查和工作中发现，在隔代教育的家庭中，有很多人对孩子的教育，往往从溺爱开始，以愤怒和寒心结束。

我们要阻断这个像多米诺骨牌一样的教育效应，就必须向家长们明确提出：无论你们有多忙，你们都有责任和孩子们一起生活，有责任陪伴他们一起成长。

> **温馨贴士**
>
> 1. 让孩子的父母与祖辈在教育孩子的理念上保持一致。
> 2. 引导家长一点一点地培养和强化孩子的好习惯。
> 3. 让家长认识到溺爱的害处。

策略46　给留守学生的家长写一封信

> 我希望用这些惨痛的教训警醒家长，用这些动人的话语温暖家长，用这些坦诚的呼唤感动家长，用这些诚恳的希望打动家长，用这些浅近的要求促动家长……

到现在为止，距离第一次写下面这样的信已经有16年了。每次读这封信，我都从心底感到激情澎湃，家长们滚烫的话语、殷切的神情又浮现在我的眼前。那一双双为了生计而变得粗糙的手，让我从灵魂深处感到震撼。

很多老师可能会说，留守学生的家长眼里只剩下钱了，还会因为一个老师的一封信而感动吗？我说会的，家长工作犹如剥洋葱，只要你一直坚持做下去，总有一天，他们会被你感动。

下面，就是我写给留守学生家长的一封信，希望对一些班主任有一定的帮助，也希望能启发更多的班主任把这种形式加以创新，运用到家长工作中。我希望用这些惨痛的教训警醒家长，用这些动人的话语温暖家长，用这些坦诚的呼唤感动家长，用这些诚恳的希望打动家长，用这些浅近的要求促动家长……这样，我们的留守学生就会有更多的幸福和希望。

致留守学生家长的一封信

尊敬的为梦想而远走他乡的家长：

您好！首先，请接受我对您的殷切问候——您辛苦了。为了让自己的孩子拥有更好的学习条件，为了让自己的梦想能够实现，您忙碌奔走在异地他乡，您这种为孩子吃苦耐劳的奉献精神，常常让我感动不已。正因为有您的支持，孩子才走到了今天。

但是，今天，我不得不提起我沉重的笔，向您写一封感情复杂的信。因为在这段日子里，先后有两个新闻事件，刺痛着我的神经。

第一个事件：一对72岁的老夫妻在家里带着4个留守孩子。由于春季地里忙碌，他们来不及把用来毒杀老鼠的薯块收藏好，就下地劳动去了。回来的时候，老夫妻为三个儿子、一个女儿带的4个留守孩子躺在院子里，永远地闭上了眼睛。

第二个事件：一个大雨的午后，一位热衷于打牌的老奶奶对孩子疏于照顾，结果，第一个小孙子落水之后，第二个小孙子去拉他，也被拖下了水，然后第三个小孙子又去拉，又被拖了下去。当家中唯一的男人——老爷爷回来，发现院子里躺着三具被好心人打捞上来的尸体后，喊了一句"我怎么对孩子们交代啊"，然后喝下一瓶农药，操起菜刀，将老伴砍死……我实在不忍心继续把这件事说下去了，因为它太让我痛心。

这是发生在留守孩子身上的一些让人悲痛的事件。也许，这是两个偶然的事件，可我多么希望这种事件不要发生在我们身边。

我知道，您在外奔忙，就是为了创造更好的条件，让孩子站在更高的起点上腾飞。可是，仅仅有条件还是不够的。

我再给您讲一个故事吧！

我有一个亲戚，几年前要是提起他的儿子，他就笑得合不拢嘴，无比自豪：儿子从小学到初三，一直是班上的一二名，大大小小的奖状贴满了墙壁，荣誉证书装了一抽屉，四邻和亲友都非常羡慕，常拿他的儿子做榜样教育自己的孩子。一家人因此把全部希望都寄托在了儿子身上。

在儿子顺利考上重点中学后，夫妻二人去了江苏省打工。为了保证儿子能安心学习，他们每月按时把350元生活费寄给儿子。后来，儿子向他们打电话的次数越来越多，而且每次都是要钱。远在外地的夫妻抽不出时间来想想为什么，只是很放心地照儿子的要求按时寄钱。

眼看高考的日子快到了，夫妻俩带着为儿子攒下的数万元学费准备返家时，儿子却打来电话，说他不参加高考了，要出来打工。原来，儿子进入重点高中之后，由于第一次考试只考了第18名，这对于从小学到初中都是尖子生的他来说，简直是一次沉重的打击。在这个关键时刻，没有人给他正确的引导，他性格比较内向，也不敢跟班主任诉说，结果，第二次考试，他的成绩比第一次更差。这时候，心灰意冷的他开始用打牌、上网解脱自己，有一个晚上，他输了410元。由于浪费了太多的时间，到毕业考试时，他已经是三门科目不及格。眼看高考到了，他知道自己与大学彻底无缘了，更无脸见自己的父母以及一向把他视作榜样的四邻和亲友，于是，他选择了外出打工这条路……

这样的结局让我的亲戚很想不通：他们辛苦打工到底为了什么？难道是为了让孩子一代一代地继续打工吗？

我知道，大家都怀揣着改变现实和命运，为孩子创造一个好条件的梦想出去打工，但是，如果我们忽略了孩子的教育和成长，我们的梦想能够实现吗？钱固然重要，但是钱换不来生命，换不来亲情，换不来幸福，换不来梦想。

人生最宝贵的东西不是金钱、地位和财富，而是成长、快乐和幸福！世界上最好的教育也不是学校、教师的教育，而是家庭和父母的教育，是父母与孩子之间的情感互动，让他们懂得做人的道理。而只有懂得怎么做人的孩子，才懂得珍惜，懂得回报，才能够创造一切财富！

为了让孩子成才的梦想离我们更近一些，我特向您提以下五个建议：

（1）在可能的情况下，请你们夫妻二人中尽量留下一人在家教育、培养孩子。

（2）每月务必和孩子通一次电话或者给孩子写一封信，向孩子直接了解其学习、生活情况，鼓励孩子努力向上。

（3）要经常与现在孩子的监护人联系，及时了解孩子的情况，请他们务必多关心和严格要求孩子。监督孩子不到游戏厅、网吧去，不要经常上网。

（4）要经常和学校的老师联系，及时了解孩子在学校的学习情况以及其他方面的表现。

（5）要尽量做到寒、暑假与孩子各团聚一次。

其实要做到上述五件事并不难，难就难在坚持。那么，就让我们从今天开始,从现在开始,为了我们把孩子培养成才的共同目标,对孩子付出有效的关怀和温暖吧!千万别为了口袋,误了后代!也请您从现在开始,当您休息的时候,当节假日来临的时候,抽空想想孩子的教育问题!

最后,祝您身体健康、工作顺心、万事如意!

您忠实的教育合作伙伴
孩子的班主任
郑学志

这封信写了已经有好些年了。每年我都会补充一些新的内容。每次接新生班级的时候,我都会把这封信找出来,让那些留守学生工工整整地抄好。然后,由我一一把它们寄出去。很多家长收到信后给我打来电话,说我的信让他们很受震撼!

我完全有理由相信,一个受到震撼的家长,必定会拿出改变现状的实际行动!

温馨贴士

1. 让学生一笔一画地把信抄写下来寄给其家长,会让家长受到更强的感染和震撼。
2. 当家长接到孩子亲笔抄来的老师的信时,会备感亲切。
3. 有时,做事情时不必总考虑它的效果。

策略47　带留守学生去看他们的父母

>只有我们切实地为留守学生的家长解决了问题，教育才能形成合力，对学生的教育才能真正落到实处。

2009年暑假，我们组织了一次南下广东与留守学生的父母进行沟通的活动。我们课题组全体成员和6名留守学生于7月10日早上从学校出发，15日返回学校，历时6天，足迹遍及广州、东莞、深圳等地。

6名留守学生的父母都在广东打工，父母们希望暑假子女能够有机会到身边聚一聚，以密切孩子和父母的感情，同享天伦之乐。我们知道，现在很多家长必须到外地去打工，因为他们在家里找不到谋生的出路，我们不可能天天在学校里叫嚷着要留守学生的家长回来。经济是基础，离开了经济基础，很多教育工作也无法进行。所以，在媒体呼吁家长回家带养孩子的时候，我们学校采取了更人性化的措施——为家长提供实实在在的服务。我们不仅利用校信通及时把学生在校的情况告诉家长，还通过各种途径培训留守学生的祖父母——那些隔代托管的爷爷奶奶，通过提高他们的教育管理水平，让留守学生的家长在外能放心地工作。

这次，我们组织这些留守学生去看爸爸妈妈，就是留守学生家长工作中的一项重要内容。很多留守学生的家长希望子女假期能够有机会到他们身边去，但又找不到合适的人选帮忙带过去，心里也为难。让子女单独出远门又不放心，尤其是女孩子。根据这一情况，我们在样本学生中确定了11名学生随行（后来有5名学生随亲友先期到达了广东）。我们想通过这项活动，一方面把学生安全送达，另一方面，更为重要的是通过这次活动，直观地了解一下留守学生的教育问题，了解家长的切身需要。只有我们切实地为留守学生的家长解决了问题，教育才能形成合力，对学生的教育才能真正落到实处。

  成行之前，我们对样本学生做了一个调查，题目是：你为什么不怕天气炎热和路途遥远，要到外地去和父母相聚？学生的答案几乎是相同的：因为有半年没有见到父母了，很想见到他们。哪怕平时父母要求很严，甚至还经常打骂孩子，父母始终是孩子心中最想念的人。家里虽然有爷爷奶奶或其他亲友的关照，但又怎么能与父母的关爱相比呢？当然也有回答其他理由的，例如，有的说是利用暑假时间到父母打工的地方帮忙打工，挣点零钱花；有的认为外面比家里好玩些（这种情况不多）。

  7月的南国，烈日如火一样炙烤着大地。我们和学生同坐长途卧铺班车，一路上同吃同住。我们到达广州后便和家长进行了联系，并不辞劳苦、不畏酷暑把同行的学生一个个安全地送到了他们的父母身边。有时为了送一个学生，要来回坐很远的车，甚至还有弄错方向搭错车的经历。我们先后在广州、东莞、深圳等地，走访了许多长期在外打工的学生家长，也亲眼看见了学生们回到父母身边时的喜悦情景，分享到了团圆的喜悦。

  留守学生的家长很感激我们，有的热情地请客招待我们，有的放下手中的工作和我们交流。哪怕只是几句简单的交流，我们也深深地体会到家长们的喜悦和无奈。他们当中的很大一部分人生活比较艰难，许多人没有什么技术，靠出卖体力打工，收入不高，开支不小，有的人甚至还负债打工。只有极少数有技术、有实力的打工者，在外面活得很精彩，他们的孩子来到身边后，能过上快乐无忧的生活。

  我们和留守学生的家长进行交流，倾听他们对留守学生教育管理方面的心声。了解他们的艰辛，可以此来教育留守学生热爱、体贴父母，努力学习，报答父母的养育之恩。他们也向我们表达了对学校和政府关爱留守孩子的感谢之情。那些话语很朴实，但是很真诚。我常常在他们倾诉的时候被感动，这就是我们的学生家长，这就是我们中国的劳动人民，其实他们很容易满足，点滴关怀、一丝温暖，就足以让他们对社会感恩。

  他们也向我们表达了自己的真实想法。其中有些想法，我们无法实现，因为这涉及国家大的政策方面，我们教师无能为力。但是，我们可以把他们的想法搜集起来，通过我们的笔，向上级领导汇报家长们的心声。他们是这样想的：

——希望政府有关部门联合打击黑网吧、游戏室、歌舞厅等，使孩子们能有良好的学习、生活环境。

——希望国家及有关部门能给留守孩子的出行提供方便，在孩子读书期间，寒暑假到父母打工地坐车、乘船能享受到优惠待遇，并在旅途中给予特殊的关怀，这样能为我们在外打工的父母减轻经济上和精神上的负担。

——希望国家改变现行的中小学学籍管理制度，让外地生和本地生都能享受平等上学的权利。让我们的孩子能顺利地来到我们身边就读，这是最能解决问题的办法。

——希望老师和我们父母及在家里照看孩子的亲友多沟通，及时通报留守孩子各方面的情况，发现问题及时解决。

——希望当地社会和学校联合成立留守孩子假日活动俱乐部，让留守孩子在假日里同样能进行健康的活动，能时时受到社会各界的关怀……

五点希望，五个梦想，让我们感动不已。谁说平民百姓不关心国家大事？！我们知道，这些家长的孩子，很多即将完成义务教育，很多即将结束留守生涯。但是，他们仍然从留守群体的角度，提出了自己诚恳的建议。这些建议的提出，对以后国家改善和解决留守孩子的教育问题，有着多么重大的意义！我期望我们的政府职能部门和决策者，能够有机会看到我的这本小书，能够从国家的高度，用政策来解决根本问题。这样，我们的留守学生就有福了，我们的教育就有福了，我们的民族就有了更多的希望！

我们也给家长们提出了六个建议：

（1）无论多忙，每周给孩子和在家的爷爷奶奶打一个电话，有事说事，无事交流一下感情。

（2）不要只给孩子钱，还要多了解一下孩子的真实想法。虽说没有钱万万不能,但是很多时候,钱不能够解决教育问题。

(3) 如果可能,尽量每月给孩子写一封信,或者发一封电子邮件。现在通信这么发达,只要有心,交流还是很方便的。

(4) 每月给班主任打一个电话,了解一下孩子的情况,交流一下教育的问题。不要怕麻烦老师,只要不在上课期间打电话,我相信任何老师都会愿意与你们交流的。

(5) 一学期给孩子买一本书,会读书的孩子不会变坏。

(6) 每年至少要回家一次,看看父母,看看孩子,不要让时空疏远了你们的感情。

(本文根据湖南省安化县仙溪镇中学李超英的《倾听留守孩子父母的心声》一文改写,特向李老师致谢!)

温馨贴士

1. 加强家长与教师之间的联系,是最好的教育交流。
2. 护送学生去看望其父母,一定要注意路上的交通安全问题。
3. 教育要形成合力,教师任何时候都不要放弃对家长的影响教育。
4. 多为家长做一些具体的事情,这比说一万个理由更能够打动他们。

策略48 把你所做的工作告诉留守学生的家长

我常常在开学初就把我的工作重点告诉家长,把我的工作设想告诉家长……这并不是为了以后为我洗刷清白,而是为了争取他们的配合和理解。

我有时乘公交车上班,总在车上听到部分家长评论学校的是非。特别是有些留守学生的家长常年不在家，偶尔从外地回来，对车上的评论十分相信。甚至有很多家长这样抱怨："难怪我的孩子没有变好，就是学校没有管啊！"

我承认，有很多留守学生我们没有教好，有很多留守学生成了问题青少年。但是，造成这种结局的，不只是学校一方啊！学校教育不是万能的，学校教育的力量有时显得那么微弱，很多老师也很不甘心：为什么我们在学校的5天教育，竟然抵挡不了学生在家里2天没人管的放养？其实这并不难理解，家长的不同、家庭的不同、学生自身情况的不同，导致同样的学校教育在不同学生身上产生了不同的效果。难怪现在一些教育工作者提出了"5+2=0"这样一个新鲜却有悖常理的等式。但是，我们这样跟家长说，家长怎么可能相信呢？人家能不认为我们是在推卸责任吗？

我也知道，很多老师在留守学生身上做了很多工作，可是，由于留守家庭的特殊原因，使得我们做的很多工作家长并不知道，于是就造成了社会上对教师工作的片面理解。如果你平时和家长疏于沟通，没有及时向家长通报自己做了哪些事情，那么你的心思、你的成绩家长又怎么会知道呢？

因此，我常常在开学初就把我的工作重点和工作设想告诉家长。对于那些不在家的留守学生的家长，我也尽量通过电话、短信、微信、QQ和电子邮件等我能够和他们取得联系的工具，把我所做的事情一一告诉家长。这并不是为了以后为我洗刷清白，而是为了争取他们的配合和理解。有时候，即使一两个学生我教育失败了，学生辍学了、变坏了，家长也不会怪罪于我。他们知道，我确实尽力了……

我通常会跟留守学生的家长通报下面一些内容。

一、我的教育管理措施

留守学生管理的主要阵地是学校，这一责任我会明确地告诉家长。我会告诉他们，密切关注是我们管理的重要手段，为此，我也希望他们尽力配合我们，把托管亲属的电话号码等联系方式告诉我们。我们也尽量利用校信通、电话、微信等工具，把学生的动向、我们的管理要求告诉这些托管亲属。总之，我们希望通过自己的努力，力求给予每一个留守学生心理上的关爱、生活上的照顾、学习上的指导和帮助，为留守学生营造一个"家庭式"的平等、民主、和谐的学习氛围。

二、爱心家长代理志愿者活动

我告诉家长，为了给学生更好的精神关怀，我将安排任课老师和留守学生结对子，积极开展爱心家长代理志愿者活动，由以往我们单纯对学生进行学习上的指导，转换为对其生活、情感、心理等方面的关注和疏导，并要求学生定期与"爱心代理家长"进行思想交流及学习、生活情况汇报。我会定期召集"代理家长"交流情况，有针对性地开展工作。我告诉家长，"爱心代理家长"比托管亲属更懂教育方法，请家长尽力支持我们，这不是要抢夺家长的爱，而是给学生更多的帮助和关怀。家长也很支持我们，尽量要求留守学生的监护人和"代理家长"见面，以加强联系，形成教育合力。

三、学校工作及学生在校情况

我把自己和任课教师的联系电话、详细通信地址等信息一一告诉留守学生的家长，让他们经常和学校保持联系。同时，我也通过召开家长会、打电话等形式，经常向家长通报学校工作和学生的学习状况，并指导学生主动写信、打电话向家长汇报学习和生活情况，促进学生与家长的亲密接触和情感交流。我通过这些工作，既加深了留守学生对父母外出打工艰辛的理解，又培养了他们体谅长辈、关爱父母的良好品质。

四、书香校园工程

知识是人类进步的阶梯，是人类灵魂的归宿与寄托。对于留守学生来说，建设书香校园容易使他们找到灵魂的依傍，弥补他们内心缺失的爱。

寄宿在学校的留守学生比其他学生更缺乏娱乐的机会和条件。建设书香校园，鼓励学生多读书，是解决留守学生精神空虚的一个好办法。我除了带领学生积极建设书香班级之外，还常常列出清单，请家长们帮忙购买一些课外书籍。有些家长很不理解：读那么多课外书干吗？我告诉他们：会读书的孩子不会变坏，我列出的书都是对培养孩子的精神和情操有好处的书，能够提高孩子的文化素养，丰富他们的内心体验。我告诉家长，书中自有黄金屋，这句话中的"书"可不仅仅是指课本！家长们接受了我的思想，也就会积极地想办法购书了。

五、安全防范工作

留守学生的安全问题一直牵挂着家长们的心，我不仅加强了对学生自身的安全教育和防范工作，而且根据不同情况，把学生分成若干个小组，每个小组选出组长和副组长两人，负责组织学生入校，每一条线路都安排两三名老师负责监督。在学校寄宿问题上，我努力做到亲力亲为，尽量排除一些不安全因素。与此同时，我也明确要求留守学生的家长嘱咐托管亲属，注意对食品、用电、农业生产上的隐患进行排查。有位家长告诉我，为了让孩子在家不被家具碰伤，在孩子小的时候，他爷爷和奶奶就把家具上凡是有棱角的地方都用布包了起来，真让我感动。

六、钱财代管问题

我知道现在留守学生身上都有钱，一些在外打工的家长，因为常年不在孩子身边，觉得自己唯一能够补偿对孩子的亏欠的方法，就是给他们钱。所以，现在留守学生并不缺钱，有相当一部分留守学生身上的钱数目可观。没有钱寸步难行，可是钱太多了，也不是好事。很多留守学生变坏，就是因为口袋里有钱。所以，在这个问题上我特别强调，家长不要给学生太多钱。我会把学校需要的开支详细地告诉家长，并给他们开列明细的账单。如果这样，仍然有部分家长要给孩子很多钱，我就只有进行财产保管和理财教育了。我要求留守的寄宿学生星期天下午回到学校后的第一件事就是将带来的钱交给我统一保管，班上组建班级银行，然后再根据学生的用钱计划分别给予支付，以此来加强留守学生的财产管理，杜绝学生乱花钱的现象，培养他们良好的理财习惯。

七、"五自"教育

"五自"教育就是对学生进行自觉、自理、自律、自强、自信的教育，也是对学生独立能力的培养。为此，我明确地告诉家长，该由孩子做的事情，一定要由孩子来做。在家里，孩子力所能及的劳动，一定要让孩子参加。让孩子没用的最好办法，就是什么也不让孩子做。其实家长都是明理的人，他们不想让孩子做，主要是觉得自己亏欠孩子。道理一旦讲明白了，他们就会掂量事情的轻重了。同时，我会定期在班上召开主题班会或与学生个别交流，及时掌握教育动态。

八、"五个一"活动

我在要求家长对学生做到"五个一"（每周一个电话、每月一封信、每月和老师联系一次、每年给孩子买一本书、每年回家一次）的同时，也积极在学生中间开展"五个一"活动，具体内容是：改正一个缺点，做一件好事，交一份满意答卷，为学校添一份光彩，做一名合格学生。两个互动的"五个一"活动，有效地促进了学生和家长的改变。

每年我接了新班后，都会把我要做或者将做的这八件事情告诉家长，家长都很支持我。有时学生不理解我了，他们还能在电话里帮我给学生做工作。所以，我常常对那些和家长闹矛盾的老师说："不要总抱怨家长不理解，先问问我们的沟通工作做得怎么样。当我们把自己所做的事情都告诉了家长，经常和家长沟通，家长是能够理解和支持我们的工作的。"

毕竟，我们的目标是一致的。

> **温馨贴士**
>
> 1. 密切平时与家长的沟通,及时向家长通报你的工作。
> 2. 把我们所做的工作告诉家长,争取他们的配合和理解。
> 3. 与家长的有效沟通是获得其理解的前提。

策略49　学会培训留守学生的爷爷奶奶

当学生的家庭教育环境好了之后,学生就如同蓬生麻中一样,不用扶持也能够长得很直。

留守和隔代教育是一对孪生兄弟。为了给年轻的父母解除后顾之忧,很多爷爷奶奶或外公外婆主动承担了教育、培养孙辈的任务。无论我们如何把留守和隔代教育的种种弊端告诉家长,都无法阻止这些好心、热情的老人关心自己的子女和孙辈。中国是一个重视血缘关系的国度,"春蚕到死丝方尽,蜡炬成灰泪始干"这句话其实放在父母身上,比放在老师身上更贴切一些。没有哪个父母不是对自己的子女付出了毕生的心血。所以,对留守和隔代教育,我们除了尊重和引导外,好像还没有更好的办法。

但是,留守和隔代教育的弊端是明显的。现在,在农村照管孩子的老一辈大都是年龄偏高的爷爷奶奶,有的甚至是体弱多病、风烛残年、连自身都照顾不好的老人。这些老人大都行动不是很方便,反应迟缓,对孩子的教育显得心有余而力不足。很多年轻的父母把孩子托付给他们,其实有两个目的:一是让老人管教孩子,二是让孩子也关心照顾爷爷奶奶,代父母尽孝。但是年轻的父母忽略了这一点,他们留在家里的孩子,正处于生长发育的黄金时期,活跃、好动、贪玩,老人们又如何能够照顾得来呢?也正因为如此,近年来关于留守儿童的意外事故频繁发生。据不完全统计,我国每年至少有20000名留守儿童因大人照管不到位,遭遇意外事故而致伤、致残、致死。这些事故的频繁发生,向人们敲响了警钟:再不改变这种现状,我们的未来将十分危险。

该怎么办呢?我觉得,教师应该主动承担一些工作。

我一直认为,教育是我们影响国家政治决策最好的一种渠道,我们通过影响学生、影响家长,就可以影响我们国家的未来。想一想,这个意义多么重大!正是因为这种思想,使我对留守和隔代教育给予了更多的关注。我认为,要从根本上解决留守学生的教育问题,至少有三个问题需要解决:一是学生随父母就近入学的问题,这是国家政策层面的问题;二是家长培训问题,这是社会和学校层面可以解决的问题;三是社会环境影响问题,这是政府职能部门的事情,比如对网吧、游戏厅的管理和控制等。我们能够解决的就是第二个问题——家长培训问题。我们不能从政策上解决留守问题,但我们能担负起隔代家长的教育培训工作。

那么,在培训中我们该给留守学生的爷爷奶奶讲些什么内容呢?

一、突出安全教育

这是最关键的一点。生命是教育的基础,没有了生命,再完美的教育都是一句空话。但是,由于爷爷奶奶生理和心理上的局限,他们有时对照顾孩子的生命有点力不从心。而且不少家长思想十分顽固,尤其是在打预防针的问题上,他们很多人固执地认为没必要给孩子打预防针。怎么办?我就用大量典型案例来"吓唬"他们:孩子溺水、食物中毒、狂犬伤害等都可以告诉他们,事件离他们越近,越有警醒作用。孩子是子女托付给他们的重任,这些事情,只要我们讲给他们听,他们自然就会在思想上引起高度重视。解决思想上的问题之后,我再给他们提供一些实在的、具体的帮助,如安排定期打预防针,清除安全隐患,帮助他们照顾孩子等。

二、营造家教环境

教育的问题其实就是环境的问题，教育是一种影响，而不是死板地说教。当学生的家庭教育环境好了之后，学生就如同蓬生麻中一样，不用扶持也能够长得很直。但是老一代家长对孩子的教育都很简单粗暴，要么是以打骂为主，要么一味地娇纵，很容易走极端。我们就要通过反复多次的宣传教育，为学生的成长营造一个良好的家庭环境。这里涉及的内容很多，但是最重要的是改变，我们要尽量想办法，帮助爷爷奶奶放弃自己的错误做法。

三、重视劳动体验

不要以为现在的农村孩子很累，其实，他们比城市孩子玩得还好。爷爷奶奶在家已经不干很多农活了，再加上机械化和高科技在农业生产中的应用，使得农村孩子在家里几乎没有参加过什么劳动。很多爷爷奶奶对孩子有补偿心理，怕累坏了孩子，更不让孩子参加劳动。对于这一点，我们要在家长会上坚决反对。我们要强调现在的劳动不是折磨，而是锻炼，是提高孩子生存技能的一种训练。我们要把劳动从孩子今后安身立命的高度来抓，督促爷爷奶奶让孩子参加劳动。

我建议这些爷爷奶奶在外出劳动时一定要把孩子带上，不管孩子能不能做、能做多少。重要的是，让孩子参与劳动实践，在劳动中体会"锄禾日当午，汗滴禾下土。谁知盘中餐，粒粒皆辛苦"的滋味。我还建议他们在赶集时也带上孩子，让孩子知道钱不好挣，却花得很快，感受一下当家的不易。

四、善于虚心学习

我告诉他们：作为爷爷奶奶一辈，在知识层面上确实很多人已经比不上现在的孩子了。孩子的作业，低年级的或许能懂一点，到了中高年级就难懂了。但是,你们不要由于这个原因就不去看他们的作业。听孩子读书总会吧?孩子作业上的字写得是否干净、整齐,会看吧?孩子回家是否爱学习,是否在做有意义的事情,看得出来吧?……不知道孩子在做什么,我们就向他请教:"小乖乖,你在做什么呀?好漂亮呀!我跟你学学,一起做吧!"这样,孩子也就不好推辞了。这既增强了情感交流,也易于对孩子进行适时的教育。在这种氛围中孩子最听爷爷奶奶的话。

五、传递积极信息

很多爷爷奶奶很看不惯现在社会上的一些现象,老是批评、抱怨。但是,无论我们这个社会有多少不健康的因素,健康积极的信息都是我们未来的希望——这个社会如果没有一点光明了,未来也就很可怕。我们给孩子什么样的信息,孩子就会用什么样的眼光来看世界。对社会充满报复思想的孩子,其家里绝对会有心态不好的家长。因此,我们要提醒爷爷奶奶,在教育孩子的时候,多向孩子传递积极的、正面的信息,对社会生活中存在的不健康的一面,尤其是成人认知层面的东西,少告诉孩子。孩子长大后自然会有自己的判断,他们不需要我们现在硬塞给他们一些观点。同时,让孩子感知未来的希望,也有助于他们获得人生的快乐。

六、树立平等意识

爷爷奶奶要做到这一点很难。中国几千年的封建传统,在他们那里根深蒂固。因此,我们只能从孩子成长的心理需要上,告诉爷爷奶奶要平等地看待孩子。要告诉他们,作为长辈,无论孩子出现了什么问题,当你初次发现的时候,请先别呵斥,要耐着性子问问情况,认真倾听他讲的道理(无论有无道理),待他讲完后再有针对性地与他交流,以心换心。

教育学生很难,教育这些年迈的爷爷奶奶更难。农村里有句俗语"老小老小",人老了就变小了。这说明老年人考虑问题比年轻人更加任性、简单。这些老人信奉经验主义,张口就是"我吃过的盐比你吃过的饭多,我走过的桥比你走过的路多"。如果你不注意方法，那么别说你教育他们，就连说服他们都不容易。

但是，当你掌握了方法后就会变得很容易。通过十多年的培训实践，我总结出了教育培训这些爷爷奶奶的三个诀窍。

（1）要大胆地表扬和鼓励。人都喜欢听好话，老人们更甚。你把他们捧在手中，他们就会高兴地听你的话。

（2）要力陈危害。尽管老人们有些固执，但是他们的心理要害是爱孩子，怕孩子出事。我们要用典型案例，力求形象生动地把危害说清楚，以引起他们的重视。孩子真的出了事情，他们也不好向儿子和儿媳交代。

（3）要定期做好回访工作。很多爷爷奶奶在教育孩子的事情上力不从心，而且有些老人记性不太好，听说了什么转身就忘。甚至你当面安排的事情，当你说到后面时，他们就把前面的给忘记了。我们要有耐心，多宽容老人，用我们的定期回访来巩固培训效果。

总之，我相信，如果你真的把这六件事情向爷爷奶奶们讲明白了，让这些思想深入其心了，那么对留守学生的教育就一定会收到明显的实效。

> **温馨贴士**
>
> 1. 大胆地表扬和鼓励老人，人都喜欢听好话，老人们更喜欢。
> 2. 力陈危害，尽管老人们有些固执，但是他们的心理要害是爱孩子，怕孩子出事。
> 3. 我们要有耐心，多宽容老人，用我们的定期回访来巩固培训效果。

策略50　借助于网络让留守学生与父母交流

更多的时候，学生需要的是父母直接给予的抚慰与关爱。我们对学生说一千句一万句，可能比不上其父母给他的一个温暖的鼓励。

"想哭的时候，多想爸妈安慰自己几句，哪怕骂我一顿也好。"中秋节前的一天晚上，我到教室里去检查纪律，发现兰兰坐在座位上发呆。她想给父母写封信，可提起笔半个小时了，洁白的纸上还是只有"爸妈"两个字。因为兰兰对父母的印象还停留在童年的记忆里。8岁那年，她的父母就去了韩国打工，一直没有回来过。她对父母的印象，是她手中保存的一张8年前全家人的合影照片。

兰兰住在小姨家10年了，虽然她比父母在身边的孩子独立，当一个人委屈时，"睡一觉，醒来什么都忘了"，但是她还是有太多的遗憾，就像今天，她想给父母写信，却发现父母是那么遥不可触。

我也清楚地知道，她父母暂时不可能回来。我们班上有一半学生的家长在外地打工，为了赚钱养家，只能让这些留守学生在失望中继续等待。

该怎么抚慰他们忧伤的心，让他们能够快乐地学习和生活呢？我想了很久。其实，我们班上的学生不缺钱，因为那些在外地打工的父母认为：他们在外地打工，没有对孩子尽到父母的责任，就只好千方百计地用物质条件来补偿对孩子的亏欠。他们从外地甚至国外寄回钱、名牌服装和高档化妆品，"唯恐自己的孩子比别人的孩子生活差"。我理解他们，他们没有办法让孩子拥有更多的亲情，只有这样才觉得对得起孩子。

但是，家庭的亲情是任何物质上的满足都代替不了的。尽管学校要求老师把"特别的爱"给特别的学生，对这些学生的学习和生活进行无微不至的照顾，例如学校专门建立了心理咨询室，让学生有心里话就跟老师说，但是，老师又怎么代替得了父母？更多的时候，学生需要的是父母直接给予的抚慰与关爱。我们对学生说一千句一万句，可能比不上其父母给他的一个温暖的鼓励。

为了让学生享受更多的来自父母的关爱，我在每年接新生班级的时候，都会给这些留守学生的父母写一封信，在信中我会给他们提五个建议。很多家长很配合，也一直在坚持做。但是无奈距离太远，学生觉得父母的教育还是那么遥不可及。

怎么办？兰兰的无助让我想起：可不可以通过网络，开展一次网络亲子主题班会，让学生与其父母在网上相遇呢？我把这个想法和班长说了，他也觉得很好。但是，他提出了一个技术问题："一般免费的QQ群只能够文字聊天，不能够发送语音和视频。如果这样，我们还是觉得父母和我们之间很有隔膜。"

我灵机一动："可不可以把很多台电脑，一起摆到教室里。然后你们分别和自己的父母取得联系，让他们在QQ里看见你们？"

"这个主意好，可是从哪里找那么多台电脑呢？"是啊，尽管学校有多媒体教室，有专门的电脑室，但是那些电脑的位置都是固定的，不适合开班会。更何况，还没有哪一个班级在电脑室里开过班会。这个问题确实比较难解决。但是，这难不倒我。我难道不可以发动班上有笔记本电脑的同学和家长，把他们的电脑借来用吗？同时，我也可以把任课教师的电脑全部借到我们班上来用啊！

没过几天我就得知：一共可以凑齐31台电脑，我以前的一个电脑班的学生还表示可以免费租借两个大功率的交换机给我，由他负责网络技术问题。

万事俱备，只待班会何时召开了。

我对学生们说："不能浪费太多时间，要做就尽快做。同时，一定要把班会开好。要开成联络家长感情的大会、同学们和父母见面的大会、给大家鼓劲的大会。"学生们很高兴,也很努力。人多力量大,不到一个星期,节目全部搞定。有小品《妈妈,我想对您说》,有小故事《你们不在家的日子》,有舞蹈《心会跟爱一起走》……

班会如期举行。为了便于家长们在线参与,我们把班会的开始时间定在星期六晚上7点。很多家长以前从没有用过QQ,学生们帮他们申请了QQ号码。也有很多家长不知道该如何使用视频,我要他们到当地的网吧去,请网吧老板帮助他们。

那天晚上,我们把31台电脑沿一个口字形摆放在教室四周,每台电脑前都有一个摄像头在熠熠闪光。每台电脑上都至少登录了三个学生的QQ号。有些学生不但把我班班会的盛况向爸爸妈妈开放了,而且把其他班的同学叫来了,让他们在外打工的父母,也能够参与到我们班的主题班会中。

那天,很多家长给我打电话,他们哽咽着说,没有想到我们第一次见面,是在这样一种高科技环境里。以前他们读书的时候,就听说未来世界可以异地通话,看得见对方的影像,听得见对方的声音,没有想到今天这个愿望就实现了。他们很感谢我让他们有机会亲眼看见孩子在学校学习和生活的情形。能够达到这样的效果,我已经很满足了,我要的就是通过网络让亲子交流真实可触,让亲子教育变得直观生动。

那晚的节目非常精彩,其中有两个节目留给我的印象很深。

一个节目是林枫妈妈讲的故事。她不是留守家长,她只是我们班家委会的"爱心大使"。她站在留守孩子妈妈的角度,富有感情地讲述了一个留守妈妈的故事。

留守,不仅仅是孩子心头的痛

2001年,当孩子呱呱坠地时,家里的开支压力骤然加大。尽管老公努力地工作,但是,租房子要钱,养孩子要钱,吃穿还要钱,一年下来家里几乎没有1分钱的积蓄。第二年春节,我们决定出去打工,把孩子寄养在我大姨家。因为我没有妈妈和婆婆了，只能请我那六十多岁的大姨帮我带孩子。

送孩子去的前一天晚上，我一边整理着儿子的衣衫，一边掉泪。当一切整理好时，我抱着他，静静地看着他，眼泪一滴一滴地掉在他的脸上。那个时候儿子还不会说话，也不知道妈妈马上就要离开他了，还一脸幸福地睡着。

第二天上午，我们把孩子送到大姨家里。因为那里小朋友多，白天孩子和他们玩得挺开心。外出的车票已买好，我躲在墙边看了他最后一眼，狠下心转身走开了。当我乘坐的长途汽车出发时，我的心撕裂般的痛。这一走，就是整整一年……虽然我的身体在车上，但心还留在大姨家的那个小山村里。泪水，在眼眶里打转，然后，再滑落。

几个月后，大姨打电话来说儿子发烧了，她夜里背着儿子去了医院。我听了心里酸楚无比，想象着白发苍苍的大姨背着幼小的儿子在山路上奔走，我难过得要死。

年底，我们匆匆地踏上了回乡之路，没进自家门，先奔大姨家。大姨知道我们来了，给儿子穿了一件新衣服，然后叫他过来喊妈妈。可孩子竟不认识我和他爸爸了。我举着手中的玩具，说："过来，叫声妈妈，这玩具就归你了。"没想到，他过来拿走玩具，就跑回了我大姨身边——我们对他来说已经是陌生人了……

现在，孩子已经上学了，由于户口问题，他依然在亲戚家中打着"游击"……想起"有妈的孩子像个宝，没妈的孩子像根草"，我就偷偷地哭。很多时候，我就这样呆呆地望着窗外，心底轻轻地对孩子说：没有妈妈的日子里你过得好吗？妈妈也想你……

当林枫妈妈说到"妈妈也想你"的时候，自己抑制不住地哭了起来。下面的学生也哭成了一片，我看到视频里很多父母也在不停地揩眼泪。

另一个我印象很深的节目是诗歌朗诵。班会上，我们班的小诗人艾杨朗诵了她从网络上找到的一首诗《孩子，我们多想》。她以爸爸妈妈的语气深情地朗诵着：

孩子，我们多想

又是一年春来到

家家户户放鞭炮

迎春接福把春闹

我的宝贝却把忧愁抱

宝贝啊

多想，多想把你紧紧抱

多想，多想为你把饺子包

多想，多想陪你一起放鞭炮

可是啊可是

你的学费开学要交

爷爷奶奶需要我们去养老

又是一年春来到

家家户户放鞭炮

迎春接福把幸福抱

我的宝贝却愁上眉梢

宝贝啊

多想，多想让你撒撒娇

多想，多想陪你满街跑

多想，多想看你甜蜜的笑

可是啊可是

山高水远路迢迢

只能将我的孩子在梦里抱

孩子啊孩子

你是我们永远的宝

为了你

我们情愿更辛劳

原谅我们吧

春节

不能给你温暖的怀抱

相信我们吧

来年，我们让你灿烂地笑

大家都是哭着、笑着听完了这首诗。诗歌朗诵完毕，教室里响起了雷鸣般的掌声。"感人心者，莫先乎情"，在这感动中，很多家长泣不成声，很多孩子流出了眼泪。我们哭了又笑，笑了又哭。大家的感情在那一刻得到了完全的释放。当晚，就有很多家长表示，他们要跟孩子多加强联系，以前做得不好，今后要努力做好。很多孩子也纷纷表示，他们现在还会让父母牵挂，今后他们一定努力让父母放心。家长和孩子能这样表态，我就已经很满足了。

温馨贴士

1. 不管最后的结果如何，让人感动就是一种成功。
2. 与其用大道理说服人，不如用真实的感情打动人。
3. 要做好家长工作必须调动一切你可以调动的力量。

第七章

对"非常"家长要有"非常"手段
——与刁蛮家长"过招"的策略

◆ 师心如佛,讲的就是做老师的,心态要像佛一样宽容。当遭遇误解嘲讽时,我们的心要如佛一样明净澄清,不去做无聊的辩解,让所有的误解如泥牛入海,不会对我们有半点影响;当学生和家长冒犯我们时,我们要像佛一样慈悲,即使遭遇不公,也能用"我不下地狱,谁下地狱"来鼓励自己;即使学生和家长伤害过我们,我们也依然要像佛一样宽容他们,并且引导他们走上内心完美的修养之路……

◆ 换位思考的最大好处,就是能够设身处地地为冲突中的对方着想,即使不能有效地说服对方,至少也能发现自己思维的局限之处,从而让自己的心情平静下来。

◆ 修养就是圆润地解决问题的一种态度,修养就是宽宏地为人处世的一种气度,修养就是在我们明知"进"不行的时候,知道用"退"来达到目的的一种智慧……

◆ 孙子说"百战百胜,非善之善者也;不战而屈人之兵,善之善者也""故上兵伐谋"。应对难缠的家长,最好的计策也是"伐谋"。当面锣、对面鼓地直接交锋,是最没有谋略的办法,不得已再为之。

策略51 "退"字诀：退是风度，更是智慧

学会从家长的角度看问题，学会换位思考，结果，很多难缠的家长不但不再"难缠"，还成了我教育学生的同事和朋友。

很多老师反映现在的家长工作越来越难做，很多家长刁蛮得不可理喻。本来，教好学生是我们和家长的共同心愿，家长不应该让老师觉得"难缠"。实在有个别家长难缠，这只能说明家长是"非常"之人。既然如此，对付"非常"家长，我们就要有"非常"手段。

对付难缠的家长，第一要诀是知"退"。退才能避其锋芒，缓解矛盾；退才能保全自己，伺机反击；退才能反思问题，寻找突破。只知进不知退，一味蛮干，急躁冒进，不但不能解决问题，还会让老师和家长都受伤。

一、"退"是一种风度

河北省石家庄市第36中学的王拥军老师主张采取以退为进的方式来对付刁蛮家长，并说，"退首先是一种风度"，这种风度就是理解和宽容，不计较家长的语气和态度。很多时候，我们学会"退"，往往能够让家长意识到自己的错误，从而很好地配合老师和学校开展工作。

他举了这样一个例子：

上学期初一年级家长会上，有个别家长说话语气生硬、言辞苛刻，让人很不舒服。但我没有生气，也没有指责家长，因为我理解她是在为孩子的成绩不理想而着急。会后，我心平气和地与她谈了两个小时。分别时，她对我的工作非常满意，并从内心深处表达了对我的真诚谢意。所以，面对难缠的家长，我的体会是不要把他们气急败坏时说的话当回事，教师的冷

静、宽容和大度，往往能让家长意识到自己的不妥，从而使后面的问题得到很好的处理。

二、"退"是一种反思

持这种观点的是河南省叶县高级中学的顾治国老师，他认为：家长难缠，其实很多时候是我们自己造成的，对此我们要深刻反思。如，有的班主任盛气凌人："通知你那么长时间了，怎么才到啊？"有的班主任把学生的错误迁怒于家长："这就是你的孩子，你怎么教育的，一点教养都没有！"有的班主任处理问题简单粗暴："把孩子领回去吧，别再来了！"……这种不恰当的言行往往会引起家长对班主任、对学校的反感和抵触，甚至不再配合班主任和学校的工作。

三、"退"是一种换位思考

山东省高密市第二实验小学的李娟老师对此深有体会。她说：

女儿上一年级了，我也摇身一变成了"家长"，亲身的经历解开了我曾经的"迷惑不解"。以前看到学生作业本上家长那潦草的签名时，总是埋怨家长不负责任；而今，当我守在家人的病床前，拿过孩子递过来的作业本，没做任何检查就签上潦草的姓名时，才发现做家长其实也不容易。以前让家长给孩子听写单词，可课堂检查时孩子仍错误百出时我总是怒发冲冠；而今，当女儿问爸爸单词却被告知错误读音时，旁听的我才恍然大悟……原来，有些家长的"难缠"不正是从老师主观化的指责开始的吗？

从此，我学会了从家长的角度看问题，学会了换位思考。结果，很多难缠的家长不但不再"难缠"，还成了我教育学生的同事和朋友。

这个案例充分说明：其实很多家长"难缠"的情况，是我们没有换位思考的结果。当人们总是站在自己的立场上看问题的时候，就很难发现别人的难堪和痛苦。所以，我建议广大老师们，当家长和我们发生冲突的时候，我们是否适当地想一想：假如现在我是家长，我会怎么办？换位思考的最大好处，就是能够设身处地地为冲突中的对方着想，即使不能有效地说服对方，至少也能发现自己思维的局限之处，从而让自己的心情平静下来。

四、"退"是一种修养

这是我个人的看法，也是很多老师共同的体会：我们在家长面前的"退"，并不是怯懦，而是一种修养。因为老师和家长不是你死我活的敌我矛盾双方，而是在教育工作上持不同意见的朋友和同事，所以老师有什么必要和家长争个你死我活呢？关键时刻，老师要知退，知退是一种进的艺术。

很多老师一旦遇到难缠的家长，自己就乱了方寸，不是针锋相对，就是消极躲避。其实，这些都不是应对难缠家长的好办法。应对难缠的家长，最好的办法是用老师的修养去打动他们、影响他们。我们要通过修炼自己的言行，用知识分子应有的气度和胸怀去影响家长，用我们足够的耐心、谦和和细心去感动家长，不因学生的过错而迁怒于家长或责备家长，对其充分尊重。我相信，如果老师们都能这样做，"难缠"的家长就会变得越来越少。

有这样一个故事：

几个小和尚踩着椅子偷偷翻到寺院墙外去玩，很晚了还没回来。老和尚坐完禅，在院墙根发现了这把椅子，就默不作声地搬开了椅子，蹲在那里。夜深了，冷风嗖嗖地吹着。这时小和尚们回来了，他们坦然地往下踩着自己放的那把椅子下来。下来之后，他们才猛然发现这把椅子和原来的不一样。正想逃跑时，他们听见老和尚说话了："天晚了，早点歇息吧！"老和尚说完，掸掸身上的尘土扭头走了。小和尚们很吃惊！原来他们是踩着老和尚的肩膀下来的。师父不知在此等了多长时间了？惭愧、不安、愧疚、自责的小和尚们施礼完匆忙离去，从此再也没有逾越寺规。

什么叫修养？这就是修养！修养就是圆润地解决问题的一种态度，修养就是宽宏地为人处世的一种气度，修养就是在我们明知"进"不行的时候，知道用"退"来达到目的的一种智慧……

所以我常常说，当我们遇到刁蛮、难缠的家长时，我们要问一问自己：我的修养够吗？

温馨贴士

1. 不要计较家长的语气和态度。
2. 家长"难缠"，其实很多时候是我们自己造成的，对此我们要深刻反思。
3. 有些家长的"难缠"正是从老师主观化的指责开始的。
4. 应对难缠的家长，最好的办法是用老师的修养去打动他们、影响他们。

策略52 "谋"字诀：谋是策略，更是方法

难缠、刁蛮、无理取闹……家长之所以让我们感到心烦和无奈，主要是因为我们首先从内心把他们推到了对立面。

孙子说"百战百胜，非善之善者也；不战而屈人之兵，善之善者也""故上兵伐谋"。应对难缠的家长，最好的计策也是"伐谋"。当面锣、对面鼓地直接交锋，是最没有谋略的办法，不得已再为之。

一、交锋前不打无准备之仗

和难缠的家长交锋之前，班主任要做好两手准备：一方面，要把与家长交流可能会遇到的问题和障碍设想一下，做好一定的心理准备；另一方面，要把学生的情况了解清楚。若是学生违纪，就要掌握学生违纪的真凭实据，手握第一手材料，不能仅凭"听说"或自己的主观判断，那样往往不但不能令家长信服，还容易造成自己的被动。比如，学生打架了，我们就要把事情的起因、经过、结果、主要责任人等调查清楚，并让违纪学生把事情的经过写下来，签上自己的名字，这样，我们跟家长谈话时才有理有据，家长看见证据了就不会无理取闹或嚣张。

二、尽量与家长成为朋友

难缠、刁蛮、无理取闹……家长之所以让我们感到心烦和无奈，主要是因为我们首先从内心把他们推到了对立面。我们没有对其心理基础做出准确判断，更没有清醒地认识到他们是我们教育学生的最佳帮手。如果我们能做到和家长坦诚相待，真心交流，共同商量教育孩子的方法，那么我们的教育效果就一定会事半功倍，到那时，家长就真正成了我们的帮手而不是对手。

三、关键是做到有的放矢

我在20多年的工作经历中，接触过很多家长，他们的行事方式各有不同，但从根本上讲，其出发点都是关心孩子、爱护孩子，望子成龙、望女成凤，这一出发点和班主任是相同的。要巧妙地降伏难缠的家长，我们就要围绕这个出发点来仔细谋划。所以说，谋道的关键，就是抓住家长的出发点，有的放矢地来开展工作。教师与家长彼此理解、消除误会，就能够真诚、有效地合作，这样难缠的家长就少了。

小倩辍学了，据同学反映她很想上学，只是她妈妈不让她上。我带着一个学生，转了几趟车风尘仆仆地赶到她家家访。我的到来让她们母女俩吃了一惊。我让同来的学生与小倩在屋里聊天，而我则站在院子里和她妈妈说话。

我知道，小倩的妈妈因不识字16岁就被从四川骗到了这里与小倩的爸爸结了婚，一辈子稀里糊涂就这样过来了。所以，我从这一点切入话题，告诉她，她当年生活不幸就是因为没有知识。"为什么不让小倩上学呢，可不能让她和你一样再上当受骗啊！"我的话让小倩的妈妈有些不好意思，后来她才说出真实的原因：家里缺钱，小倩又管不住自己，经常乱花钱，因此小倩上学给家里带来了很大的经济压力。于是我说，小倩的钱我来管，不让她乱花，什么时候需要大的开销了，我就给她家里打电话证实。

就这样，我终于做通了小倩妈妈的工作，成功地把小倩"解救"了出来。两年来小倩表现得非常出色，后来小倩成了模特，参加了很多比赛并取得了不错的成绩。

我们常常说，话要讲在刀口上，针对性不强的话讲一天，家长也不会接受。但是，讲在刀口上的话，只要三言两语，就能够解下家长刁蛮的武器。

四、寻求家长的理解

教师在和家长谈孩子的问题时要注意技巧，要肯定孩子积极向上的一面，尽量让他们相信教师对孩子做出的判断和反映是客观公正的，使家长理解我们教育孩子的良苦用心。不要让家长觉得教师总是自认为自己有理，要想办法让家长认识到自己（或者孩子）有错，这样让他们放下难缠的姿态也就容易了。

> **温馨贴士**
>
> 1. 和难缠的家长交锋之前,班主任要做好两手准备:一是心理准备,二是资料准备。
> 2. 谋道的关键是抓住家长的出发点,有的放矢地来开展工作。
> 3. 在和家长谈孩子的问题时要注意技巧,要肯定孩子积极向上的一面,尽量让他们相信我们对孩子做出的判断和反映是客观公正的。

策略53 "攻"字诀:攻是技巧,更是艺术

遇到"难缠"的家长,班主任首先要克制自己的情绪,千万不能和家长大声争吵,更不能嘲讽家长的教育观念和教育方法。只有耐心地倾听,才能将家长要表达的意思弄明白。

我们研究应对难缠家长的策略,最直接的目的就是让难缠的家长不再难缠。因此,选准角度,有技巧地、有艺术地进攻,变被动为主动,就是我们"攻"字诀的主要任务。

一、直接联系以减少家长的误解

少数家长到学校来闹,与学生歪曲事实向家长汇报有关。有些学生受了班主任的批评,为了逃避责任,向家长汇报时会隐瞒或捏造事实。家长偏听偏信,就会到学校无理取闹。家长即使听了班主任的叙述,觉得自己错了,也碍于面子不愿认错,只好将错就错地闹下去。所以,班主任在学生犯了错误后,就应向家长通报学生的错误情况和学校的有关规定,与家长协商,引导其接受学校对学生的处理,以避免家长因听了学生的错误汇报

而产生先入为主的印象,与班主任和学校对着干。

二、拿出证据让家长自己判断

有些家长难缠是其爱"护短"的表现,所以当学生犯了比较严重的错误时,我会先让学生自己在纸上把事情的来龙去脉交代清楚,并签名、写上日期。这样做可以防止学生到时候在家长面前抵赖、反咬教师一口。然后我会找出这个学生以前犯错误时所写的说明书,再打电话给家长。等家长来了,我把事情的经过简单地介绍一下,把学生写的东西拿给他看,家长对事情有一个比较全面的了解之后,就不会无理取闹了。

亮亮是我新接的七年级某班的学生,性格自由散漫,身体早熟,内心充满了悸动。她父母生意繁忙,对女儿的变化并不了解。那天上午,亮亮突然不来上课了。当时在我们这里电话尚未普及,我又走不开,只好先请她的好朋友出面去叫她来上课,但她置之不理。吃中饭时,我再次请和她关系较好的同学去叫她来上课,她仍然没来。于是,我决定下午放学后去家访。

可还没有等我去家访,她妈妈却气势汹汹地来学校找人算账了。她在校门口破口大骂:"我女儿在学校读书,好好地跑到哪里去了?你们学校给我交出人来!"我一听,这不是在骂我吗?我忙去解释,可是,任凭我磨破了嘴皮,她就是说:"我家亮亮今天不想来读书了,就是你这句话说的!你害了我家亮亮啊……"我顿时觉得自己受到了极大的侮辱。这时,我无意间向外一瞥,看见亮亮正躲在校门外,向里面张望呢。我顿时明白了:亮亮为了达到逃学的目的,不仅骗了老师,还骗了家长。于是,我果断地对她妈妈说:"你现在在这里说再多的话也没有实际意义,你的宝贝女儿正在校门外等着看我们的笑话呢!"

她妈妈不相信,我立即带她来到校门口。看见我们来了,亮亮转身就跑。看着亮亮逃跑的背影,她妈妈一下子就明白了。

这时候,我翻开随身带的工作笔记本,把我记载的亮亮的表现一五一地说给她听。我告诉她:"不是我不关心她,而是她自己太不把我们的关心当回事了。每次我要求她带话给家长,她都没有落实……"我平时工作比较细心,在工作笔记本上把谈话时间和地点记得清清楚楚,尤其是时间精确到了分钟。亮亮妈妈很快就相信了,连声对我说"对不起"。

三、因人而异采取措施

对粗暴型家长不妨冷处理,以柔克刚,切忌以粗制粗,以暴制暴,这样非但解决不了问题,反而会激化矛盾;对"护短"型家长要动之以情,晓之以理,用巧妙的方式让家长认清护短的危害性;对"踢球"型家长要设法从学生身上找缺口,使家长从孩子身上看到光明和希望,从而理解、信任和感激老师;对"痞子"型家长提倡"忍"字当头,以礼遇应对无礼,赢得道义上的先风。同时也要善于保护自己,以防受到意想不到的伤害。

四、讲究技巧"以柔克刚"

有些家长无理取闹,是因为素质不高或修养不够,也可能是个性或心理上有些问题,如脾气暴躁易怒、偏激执拗等。遇上这样的家长,千万不要"硬碰硬",否则双方会大动干戈,不易收场。我们可以采取"以柔克刚"的方法,不急不躁,耐心倾听家长说话,千万不要剥夺他说话的权利。有的时候家长只是想让老师明白他为什么发火,但是由于表达能力不佳而词不达意、越说越乱,以致恼羞成怒。这时候,老师可给他倒杯水,然后竖起耳朵听就可以了。家长牢骚发完了、气出了,又见识到老师的宽容大度,自然会有所收敛。

我们来看一个例子:

在一家餐馆里,一位顾客大声地嚷道:"看看!你们的牛奶是劣质的吧,把这杯红茶都糟蹋了!"

"真对不起!"女服务员连忙说,"我立刻给您换一杯。"

很快,一杯新的红茶放在了顾客面前,跟前一杯一样,只是旁边另放着新鲜的柠檬和牛奶。女服务员轻声地说:"如果放柠檬,就不要加牛奶,因为柠檬酸会造成牛奶结块。"顾客的脸一下子红了。

有人问女服务员:"明明是他的错,为什么你还换呢?"

"正因为他错了,我才用婉转的方法对待。道理一说就明白,用不着大声。"她笑着说。

是啊,有理不在声高。面对家长的不友好,班主任不妨也学学这个服务员的方法,让家长自己明白错误。

五、正面交锋要做到"三不"

一不争吵:遇到"难缠"的家长,班主任首先要克制自己的情绪,千万不能和家长大声争吵,更不能嘲讽家长的教育观念和教育方法。只有耐心地倾听,才能将家长要表达的意思弄明白。

二不迁就:在和家长沟通的过程中,即便家长说了些不妥当的话,班主任也应抱着"有则改之,无则加勉"的态度去对待,毕竟我们是教育工作者。但同时,我们要坚守自己的原则,不可摇摆不定,不可胆小怕事,不可妥协迁就。一个没有原则的班主任,会使难缠的家长得寸进尺,让自己更加难堪。

三不放弃:班主任可以开诚布公地和家长分析问题产生的根源,共同寻求解决办法,并且努力让家长感受到班主任对其孩子的关爱,相信家长迟早会理解的。

> **温馨贴士**
>
> 1. 要巧妙运用"以柔克刚"的方法,不急不躁,耐心地倾听家长说话。
> 2. 在和家长沟通的过程中,即便家长说了些不妥当的话,我们也应抱着"有则改之,无则加勉"的态度去对待。
> 3. 一个没有原则的班主任,会使难缠的家长得寸进尺,让自己更加难堪。

策略54 "借"字诀：借是外援，更是环境

现代通信技术给我们提供了更多的便利，给了教师、家长双方大胆说话、安心静听的机会，因为它掩盖了羞、怒之容，缓解了冲动，增添了宽容。可以说，运用现代通信技术是新型的沟通方式。

孙权说："用众力，则无敌于天下矣；用众智，则无畏于圣人矣。"教师在工作中遇到难缠的家长时，应学会"借"——寻找外援，用好教育环境的力量。

一、借用司法力量解决暴力冲突

一位家长对孩子的班主任产生了误会，于是跑到学校来质问老师，说着说着，就动起手来……该老师只好请政教处老师帮忙。然而，家长仍余怒未消，不但出言不逊，还扬言要打班主任。学校领导只好给当地派出所打了报警电话。几分钟后，民警赶到学校，做了笔录之后，民警告诉他："你的行为已扰乱了学校正常的教学秩序，够得上拘留了。"这时，家长的"怒气"才消，连忙向班主任赔不是，向学校赔不是。

二、借助于学生发挥"纽带"作用

家长找到学校，大多是孩子出了什么问题。根据以往对家长个性特点的了解，有时，班主任不妨让学生到场参与谈话，效果可能更好。但在事前，班主任要先和学生好好谈一谈，让其明白自己的对与错，而且最好让学生自己在家长面前讲出来。这样即使家长再怎么难缠、刁蛮或无理取闹，因为有孩子在场，也会有所顾忌，这就在一定程度上减少了教师与家长之间矛盾的发生。

三、借助于通信工具巧妙沟通

现代通信技术给我们提供了更多的便利,给了教师、家长双方大胆说话、安心静听的机会,因为它掩盖了羞、怒之容,缓解了冲动,增添了宽容。可以说,运用现代通信技术是新型的沟通方式。曾经有一个叫陶源的学生犯错后,家长对其十分护短,我前后给他发了一个星期的短信,最后,家长终于主动和我联系商讨教育办法。所以,借助于现代通信工具,往往能够把很多不好当面讲的话准确地表达出来。

四、借助于家长的相互影响

随着整个民族素质的提高,家长的水平也在不断提高,并且他们当中的不少人是各行各业的精英或专家学者,他们在教育方面的许多见解值得教师学习和借鉴。适当的时候,让其他家长现身说法,往往更能引起难缠家长的共鸣,使事情的处理变得出乎意料的容易。例如,有一位家长对老师检查作业的问题产生了误解,于是到学校大吵大骂,我请一些与其关系好的家长出面说清真相,结果这位家长不但马上停止了吵闹,还主动给我打电话道歉。

五、借用"三位一体"打造教育环境

这是湖北省沙洋县马良中学的龚清平老师的成功经验。"三位一体"即巧借校群地方资源,成立"家校乡亲会""校村联席会""镇校联谊会"等组织,帮助学校应对难缠的家长。具体做法是:

第一,利用"家校乡亲会"打感情牌。发生家校矛盾后,适时派出与该家长有交往的熟人出面,利用乡情、亲情等暖化家长的心,这样很多问题往往会迎刃而解。

第二,携手"校村联席会"打环境牌。学生之间偶发小纠纷,有的家长依仗自身在当地的威信和地位而蛮横无理,觉得想对学校怎样就可以怎样。这时，让村委会及当地有威望的长者参与相关事件的处理，不仅可以解决问题，而且可以为学校创造良好的教育环境。

第三，联手镇里的司法部门打法制牌。这样，即使有些家长刁蛮、凶悍，在司法机关强大的法制压力下，他们也不敢轻举妄动。

温馨贴士

1. 必要时可借用司法渠道来保护自己的合法权益。
2. 不妨让学生到场参与和家长的谈话，这样效果可能更好。
3. 适当的时候，让其他家长现身说法，往往更能引起难缠家长的共鸣。

策略55 "让"使刁蛮家长变得温柔

谦让是我们中华民族的传统美德，是融洽人际关系的润滑剂，适当地运用谦让这一工具，往往能够让刁蛮家长变得格外温柔。

有句话是这么说的："退一步，能够跳得更远。"因此，我觉得对付刁蛮家长还有一个很关键的诀窍，那就是谦让。谦让是我们中华民族的传统美德，是融洽人际关系的润滑剂，适当地运用谦让这一工具，往往能够让刁蛮家长变得格外温柔。

下面是安徽省宿松县慧德高级中学的曹新民老师在这方面的切身体会。

1. 微笑倾听，让家长宣泄

学生小正翻墙出去上网，我费尽辛苦把他找回来后，通知了他的家长。

谁知家长到学校后，居然不分青红皂白地向我大发脾气："学校是怎么搞的？围墙怎么这么低？管理怎么这么差？小正要是有个三长两短，你们负得起责任吗?"

我微笑着让座,给他倒上水,可他根本不理这茬,继续向我"轰炸":"小正在家是个很乖巧的孩子,怎么到学校就变坏了呢?你们老师是怎么教的?……"

我真诚而微笑地听着。我知道,这时候"听"是最好的"消炎药",它可以让家长把愤怒和不满统统宣泄掉,可以让他们的"嚣张气焰"由"盛"到"衰",最后变为"竭"。

2. 耐心解释,让家长反思

看到牢骚满腹的家长终于平静下来,我进入了"反攻":"爱玩是孩子的天性。听说小正读初中时就特别喜欢上网,有好多次放学后没回家,是您从网吧把他找回家的吧?"

证据一出,家长就有点不好意思了:"是的,这小子就是特别喜欢上网!"

接着,我把家长请到窗边,指着围墙问:"您看这个围墙低不低?不低啊!为什么围墙不低,孩子还是爬出去了?可见网络害他太深了。不是我推卸责任,您想想,我们学校有2300多名学生,只有小正一人翻墙外出,这仅仅是我们管理不善吗?"

家长陷入了沉思之中。

3. 表明目的,让家长醒悟

"当然,我也应该检讨自己的工作,我们没能迅速有效地帮助小正戒掉网瘾,没有及时发现他翻墙外出的苗头,是我们做得不够。"我及时为家长搭了一个台阶,同时语重心长地对家长说:"请您来学校协商教育孩子的办法,就是为了孩子好。您想,翻这么高的围墙,摔伤了怎么办?经常上网,既伤眼睛,又伤身体,受害的是谁?整天想着上网,他哪有心思学习,怎么能把学习搞上去……"

原来老师请他来是为了自己的孩子好,家长终于有所醒悟。

4. 提出方案,让家长支持

"我们应该怎么做呢?"家长迫不及待地向我求教。

"很简单啊！请您配合我们老师做工作啊！但是，首先您千万不能袒护孩子，更不能在孩子犯了错误后一味地责怪学校和老师！"我和颜悦色地指出家长的问题。

"那是那是！今天是我不对，请老师不要计较我的唐突。"家长连连向我道歉。

我把帮教方案告诉家长，家长和我越谈越投机，并且表示以后一定尽力配合老师，随时与老师沟通。我会心地笑了。

温馨贴士

1. 学会微笑着面对刁蛮的家长。
2. 教师的气度就体现在温和谦让之中。
3. 向家长解释清楚你的教育目的，想办法让他知道你也是为了孩子好。
4. 明确地告诉家长：千万不能袒护孩子，更不能在孩子犯了错误后一味地责怪学校和老师！

策略56　注意和家长"亲密接触"的八忌

如果动不动就把家长请来，久而久之，学生就会对"请家长"麻木不仁，或记恨老师，家长也会有怨言，认为班主任无能。

关于如何应对刁蛮的家长，我曾经在"班主任工作半月谈"里组织了一场专门讨论，又在2009年《班主任》杂志第6期组织了一次全国性的大讨论。参与讨论的老师很多，可见，这是一个困扰班主任工作的带有普遍性的大问题。

在讨论中，我觉得河北省廊坊市电子信息工程学校赵冬老师的《和家长"亲密接触"的八忌》一文很不错，对广大班主任处理好同类问题很有帮助。于是，我就把这篇文章整理出来与大家共享。

和家长"亲密接触"的八忌

1．忌动不动就请家长

有些班主任把"请家长"当作处理犯错学生的法宝。学生犯了错，班主任不分错误的性质和大小就请家长。其实这样做既不可取，也不明智。请家长要把握一个原则——必须是"必要"才请。如果动不动就把家长请来，久而久之，学生会对"请家长"麻木不仁，或记恨老师，家长也会有怨言，认为班主任无能。

2．忌请家长前不做准备

准备请家长之前，班主任要事先把事情了解清楚，做到心中有数。一定要掌握真凭实据，不能仅凭"听某个学生说的"或自己的主观臆断就认定某件事的情形如何。如果仅凭道听途说或者没有确凿的证据，到时候不仅不能取信于人，还会让有的家长抓住"把柄"，从而造成无法控制的局面。

3．忌让学生通知家长

班主任跟家长联系时，一定要亲自和家长通电话，并向家长简要叙述一下事情的大致经过，解释清楚请家长来校的原因及重要性，让家长了解事情的真相并做好心理准备。忌让学生通知家长，因为学生告知家长时，往往站在自己的角度叙述事情，可能会表达不清或者颠倒是非，使家长受到蒙蔽，对老师产生误解。

4．忌"舌战群儒"

有的家长为了给自己壮声势，向学校和老师施加压力，往往会叫上很多人一起来学校讨说法。众多的人同时跟班主任"理论"，你一句、他一句，班主任往往很难应付。加之这些人不是孩子的家长，对孩子或事情的具体情况往往不是很了解，常常只是为了哥们义气或亲友之情，帮家长泄一时之愤、解一时之气。在这种情况下,班主任应对不好反而会坏事,甚至会把事情推到不好收拾的地步。所以这时候,班主任一定要明确表态:"我只跟孩子的父母单独谈话,其他人暂不接待。"

5. 忌化友为"敌"

跟家长谈话时,班主任要设身处地地从家长的角度出发来分析问题、处理问题,这样就能与家长拉近距离,消除隔阂,形成统一战线。即便有时班主任的言语或行为不当,家长也能够理解。有的班主任请来家长后,向家长历数学生的种种"罪状",把学生说得一无是处。这势必引起家长的反感,无形中把家长推向了老师的对立面,激起了家长的敌对情绪,增加了双方沟通的难度;有时家长甚至与孩子结成攻守同盟,共同对抗老师,这样一来,班主任要解决好问题就更困难了。

6. 忌不会"察言观色"

班主任要善于倾听和观察,通过家长的言语、神态和举止,准确把握家长的心理,这样才能够有效地说服家长。小亮和另外一个学生打架,小亮被给予记过处分。他的父亲坚决不同意学校这样处理。我耐心地与家长交流彼此的想法。沟通中我了解到,小亮父亲对学校的处分极为重视,怕以后对孩子造成不良影响,所以坚决不签字。抓住家长的这一心理,我明确告诉他:如果家长不签字,小亮没有受到处分,就很难认识到错误;他以后继续和人打架,如果发生意外,岂不比这个处分更有"影响"?最后,家长被说服了。

7. 忌"软""硬"过度

刁蛮的家长通常言语尖刻,态度蛮横,盛气凌人。班主任既不能被家长的气势吓倒,委曲求全,又不能"硬碰硬",使家长发火,让事情越搞越僵。无论遇到什么样的家长,我们都要心态坦然,不卑不亢,只有我们自己稳住了,才能"征服"家长。我专门负责学生工作,因而有时会受到一些家长的威胁。一次,我刚处理了一个打架的学生,学生家长就冲到了我的办公室,说:"有胆子告诉我你家住哪儿,我去你家跟你'理论'!"我听后,语气平静而严肃地告诉他:"我们是依据政策和规定处理一个学生,从来都不怕任何报复。如果我处理错了,你们可以依法、依照程序和规定去找有关部门申诉。要是作为朋友,欢迎您去我家做客;如果是带有其他目的,请原谅我不接待。"我不畏不惧的态度,令家长的威胁失去了作用。后来,他倒被我入情入理的分析说服了。

8. 忌孤军作战

有很多班主任觉得自己班里的事情,捅到学校去不好,因此,总想把它瞒下来,自己一个人悄悄地处理好。其实,很多时候,一些刁蛮的家长,正是抓住了老师的这个心理,变得很嚣张,动不动就以此要挟。这时我们应该正视问题出现的合理性,向学校领导和同事求助,不要孤军作战。

温馨贴士

1. 准备请家长之前,班主任要事先把事情了解清楚,做到心中有数。
2. 班主任跟家长联系时,一定要亲自和家长通电话。
3. 无论遇到什么样的家长,我们都要心态坦然,不卑不亢,只有我们自己先稳住了,才能"征服"家长。

策略57　坚信沟通才能无障碍

遇到这样蛮横不讲理的家长,我们当时应该避其锋芒,然后设身处地地为他着想,等控制局面后再对他进行说服教育。

网友"心中流云"老师向我提问:"遭遇蛮横不讲理的家长,怎么办?"

学生受伤了,我连午饭都没有吃,把学生送到医院缝合伤口,却遭遇了蛮横不讲理的家长的接连炮轰:"我的儿子受伤了,你们看都不让我们看一下,就缝合了伤口,你究竟是那个学生(肇事者)的什么亲戚?你凭什么这么包庇他?你们究竟是什么关系?"……面对这样咄咄逼人的炮轰,我差点流下了眼泪。郑老师,你帮帮我吧!假如我再次遇到这样的刁蛮家长,我该怎么办?

我理解"心中流云"老师的感受,也为她感到委屈。但是,我觉得她没有必要过分伤心难过。有句俗话说:"人上一百,形形色色。"作为班主任,只要教过几年书,什么样的家长都会碰到。遇到这样蛮横不讲理的家长,我们当时应该避其锋芒,然后设身处地地为他着想,等控制局面后再对他进行说服教育。我坚信,人心都是肉长的,每个人都有良知,沟通往往能够化解矛盾。如果我们每个老师真的设身处地地站在家长的角度想问题了,那么我想,家长再为难你,可能连他自己都会觉得不好意思。

我讲一件自己遭遇的和"心中流云"老师类似的事情吧,也许能够让大家从中受到启发。

那时候我还在一所职业中专任教。傍晚时分,我正准备吃饭,我们班的班长刘红辉就跑了进来:"郑老师,不好了!曾杰把刘伟的眼睛打瞎了!"我当时一听,脑袋都懵了:曾杰和刘伟不是一对好兄弟吗?怎么会打架呢?眼睛瞎了,这该是多大的事情啊!

于是我急忙赶到出事现场。在路上,刘红辉已经把大致情况给我讲了一下。原来是晚饭后,他们寝室的几个男生吃完饭没事干,就在草坪上摔跤。当刘伟把曾杰摔倒在地上之后,曾杰不服气,翻身又把刘伟压在了身下。可没有想到的是,地上有一块凸出来的小木楔,正好插进了刘伟的左眼。

那时候电话还没有现在这么普及,全校就只有一部程控电话。于是,我一边吩咐学生快速地把刘伟背到校门口,一边飞跑着到学校办公室里给医院打急救电话。在医生清理伤口的间隙,我在医院里打通了刘伟家长的电话，难过地告诉他们我没有做好班主任工作，刘伟和曾杰在学校里玩摔跤，把眼睛刺伤了。同时，我也打通了曾杰家长的电话，告诉他们发生了什么事情，并让他们迅速准备至少3000元的医疗费送到医院（门诊和手术费用我已经垫交了2000元，估计前面几天应该可以应付）。

刘伟的家在县城，几分钟后，他爸爸、妈妈和几个叔叔就租车赶到了医院。他们进医院之后，第一句话就问谁是凶手，然后揪住曾杰就要打。刘伟的一个叔叔气愤地说："哪个把刘伟的眼睛打瞎的，我们就把他打瞎！"

情况变得复杂了。我迅速地把曾杰挡在身后，大声说："我是他们的班主任，出了这样的事情，首先是我的责任。有什么话你们和我说，好吗？"同时，我抓住女性相对善良和温和的特点，对刘伟的妈妈说："事情已经出了，再打曾杰已经没有任何作用。现在最重要的是抢救刘伟的眼睛。"

一句话惊醒梦中人，刘伟的妈妈马上转移了大家的注意力："你们先别吵，先看看伟伟的眼睛吧！"趁他们进手术室看刘伟的当口，我抓紧时机对曾杰说："今天你是肇事者，无论他们怎么说你，你都不准辩白。你也不能离开，如果你离开了，而你的家长还没有赶到，他们会认为你没有诚意妥善地处理这件事情，以后的事情会更复杂。现在，你不准离开我半步！"

我很理解刘伟父母此刻的感受。现在我们大部分家庭都只有一个孩子，一个孩子的完好就等于一个家庭的完好，一个孩子伤残了，全家都会痛苦。此刻他们再愤怒的言行、再霸道的举动都是可以理解的。只是，刘伟已经受伤了，我们没有必要再搭上曾杰。因此，我当下要做的最重要的事情就是把他们的怒气平息下来，然后好好协商接下来的治疗和赔偿问题。

后来医生肯定地告诉刘伟的父母，由于木楔太大，刘伟受伤的眼睛没有办法复原了，已经失明了。听到这个结论，大家当时都哭了。伤心的当口，刘伟的爸爸把我推到了墙上，用手顶着我的胸口，大声地吼着："我把孩子交给你，就是相信你，可是书没有读好，眼睛倒瞎了！你说怎么办，啊？"

本来这是纯粹的意外事故，没有任何矛盾纠纷在里面，是任何一个老师都无法预料的事情。站在老师的角度，我完全可以告诉他："这是意外事故，如果你认为我们有过错，请你们通过司法途径向法院起诉。"这样确实很合理合法，但是在当时看来，这无疑有推卸责任的嫌疑，那样会使局面更糟糕。我不能这样做，我首先得把局面控制住。

这时候，刘伟的几个叔叔在旁边叫道："把曾杰的眼睛挖出来！换给刘伟！"吓得曾杰脸色煞白。

在大家都很激动的时刻，我坦率而低沉地告诉刘伟的爸爸："出了这样的事故，我知道你们家长都很伤心。现在都只有一个孩子，一个孩子的健康完好就是整个家庭的健康完好。无论你们有什么想法我都是可以理解的。如果你们难过，就朝我发泄好了，甚至你们痛打我一顿，我也接受。发泄之后我们再来商量怎么处理，好吗？因为我是班主任，我没有教育、管理好你的孩子，这是我的失职。我已经是快30岁的人了，工作生活已经定型，如果可以，我愿意捐献出自己的眼睛，请医生给他装上，所有的费用由曾杰和我承担，请你们无论如何相信我的诚意。"听了我的一番话，大家的情绪稍微平和了一些，局面也得到了暂时的稳定。

然后，我告诉他们，曾杰的父母已经在赶来的路上了，因为他们家不在县城，估计还要过一会儿才能赶到。现在刘伟已经在做手术，后续治疗怎么办，请你们先提出一个方案，我将配合你们尽量做好。同时，我也明确地对刘伟的父母说："刘伟的几个叔叔情绪有点激动，我可以理解他们，但是这样对处理事情没有任何实质性的帮助。我建议你们跟他们说一下，不要这样情绪激动。我们要重点考虑的东西还很多，一是后续的治疗问题，二是采用正当途径正面地提出自己合理要求的问题，这样可能更有益于后边事情的处理。"我既理解、同情他们的不幸遭遇，又给他们出谋划策，果然他们转变了态度，开始跟我商量初步的索赔方案了。

半个小时后，曾杰的父母来了，我要他们主动带着曾杰向刘伟的父母赔礼道歉，并告诉刘伟的父母，刘伟受伤的肇事者是曾杰，无论他们提怎样的要求都是可以理解的。这时候，要想赢得对方的谅解，最好的办法是放下架子，做一次"小人"——无论这次事故多么意外，曾杰方面都不要为自己辩解。曾杰的父母很明事理，他们家在农村，知道自己的态度对以后协商赔偿的重要性。

在我的努力下，事情出现了戏剧性的转变：曾杰和父母商量，刘伟的眼睛是因为他而受伤的，他愿意为刘伟的一辈子负责；如果刘伟的父母能够接受，曾杰愿意给刘伟的父母做儿子，和刘伟一起孝敬他们！

人心都是肉长的，将心比心，事故发生后，我们一直在努力。面对这样诚恳的家长，面对这样诚恳的老师，刘伟的父母和叔叔们也转变了态度。最后，他们提出的要求居然很低：曾杰的家庭条件也不好，这次的医疗费能出就出，实在拿不出，他们先垫着，以后曾家再还。半个月后，刘伟的爸爸对我说："现在还说什么呢？都成一家人了！"

现在，刘伟已经成为地区电信部门的正式职工，曾杰大学毕业后成为政府部门的一名公务员。他们两家一直关系很好，我好几次看见他们一起逛街。

对这次意外事故的处理，体现了我一直以来的一个教育思想——要沟通和交流，而且尽量站在家长的角度去想问题，站在家长的位置去想办法。我坚信一点，当我们设身处地地为家长着想了，每一个家长都不会为难我们的。

因此，我给"心中流云"老师提了以下三点建议：

(1) 沟通是解决问题的根本途径。

不要因为家长一时护犊心切的冒犯之语而害怕。很多时候，他们那么说，仅仅是表达一下内心的不满而已，并不是真的把不满当作行动。你要相信一点，越是向老师抱怨的家长，越是想和老师沟通的家长。当家长对老师彻底失望时，他们会不声不响地给孩子转学，不会再让孩子留在你的班上。所以，沟通是我们和家长密切情感、共同解决问题的最好武器。

(2) 把处理问题的理由向家长讲清楚。

这里有一个技巧，那就是要把你当时这么做的理由告诉家长，告诉他们的时候,你要让他们始终明白一点——你是为学生和家长好,没有其他目的。从你的叙述中我发现,其实你也做了很多工作,可家长就是不领情。本来好好的一个临时的紧急救助,在家长眼里竟变成了你掩盖事实真相的手段。我觉得,造成这种局面的根本原因,就是你没有把自己这么做的理由告诉家长。如果你坦白地告诉家长——"孩子的安危是我们最紧要的牵挂,我做这一切都是为了让孩子平安",我相信,家长会理解和原谅你的。

(3) 要勇于承担责任。

我在处理曾杰和刘伟的事件时,就用勇于承担责任打动了家长。一个勇于承担责任的老师,也是一个值得依靠和信赖的老师。如果我是你,我会勇敢地对家长说:"无论如何,学生在校出了问题,我们老师都有责任。"不要以为我们承担了责任,就是我们理亏。其实这是处理复杂事件的一个技巧,也是人际交往中的一个技巧。当我们主动承担责任的时候,对方就会从心理上接纳我们,认为我们是和他们合作的——这一点很重要。很多老师没有注意到这一点,总认为自己承担责任后所有责任都会跑到我们身上来。其实不然,勇于承担责任往往是合作的第一步。很多复杂问题的解决,都是从承担责任开始的。因为勇于承担责任的人,总是在向对方表示:我是愿意合作的。任何一个人都愿意和有合作意向的人继续谈判。

听了我的这三点建议之后,"心中流云"老师回去好好地实践了。半个月后,她在邮件中告诉我:问题已经完美地解决了。我由衷地为她感到高兴。

温馨贴士

1. 用耐心细致化解家长的"横眉冷对"。
2. 设身处地地为家长着想才能获得家长的理解。
3. 向家长表示出你的合作意愿。

策略58 不要当着学生的面和家长争辩

遇到家长袒护孩子这种情况，我们就要首先问一问自己，是不是真的把情况搞错了。

许多学生家长常常无意识地袒护自己的孩子。学生行为不端，家长就把孩子带到老师面前，讲许多客观理由。

这种情况不好，却经常发生。究其原因，主要有以下几个：

第一，部分学生在家里和在学校里的表现确实不一样。家里的气氛很紧张，家长脾气暴躁，学生在家里不敢乱动，因此，学生在家里不敢做的事情，就都留到学校里做。有的学生本身就具有双重人格，在家里是乖孩子，一离开家长的视线就不听话了。这些年我陆续接触了不少这样的学生。

第二，学生犯了错误后向家长隐瞒，不敢告诉家长。我曾经在班上使用过"有过错，自己跟家长说"的管理办法，让学生自己主动承担责任，我不向家长告状。如果有学生在学校里犯了错误，我就让他自己回家跟家长说，家长写出纠正措施，由学生带回给我。这样有一个好处，就是在学生面前我做到了不告状，树立了班主任不告状的好形象。但是实际上，学生说，那是要他们投案自首、自投罗网。加上家长的教育水平不一，有的孩子跟家长说了自己犯的错误，家长反而暴跳如雷，不惜手段惩罚孩子。时间长了，学生哪敢告诉家长呢？等到学生出了大问题，把家长叫来，或者家长找来了，自然就会袒护自己的孩子：你看，平时他多好。

第三，部分家长对自己的孩子管得松、要求低，因此孩子出了问题后，他们不从自身找原因，总把责任往老师身上推。他们认为，"孩子是自己的好，自己的孩子是不会犯错误的"。这样，一旦孩子有错，他们自然就会袒护孩子。

第四，学生确实被冤枉了。这种冤枉很容易发生在差生身上，因为一有事情，有些老师老爱查"现人"。

我刚开始当班主任的时候，就犯了这个错误。教室窗户上的玻璃碎了，我就认定是谁故意干的，因为无论从哪个方面来说，非人为的力量都不可能把玻璃打碎成那样。有人说是差生王小山干的，我在班上问了好几十分钟，他居然不肯主动承认错误。这不是蔑视我的权威吗？所以我在班上宣布：第一，王小山必须自己出钱装好玻璃；第二，责成他写出深刻检讨；第三，把他调离原来靠窗的座位。在我盛怒之下，王小山却很不合作，丢了10元钱就走出了教室："玻璃我赔！检讨绝对不写，要开除就开除！"

事后有学生告诉我，玻璃是王小山搞卫生的时候不小心弄碎的。本来在学校检查之前，那块玻璃是别的同学擦的，但是他嫌不干净，于是自己又去擦了一遍，他自己还擦伤了手。

我们很容易陷入这样的思维误区：一有差生在场，就容易想当然地认为坏事是差生干的。这样，家长再不袒护自己的孩子，谁来帮孩子说话呢？

所以，遇到家长袒护孩子这种情况，我们就要首先问一问自己，是不是真的把情况搞错了。如果事实确凿，老师应立刻把学生打发走，不要让学生在场。然后对家长说明原因："当着孩子的面讲客观理由是袒护，是长孩子的坏志气，对以后的教育更加有害。即使要讲客观理由，您也要跟我单独谈，绝不能让孩子听见。"

还有一点很重要，那就是，也许有些家长伤害了你，请一定不要发怒。那样对处理问题没有一点好处。

> **温馨贴士**
>
> 1. 切记不要冤枉了学生。
> 2. 心平气和地与家长交流学生的问题。
> 3. 告诉家长：若真的关心孩子的成长，就不要为孩子找借口。

策略59　不要一味地迁就家长

尤其是那些反面的典型案例，一个个惨重的教育故事，一个个沉重的失败教训，我娓娓道来，家长听得悚然动容。

有些学生家长是所谓的"暴发户"，非常有钱，对孩子的教育不管不问，并且有自己的教育理论——"树大自然直"。

碰上这样的家长你会感到很头痛。如果学生听话，麻烦还少一些；如果学生顽劣不可教育，那就很棘手了。无论你怎样苦口婆心地跟他做思想工作，他都用一句话来安慰你："不要着急，以后我爸爸有办法。"或者他会跟你说："我爸爸都不着急，你急什么？"于是你只好放弃。问题是，你的放弃不能解决根本问题。学生辨别是非的能力不强，其他学生容易受他的影响，使得班上的一大批同学跟着他做。最后你抛出撒手锏——请家长。这个家长不请还好，请来了，他竟呵呵一笑，说："我还以为是什么大不了的事情呢。老师你说，他损坏了多少东西，我一定赔！至于读书嘛，他能够记得自己的名字就很不错了。书读多少没有关系，关键是孩子长好就可以了。你也不用这么紧张，树大自然就直。"

遇到这种家长，你该怎么办？

我就碰上了几个这样的家长。不过，最后还是我"摆平"了他们，而不是他们"摆平"了我。

  2008年冬天的时候，我班上就有这么一个学生。因为他爸爸读书时成绩很差，但是近几年生意做得不错，现在经济状况很好，所以开口就是"细伢子不用操心，树大自然直"。开始时我很厌烦，后来一想，我不能这么迁就他，要跟他把道理讲清楚，不说服他，班级就不好管理。于是我决定到他家里去跟他好好地谈谈。

  在家访之前，我做了非常充分的准备，查找了许多资料。值得肯定的是，他的这种观点有一定的积极意义，那就是，给了孩子一个广阔的发展空间，不限制孩子的发展，孩子成长的自由度很大。但是，孩子毕竟是孩子，他们需要引导，过于放任自流也不好。"树大自然直"的实质就是对孩子的成长漠不关心。

  同时，我还收集了许多"树大不直"的典型案例。只有用反面的案例，使其警醒，他才舍得放下固执的念头。只有说服他放弃偏见，你才有和他平等说话的地位和权利，他才会尊重你。

  他家那260多平方米的复式套房，确实能体现出一种物质生活的优越感。这位家长十分傲慢，手里握着手机，仰坐在老板椅上，在他所谓的书房"接见"了我。书房里没有书，只有一张宽大的老板桌和一台装样子的电脑。这种局面我不是第一次见到，早已见多不怪。我不卑不亢，不急不躁，从心理上把他这种不礼貌认为是自然的。你无法要求家长的素质一致，特别是对于所谓的"暴发户"，很多时候，他们也只有用钱才能够支撑自己空虚的精神世界。

  我从他孩子在学校的表现谈起，谈优点，谈缺点，谈现在，谈未来，谈我所知道的教育孩子的典型案例。尤其是那些反面的典型案例，一个个惨重的教育故事，一个个沉重的失败教训，我娓娓道来，家长听后悚然动容。慢慢地，这位家长放下了自己的架子，静听，点头。最后他很诚恳地、非常信服地说："老师，谢谢您给我上了一课！过去我一直不重视孩子的教育，现在看来我错了。今后我一定配合您搞好家庭教育……"

最终还是老师教育了家长！我从心底里笑了起来。从那以后，这位家长的思想观念来了一个180°的转变，他不仅口头上再也不说那句话了，还常常打电话到学校询问孩子的在校表现和学习情况，并汇报孩子在家的表现，和我配合得非常好。在老师与家长的共同教育下，这个学生的学习、思想都有了很大的进步，中考时以理想的成绩升入了重点中学。

这个案例对我影响很大，对我积累工作经验也有很重要的启示。它告诉我们：

(1) 对家长不要有畏惧心理。

对付一些"大性子"的家长、粗心的家长，教师首先不要怕。如果我们自己首先畏怯了，那么影响我们工作的，将不再是家长，而是我们自己。要相信一点——我不能教训家长，但是我能影响家长，我最终能通过积极的工作来改变家长的一些错误观点。

(2) 要找准和家长谈话的切入点。

其实不管是哪一种类型的家长，他们都有一个共同的地方，那就是希望把孩子培养成一个有用的人。根据这一共同点，只要我们找准切入点，就一定能找到与家长沟通的话题，只要我们在做工作时态度坦诚，推心置腹，讲话入情入理，以理服人，就一定可以医治好家长在教育学生时的疾患。

(3) 要事先做好充分的准备。

不要像蒋干一样，雄赳赳、气昂昂地去劝说周瑜，结果被周瑜两句直白的话点穿，就什么也不敢开口讲了。家长不是周瑜，我们也不是蒋干，只要我们做好充足的准备，有足够的事实、材料做依据，我相信，最后被说服的一定是家长，而不是我们。

> **温馨贴士**
>
> 1. 不妨首先退一步，把家长引入你谈话的"圈套"，然后再跟他讲道理。
> 2. 表明你的立场，讲清利害关系，尽一切可能争取家长的支持和配合。
> 3. 绝对不要迁就家长，要帮助家长放弃错误的思想观念。

策略60　别让座位问题成为家长难缠的把柄

无论别的老师如何做，至少在我班上，我可以尽量做到把座位安排得客观公平……

开学初，妻子告诉我，王老师班上的一位学生家长在教学楼里暴跳如雷，说老师故意把他儿子的座位排在后边了，还说老师拿座位来卖钱，他要告到教育局去。

我问她："有这样的事情吗？"

"哪能呢？"妻子反问我一句："我们从来没有给老师送过礼，你看见王老师故意让孩子坐在后边了吗？"

现在一些家长"挑学校、挑班级、挑座位"，这已经成为他们安排孩子一生重要内容的"起步三挑"了。每到开学初，都有很多家长到班主任那里去为孩子要求好座位。一旦没有挑到好的座位，他们就密切关注老师如何排座位。我曾经看到过不少新闻报道，一些班主任就是因为没有处理好座位问题，从而成了舆论指责的对象。一些刁蛮家长，也借这个座位问题来为难班主任。

从我做教师的那一天起，我就在考虑这个问题，也一直在借用学生的力量巧妙地处理着这个问题。无论别的老师如何做，至少在我班上，我可以尽量做到把座位安排得客观公平……

我先后使用过三种方法来处理座位问题。

一、定期循环制

这种方法可以使个子相同、成绩和性别不同的学生，均有机会坐上那些"黄金宝座"。我与学生们商议后决定，每周换一次座位，按照事先制定好的循环更换的办法和顺序，时间到了，由学生自动调整。不少名师都使用过这种方法，例如，在魏书生的《班主任工作漫谈》一书里就有详细的记载。这种方法很好，由于更换的频率高，使得一些家长的"招呼"落不到实处，时间长了，他们也就能心平气和地看待座位问题了。

二、座位自调平衡制

班主任将权力下放，不再负责安排座位，座位由学生们自己协调，想坐哪里就坐哪里。我只负责宏观控制，确保一些基本原则，如：座位要体现出高矮因素来，除非是梯形教室，否则，应该是矮的学生坐前面，高的学生坐后面；提倡适当地照顾视力差的同学。我之所以说"提倡"，是基于一种科学认识——视力不好，应该去医院做矫正。如果不矫正，坐在好位置反而害了他们，尤其是一些双眼视力不均衡的学生，更应该先去矫正视力，再来谈座位选择问题。但是，有一点我坚决反对，那就是按照成绩高低来选择座位，这是一种明显的成绩歧视。

三、按照常规排法，提高学生座位的更换频率

这种做法有利于淡化学生心目中的座位意识。如果让一些固定位置成为个别学生的特权，不仅不利于他们的学习，反而会增加他们的心理压力，让他们感觉到自己受到了特别关注。我以前的做法就是每月更换一次座位，每次更换时，均按照学生个头高矮、尊重学生视力差别的原则来调整，

打乱原来的顺序，重新安排座位。这样做，班主任的工作负担会相对大一些，但是好在每月只有一次。学生也很喜欢这种方式，每次排座位，他们都会收获惊喜，交到新的朋友。

这三种方法我使用了好多年，效果都不错。今年我仍然按照老规矩把安排座位的权力交给了班委会，由他们去自主安排。中间我和一些学生座谈，一些学生说："不管坐在哪儿都得认真听讲，否则老师会毫不留情地提问我们。"据了解，大部分学生对座位的看法并不像家长们看得那么重要。很多学生说，老师的眼睛特别"尖"，即使你坐在最后一排，一举一动也逃不过老师的眼睛，所以坐在哪儿都无所谓。还有学生表示，把座位往前调都是家长们的意思，其实自己根本不想调座位。虽然偶尔前后左右有调皮的同学说话、做小动作，但只要自己专心，就根本不会受到别人的影响。

一些任课教师也说，座位问题对学生学习的影响很小，对其影响更多的是学生学习的主动性。他们认为，坐在老师"眼皮底下"并不代表学生上课的注意力就一定集中。事实上，只要班级纪律好，学生坐在哪儿听课都一样，老师的声音完全可以让每一个学生都听清楚。

到目前为止，家长的心态都比较平和，没有听到哪位家长对此提出过异议，也没有哪个学生跑到我这里来投诉什么。座位的问题，就这样淡化得不露痕迹了。

温馨贴士

1. 最好不要按照成绩高低来排座位，这是一种明显的成绩歧视。
2. 不要让一些固定位置成为个别学生的特权，这样不仅不利于他们的学习，反而会增加他们的心理压力。
3. 我们更应该关注的是学生主动学习能力的培养。